北京大学经济学教材系列 | 财政学系列

PUBLIC EXPENDITURE
COST BENEFIT ANALYSIS

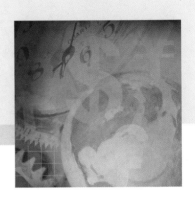

公共支出
成本效益分析

蒋云赟　编著

图书在版编目(CIP)数据

公共支出成本效益分析/蒋云赟编著. —北京:北京大学出版社,2024.1
北京大学经济学教材系列
ISBN 978-7-301-34687-7

Ⅰ.①公… Ⅱ.①蒋… Ⅲ.①财政支出—成本—效益分析—高等学校—教材
Ⅳ.①F810.4

中国国家版本馆 CIP 数据核字(2023)第 232087 号

书　　　名	公共支出成本效益分析
	GONGGONG ZHICHU CHENGBEN XIAOYI FENXI
著作责任者	蒋云赟　编著
责 任 编 辑	兰　慧
标 准 书 号	ISBN 978-7-301-34687-7
出 版 发 行	北京大学出版社
地　　　址	北京市海淀区成府路 205 号　100871
网　　　址	http://www.pup.cn
微信公众号	北京大学经管书苑（pupembook）
电 子 邮 箱	编辑部 em@pup.cn　总编室 zpup@pup.cn
电　　　话	邮购部 010-62752015　发行部 010-62750672　编辑部 010-62752926
印 刷 者	北京圣夫亚美印刷有限公司
经 销 者	新华书店
	787 毫米×1092 毫米　16 开本　17.5 印张　295 千字
	2024 年 1 月第 1 版　2024 年 1 月第 1 次印刷
定　　　价	58.00 元

未经许可,不得以任何方式复制或抄袭本书之部分或全部内容。
版权所有,侵权必究
举报电话:010-62752024　电子邮箱:fd@pup.cn
图书如有印装质量问题,请与出版部联系,电话:010-62756370

总　序

　　当今世界正经历百年未有之大变局,新一轮科技革命和产业变革深入发展,国际力量对比深刻调整,各种经济活动和经济现象不是趋于简单化,而是变得越来越复杂,越来越具有嬗变性和多样性。面对党的二十大擘画的新时代新征程宏伟蓝图使命,如何对更纷繁、更复杂、更多彩的经济现象在理论上进行更透彻的理解和把握,科学地解释、有效地解决经济活动过程中已经存在的和即将面对的一系列问题,不断回答中国之问、世界之问、人民之问、时代之问,是现在和未来的各类经济工作者需要高度关注的重要课题。

　　北京大学经济学院作为教育部确定的"国家经济学基础人才培养基地""全国人才培养模式创新实验区""基础学科拔尖学生培养计划2.0基地"以及北京大学经济学"教材研究与建设基地",一直致力于不断全面提升教学和科研水平,不断吸引和培养世界一流的学生,不断地推出具有重大学术价值的科研成果,以创建世界一流的经济学院。而创建世界一流经济学院,一个必要条件就是培养世界一流的经济学人才。我们的目标是让学生能够得到系统的、科学的、严格的专业训练,深入地掌握经济学学习和研究的基本方法、基本原理和最新动态,为他们能够科学地解释和有效地解决他们即将面对的现实经济问题奠定基础。

　　基于这种认识,北京大学经济学院在近年来深入总结了人才培养各个方面的经验教训,在全面考察和深入研究国内外著名经济院系本科生、硕士研究生、博士研究生的培养方案以及学科建设和课程设置经验的基础上,对本院学生的培养方案和课程设置等进行了全方位改革,并组织编撰了"北京大学经济学教材系列"。

　　编撰本系列教材的基本宗旨是:

　　第一,学科发展的国际经验与中国实际的有机结合。在教学的实践中我们深刻地认识到,任何一本国际顶尖的教材,都存在一个与中国经济实践有机结合的问题。某些基本原理和方法可能具有国际普适性,但对原理和方法的把握则必须与本土的经济活动相联系,必须把抽象的原理与本土鲜活的、丰富多彩的经济现象相联系。我们力争在该系列教材中，充分吸收国际范围内同类教材所承载的理论体系和方法论体系，在此基础上，切实运用中国案例进行解读，使其成为能够解释和解决学生遇到的经济现象和经济问题的知识。

第二，"成熟"的理论、方法与最新研究成果的有机结合。教科书的内容必须是"成熟"或"相对成熟"的理论和方法，即具有一定"公认度"的理论和方法，不能是"一家之言"，否则就不是教材，而是"专著"。从一定意义上说，教材是"成熟"或"相对成熟"的理论和方法的"汇编"，所以，相对"滞后"于经济发展实际和理论研究的现状是教材的一个特点。然而，经济活动过程及其相关现象是不断变化的，经济理论的研究也在时刻发生着变化，我们要告诉学生的不仅是那些已经成熟的东西，而且要培养学生把握学术发展最新动态的能力。因此，在系统介绍已有的理论体系和方法论基础的同时，本系列教材还向学生介绍了相关理论及其方法的创新点。

第三，"国际规范"与"中国特点"在写作范式上的有机结合。经济学在中国发展的"规范化""国际化""现代化"与"本土化"关系的处理，是多年来学术界讨论学科发展的一个焦点问题。本系列教材不可能对这一问题做出确定性的回答，但是在写作范式上，却争取做好这种结合。基本理论和方法的阐述坚持"规范化""国际化""现代化"，而语言的表述则坚守"本土化"，以适应本土师生的阅读习惯和文本解读方式。

为深入贯彻落实习近平总书记关于教育的重要论述、全国教育大会精神以及中共中央办公厅、国务院办公厅《关于深化新时代学校思想政治理论课改革创新的若干意见》，做好教材育人工作，我们按照国家教材委员会《全国大中小学教材建设规划（2019—2022年）》《习近平新时代中国特色社会主义思想进课程教材指南》《关于做好党的二十大精神进教材工作的通知》和教育部《普通高等学校教材管理办法》《高等学校课程思政建设指导纲要》等文件精神，将课程思政内容尤其是党的二十大精神融入教材，以坚持正确导向，强化价值引领，落实立德树人根本任务，立足中国实践，形成具有中国特色的教材体系。

本系列教材的作者均是我院主讲同门课程的教师，各教材也是他们在多年教案的基础上修订而成的。自2004年本系列教材推出以来至本次全面改版之前，共出版教材26本，其中有6本教材入选国家级规划教材（"九五"至"十二五"），9本教材获选北京市精品教材及立项，多部教材成为该领域的经典，取得了良好的教学与学术影响,成为本科教材中的力作。

  为了更好地适应新时期的教学需要以及教材发展要求,我们持续对本系列教材进行改版更新,并吸收近年来的优秀教材进入系列,以飨读者。当然,我们也深刻地认识到,教材建设是一个长期的动态过程,已出版教材总是会存在不够成熟的地方,总是会存在这样那样的缺陷。本系列教材出版以来,已有超过三分之一的教材至少改版了一次。我们也真诚地期待能继续听到专家和读者的意见,以期使其不断地得到充实和完善。

  十分感谢北京大学出版社的真诚合作和相关人员付出的艰辛劳动。感谢经济学院历届的学生们,你们为经济学院的教学工作做出了特有的贡献。

  将本系列教材真诚地献给使用它们的老师和学生们!

北京大学经济学院教材编委会

前　言

2008年开始,我和刘怡教授给一些地方政府进行财政支出绩效评价,感受到我国政府部门对财政支出成本效益分析和绩效评价的方法论与实践的需求十分强烈,我们认为,相关专业的大学生应该掌握这些方法,教员也有义务对这些方法在中国的应用进行探索和创新。2010年我在北京大学开设"成本效益分析"课程。当时税收收入还有20%以上的同比涨幅,大家普遍对财政收入的研究有更高的关注度。而我们考虑到随着中国经济体量的进一步增加,财政收入的涨幅会下降,并且随着收入增长放缓,对政府支出使用绩效的关注一定会增强。近年来,随着我国财政进入"紧平衡"状态,各级政府逐渐开始重视财政支出绩效管理。2018年中央全面深化改革委员会第三次会议审议通过了《中共中央 国务院关于全面实施预算绩效管理的意见》,指出运用成本效益分析法、比较法、因素分析法、公众评判法、标杆管理法等,提高绩效评估评价结果的客观性和准确性。感受到社会对成本效益分析方法的关注和需求井喷式增加,这是我想把这十几年的授课内容整理成书的驱动力。

本书包括理论篇和实践篇。由于尚无成本效益分析的中文版教材,所以这十几年的教学都是参考英文教材并结合中国的实际整理编纂讲义进行教学。"成本效益分析"在国外大学课堂已经讲授几十年,其中安东尼·博德曼(Anthony Boardman)等人的教材 *Cost-Benefit Analysis: Concepts and Practice* 最为经典,这本教材的特色在于利用经济学的理论对成本效益分析的方法进行阐述,非常适合有一定经济学基础的学生来学习。本书理论篇的部分内容采纳了博德曼这本教材的理论框架。用静态的方法去分析一般均衡的世界总有不完美之处,但这套经济学的方法大幅减少了成本效益分析的工作量,对这套方法在实践中的推广非常有利,另外我借鉴了其他一些教材和学术论文的内容,也融合了许多自己在教学和实践当中的总结。

2020年《高等学校课程思政建设指导纲要》提出经济学、管理学、法学类专业课程,要"引导学生深入社会实践、关注现实问题,培育学生经世济民、诚信服务、德法兼修的职业素养"。"成本效益分析"是一门实践学科,学生掌握的各种方法最终要在实践中运用,也要在实践中对理论和方法进行总结和创新。在14年的教学实践中,我每学期都会要求学生完成实践案例,本书的实践篇从历年学生实践案例中精选了三个具有代表性的案例进行分享。

感谢北京大学经济学院2017级本科生李亦丁、凌欣洁和袁陈如帮助整理部分课堂录音,李亦丁整理了第一章到第四章,凌欣洁整理了第五章和第六章,袁陈如整理了第八章到第十一章;感谢2018级本科生徐淑芳、黄晨楠和谢新元帮助整理了理论篇中的部分案例;感谢博士生郑恺为本书的图表和案例做了许多细致的工作;感谢北京大学出版社编辑兰慧老师精心与专业的审核。还特别想感谢14年来学习"成本效益分析"这门课的学生,你们的讨论、辩论和作业为这门课内容的丰富做了很多贡献。

蒋云赟

2024年1月

目 录

理 论 篇

第1章　成本效益分析概述 …………………………………………………… (3)
　1.1　成本效益分析的定义 ……………………………………………… (3)
　1.2　成本效益分析在各国政府决策中的应用 ………………………… (4)
　1.3　成本效益分析的步骤 ……………………………………………… (6)
　1.4　细分相关群体分析 ………………………………………………… (11)
　1.5　成本效益分析的视角选取 ………………………………………… (12)

第2章　成本效益分析的概念基础 …………………………………………… (16)
　2.1　五个维度的成本和效益 …………………………………………… (16)
　2.2　成本效益分析的决策规则 ………………………………………… (18)
　2.3　成本效益分析的分类 ……………………………………………… (21)
　附录2A　公共资金边际价值 …………………………………………… (27)

第3章　成本效益分析的微观经济学基础 …………………………………… (38)
　3.1　需求曲线 …………………………………………………………… (39)
　3.2　供给曲线 …………………………………………………………… (41)
　3.3　社会剩余 …………………………………………………………… (43)
　3.4　多种计算净社会效益（社会剩余）的方法 ………………………… (44)
　3.5　边际超额负担与公共资金边际成本 ……………………………… (46)
　附录3A　不同消费者剩余的度量方式比较 …………………………… (48)

第4章 主要市场的效益和成本的衡量 ……………………………………… (54)
4.1 市场有效时产出市场效益分析 ……………………………………… (55)
4.2 市场失灵时产出市场效益分析 ……………………………………… (58)
4.3 投入的度量:机会成本 ……………………………………………… (66)

第5章 对次要市场的影响评估 …………………………………………… (74)
5.1 次要市场非扭曲时的处理规则 ……………………………………… (74)
5.2 次要市场存在扭曲时的分析 ………………………………………… (80)
附录5A 消费者剩余的计算 …………………………………………… (83)

第6章 社会贴现率 ………………………………………………………… (91)
6.1 理解贴现 ……………………………………………………………… (92)
6.2 资本的社会机会成本法 ……………………………………………… (94)
6.3 社会时间偏好法 ……………………………………………………… (96)
6.4 随时间推移而下降的贴现率 ………………………………………… (98)
附录6A 社会时间偏好法的贴现率推导 ……………………………… (99)

第7章 风险、不确定性与敏感性分析 …………………………………… (102)
7.1 期望值和期望效用 …………………………………………………… (102)
7.2 考虑不确定性的成本效益分析 ……………………………………… (104)
7.3 决策树 ………………………………………………………………… (108)
7.4 敏感性分析 …………………………………………………………… (110)

第8章 影子价格 …………………………………………………………… (114)
8.1 影子价格的定义 ……………………………………………………… (114)
8.2 计算影子价格的一般方法 …………………………………………… (115)
8.3 利用间接市场获得影子价格 ………………………………………… (120)
附录8A 影子价格计算的推导 ………………………………………… (149)

第9章 意愿价值评估法 …………………………………………………… (152)
9.1 询问支付意愿的方法 ………………………………………………… (153)
9.2 意愿价值评估法的一些争议 ………………………………………… (155)

第10章 成本效果分析和成本效用分析 ……………………………………(158)
10.1 成本效果分析的决策规则 ……………………………………(159)
10.2 成本效用分析 ……………………………………………………(164)
附录10A 乳腺癌药物的成本效果分析 ………………………………(167)

第11章 有分配权重的成本效益分析 ……………………………………(176)
11.1 增加分配权重的原因 …………………………………………(176)
11.2 有分配权重的成本效益分析的实施方法 …………………(179)
11.3 权重的确定方法 ………………………………………………(180)

实 践 篇

案例一 河北省定州市规模化生物天然气示范项目一期工程成本效益分析 ……………………………………………………………(189)

案例二 A省公路项目的成本效益分析 ……………………………(217)

案例三 支持和责任圈项目的成本效益分析 ………………………(241)

参考文献 ……………………………………………………………………(260)

理论篇

第 1 章　　成本效益分析概述

【本章学习目标】
- 掌握成本效益分析的定义。
- 掌握成本效益分析的步骤。

1.1　成本效益分析的定义

成本效益分析（cost-benefit analysis，CBA）是通过比较全部成本（cost）和效益（benefit），以衡量政策或项目的价值或者对所有社会成员的影响的评估方法。

企业项目的成本效益分析往往关注净利润，与之不同，公共支出或社会项目的成本效益分析则需要考虑对社会全体成员全方位的影响。例如，修建一条高速公路，如果站在投资方的立场，可能仅需要考虑承担的建设成本和运营成本，仅把获得的过路费作为自己的收入（效益）；但从全社会的角度看，高速公路使用者时间的节省和车辆运营成本的下降，甚至更安全的公路导致交通事故死亡率的下降都属于修建高速公路的效益。企业从自己的角度进行成本效益分析，往往仅以自己需要负担的实际成本来考虑对环境的影响；但是对于政府而言，则需要全面考虑和评估对环境的影响及环境保护责任。当市场失灵时，经常需要由政府牵头配置资源，可以说，成本效益分析是用来评估和促进政府进行资源有效配置的方法。因此，成本效益分析是站在全社会视角，以净效益为衡量标准，对政策、项目的影响或价值进行合理评估。

每一项政策或每一个项目都会存在成本和效益。由于社会项目经常具有外部性，我们在计算政策和项目的净效益时，往往以整个社会的成本和效益为基础，即从"社会是一个整体"的观点，来考察和比较所有与项目相关的成本和效益。净社会效益（net social benefit，NSB）的计算公式为：

$$\text{净社会效益} = \text{社会效益} - \text{社会成本} \tag{1-1}$$

整个社会的效益减去整个社会的成本即为净社会效益,最后净社会效益大于 0 的项目被推荐供政府选择和决策。

1.2 成本效益分析在各国政府决策中的应用

成本效益分析概念的起源可以追溯到 1848 年,由法国经济学家朱尔斯·杜普伊特(Jules Dupuit)提出。杜普伊特利用成本效益分析方法,率先计算了诸如建筑和桥梁类项目的社会效益,并使用个人支付意愿来衡量项目使用者可以从拟建项目中获得的收益。成本效益分析在政府决策中的应用,最早可追溯到美国联邦政府用其评估水利项目。20 世纪 20 年代末美国联邦政府授权美国陆军工兵部队对美国境内主要河流的整治计划进行成本分析,为之后的经济性评估分析奠定了基础。1939 年美国《洪水控制法案》(Flood Control Act)将成本效益分析确立为联邦政策,它要求"任何项目的收益都应超过其估算成本"。Eckstein(1958)为成本效益分析方法在水资源开发方面的应用奠定了福利经济学基础。20 世纪 60 年代,成本效益分析被广泛应用于美国的水质量(Kneese,1964)、休闲旅游(Clawson and Knetsch,1966)、土地保护(Krutilla,1967)等领域。"选择价值"的概念被充分认可,使人们认识到资源的无形价值。1969 年,美国《国家环境政策法》(National Environmental Policy Act)实行,要求在项目监管过程中使用成本效益分析方法。1981 年,美国里根政府时期的一项行政命令(EO 12291,Federal Regulation)规定,实行的政策"对社会的潜在效益应大于社会的成本"。为了进一步完成量化衡量,该命令要求考虑重大政策变更的机构进行规制影响分析,这在大多数情况下实际上是成本效益分析。此后,许多国家颁布了类似的规定,其中明确指出需要应用成本效益分析方法评估公共政策的政府指南包括:《加拿大监管分析指南》(The Canadian Guide for Regulatory Analysis)、《澳大利亚监管和金融指南》(The Australian Guide for Regulation and Finance)、《美国保健指南》(The US Guides for Health-care)和应急管理方案。

20 世纪 60 年代,成本效益分析方法被美国之外的国家采用。英国政府首先将这种方法用来分析伦敦和伯明翰之间的铁路建造计划。这一新的评估方法被英国地方交通、环境部门所采用,提出了均衡的成本效益分析结果,并更细致地衡量了其对环境因素的影响。在1988年的《道路交通法》(The Road Traffic Act)中,成本效益分析方法首次应用于英国国家道路计划,并在不久后被推广到所有的交通方式,相关研究由交通部维护和开发,是英国交通评估的基石。另外,加拿大联邦政府与各省之间对于菲莎河的防洪协定,也有类似应用事前成本效益分析作为政府决策参考的实例。

20世纪80年代,随着美国联邦政府对经济活动的干预和影响不断深入,不仅公共支出占国内生产总值(GDP)比例不断增长,各种联邦管理机构也越来越活跃,纷纷开展健康卫生、公共安全和环境保护等议题的管制工作,因此需要利用成本效益分析方法来评估这些管制措施的必要性。1974年,当美国经济面临两位数的通货膨胀威胁时,福特总统要求管理机构讨论拟议相关措施对通货膨胀的影响,美国管理预算办公室(Office of Management and Budget,OMB)则要求在成本、生产力、能源供需、重要物资、就业和市场结构等六个领域内所有新设的管理标准都必须实施成本效益分析,从此成本和效益的考虑正式成为美国联邦管理措施的一部分。后来美国的历任总统(卡特、里根和克林顿等)都陆续签署行政命令,推动成本效益分析作为评估联邦管理措施合理性的重要工具。例如,里根总统在1981年签署行政命令,要求联邦管理机构必须对潜在经济效果高于一亿美元的措施进行管制影响分析。综观其他国家的情况,1991年英国财政部颁布《绿皮书:中央政府评价与评估》(The Green Book:Appraisal and Evaluation in Central Government)(1997年和2003年两次修订),阐述了成本效益分析的步骤和方法。澳大利亚财政部1991年发布的《成本效益分析使用指南》(Handbook of Cost-Benefit Analysis)(2019年修订)、加拿大财政部1998年发布的《效益成本分析指南》(Benefit-Cost Analysis Guide)、新西兰财政部2005年发布的《成本效益分析初级读本》(Cost Benefit Analysis Primer)等,都为公共部门实施成本效益分析提供了理论框架和实践指导。

我国改革开放后也开始考虑将成本效益分析的理念用于政府的项目支出评价。1983年,国家计委(现为国家发展改革委)《关于颁发〈建设项目进行可行性研究的试行管理办法〉的通知》(计资〔1983〕116号),提出对工业项目的可行性研究需要包括"社会及经济效果评价"的内容,指出"对建设项目的经济效果要进行静态的和动态的分析,不仅计算项目本身的微观效果,而且要衡量项目对国民经济发展所起的宏观效果和分析对社会的影响"。2004年国务院发布的《全面推进依法行政实施纲要》（国发〔2004〕10号）中指出要"积极探索对政府立法项目尤其是经济立法项目的成本效益分析制度。政府立法不仅要考虑立法过程成本，还要研究其实施后的执法成本和社会成本"。随着绩效预算管理的全面推行，《中共中央 国务院关于全面实施预算绩效管理的意见》（中发〔2018〕34号）指出创新评估评价方法，立足多维视角和多元数据，依托大数据分析技术，运用成本效益分析法、比较法、因素分析法、公众评判法、标杆管理法等，提高绩效评估评价结果的客观性和准确性。《国务院关于进一步深化预算管理制度改革的意见》（国发〔2021〕5号）部署进一步深化预算管理制度改革，指出运用成本效益分析等方法研究开展事前绩效评估，将政府投资对全社会效益和成本的影响全部纳入考量。党的二十大报告指出要"健全现代预算制度"，现代预算制度需要科学的方法，我们应该运用成本效益分析等方法加强对公共支出的事前绩效评估，推动预算编制工作。

1.3　成本效益分析的步骤

成本效益分析一般共有八个步骤：① 阐述项目的必要性和需要进行成本效益分析的备选方案；② 选取立场；③ 确定可能的成本和效益；④ 将成本和效益量化；⑤ 成本和效益货币化；⑥ 贴现成本与效益并计算净现值；⑦ 敏感性分析；⑧ 方案推荐。接下来我们将对这八个步骤进行详细讲解。

1.3.1　阐述项目的必要性和需要进行成本效益分析的备选方案

只有项目的目的和需求明确，成本效益分析才有意义。一个项目可能有多个备选方案，不同的方案成本与效益可能不同，如果将所有选择都纳入成本效益分析，工作量将超负荷，使得成本效益分析工作本身不经济。因此在成本效益分析工作开展前应该明确备选方案。例如某省计划修建一条高速公路，高速公路的路线、宽度和路面材料都有多种选择，如果将这些全部纳入成本效益的考量，将使得成本效益分析的工作量很大。所以某省可能会提前确定高速公路的材料和车道标准，只把不同路线的高速公路留给成本效益分析来决定。甚至连这个因素也提前确定，只是通过成本效益分析来决定是否修这条高速公路。

成本效益分析对一个或者多个备选项目和反事实（counterfactual）项目的净社会效益进行对比。反事实项目是指备选项目不通过时用来取而代之实施的项目,通常情况下,反事实项目经常是现状(status quo),所以经常通过成本效益分析来决定是否施行备选项目,如果不施行也就是沿袭当下政策或不做出任何改变。

1.3.2　选取立场

选取立场,即确定成本效益分析考虑的是哪些人的成本和效益。① 同一个项目,从全球的立场、国家的立场、一个省份的立场观察,成本和效益可能会有不同。例如某省计划修建一条省道,有可能得到中央政府的专项转移支付,如果站在省份立场,这项专项转移支付是效益,如果不修建这条省道就得不到这项转移支付;但站在国家的立场,这项转移支付仅仅是中央政府对地方政府的资金转移,并未产生成本或者效益。如果高速公路通车后征收过路费,站在省份的立场,省内居民交的过路费不是项目的效益,而是从省内居民到过路费收费部门的转移,只有省外居民交的过路费才是项目的效益;如果站在国家的立场,本国居民交的过路费都不能作为项目的效益。所以要先清晰地确定项目进行成本效益分析的立场,以便确定成本和效益的范围。

在进行成本效益分析时,关于立场选取的有些特殊情况值得关注:第一,非法居留个体的效益是否应当计入从国家立场出发的成本效益分析中,这是一个有争议的问题。原则上讲,非法居留个体的成本和效益不计入某一国的成本效益分析中,但在分析义务教育等项目时,有时会把所有适龄儿童的效益都包含在内。第二,成本效益分析不考虑社会不接受行为的实施者的成本和效益,比如违法者、违反社会公德者。第三,除非项目的目的是为子孙后代的利益服务,一般成本效益分析不考虑子孙后代的成本和效益。

Abelson(2020)总结了英国财政部(UK Treasury,2018)、欧盟委员会(European Commission,2014)、美国国家环境保护局(US Environmental Protection Agency,2014)、新西兰财政部(New Zealand Treasury,2015)、澳大利亚基础设施委员会(Infrastructure Australia,2018)、澳大利亚新南威尔士州财政部(NSW Treasury,2017)以及维多利亚州金融部门(Victorian Department of Treasury

---

① Boardman et al.(2018)把选取立场作为成本效益分析的关键步骤提出,而很多教科书并不明确提出这一点,默认为是地方政府或者中央政府的立场。本书作者赞成 Boardman et al.(2018)的观点,认为明确考虑立场对划定成本和效益的范围非常重要。

and Finance,2013)的七份准则,发现这些准则通常从自己的管辖区角度确定成本效益分析的立场。英国财政部、美国国家环境保护局、新西兰财政部和澳大利亚基础设施委员会都基于国家立场进行成本效益分析,而新南威尔士州和维多利亚州则采用州级立场。欧盟委员会例外,European Commission(2014)指出可以用地方、国家甚至欧盟的立场,"在处理与二氧化碳及其他对气候变化有影响的温室气体排放有关的环境问题时,所有项目都必须考虑更广阔的视角,因为这些影响本质上是非本地性的"。

Boardman et al.(2018)认为管辖区进行对自己有利但对其他国家(或州)明显不利的政策或项目是不可接受的。例如,不考虑中央政府对州(或省)的拨款意味着这些拨款没有成本,这将鼓励全国范围内的低效项目。同时,由于州政府资助的就业培训项目的成功,而导致中央政府对当地居民的福利支付的减少将被视为州的成本,而不是转移支付,这可能会阻碍高效的州项目的推行。本书作者也赞成Boardman et al.(2018)的主张,我们认为在进行成本效益分析时应该明确地提出分析基于的立场,并且当存在重大外部影响时,建议补充更高层级立场的成本效益分析。

1.3.3 确定可能的成本和效益

我们需要列出项目或者政策所有可能的影响。项目或者政策的影响既可能是直接影响,也可能是间接影响。只有尽可能全面考虑所有的影响,才能使成本效益分析的结果足够精确。因此,在这一步中,我们要进行充分的"头脑风暴",尽量不遗漏项目或者政策的影响。然而,并不是所有的影响都需要纳入成本效益分析的考量,纳入考量范畴的前提是要证明影响与项目或者政策存在因果关系。

计量经济学的知识有助于我们判断项目或者政策和影响之间的因果关系。例如,某省计划修建一条高速公路,高速公路的修建和维护成本肯定是项目成本,但只有当证明修路会引发环境污染时,才把环境污染的成本纳入考量。修建高速公路会使得道路使用者的时间得到节约、车辆损耗下降,质量更好的公路也会降低车祸发生的概率,这些都可以纳入效益的范畴。但是修路是否会使得经济增长,我们要基于其他状况相似的公路,识别出公路建设与经济增长间的因果关系,才能把经济增长纳入效益的考量范围(Nathaniel et al.,2020)。

1.3.4 将成本和效益量化

确定被纳入成本效益分析考虑范围的影响后,我们需要将在项目周期内的各个影响进行量化。例如高速公路修建需要土地、原材料和人力,高速公路会节约道路使用者的时间、减少车辆损耗,这些都需要被量化。我们可以统计以前在旧路通行的人次和车次,预测这些通行者有多少会转到新路上,用单次通行的时间节约乘以通过人数就可以得到从旧路转到新路上的通行者总时间的节约。

当然,在事前和中期成本效益分析时,我们很难保证对影响的量化完全准确。溢出效应的存在会影响量化的准确性,例如我们预计质量更高的公路更加安全,会使得车祸概率下降,但是驾驶人员也许会放松警惕,导致车速过快,使得车祸概率下降不如预期。解决办法是对关键的影响进行敏感性分析,我们之后将会进行详细讲解。

1.3.5　成本和效益货币化

将各方面影响的指标量化后,我们需要将各类影响统一以货币来衡量以便于量化其价值。有的物品存在完备的交易市场,货币化的难度较小,例如修建高速公路的混凝土单价就很容易在市场上获得。但有些影响的货币化就比较困难,比如对于道路使用者节约的时间的价值,我们往往用工资水平去衡量,但这未必完全合适,因为不同的人对时间的定价往往不同,即使是同一个人,对不同用途的时间定价也不一定相同。比如,卡车司机的工资水平往往低于商务人士,但卡车司机在使用公路时是全职工作的状态,而商务人士使用公路节约出来的时间却不能完全用自己的工资水平来衡量。

1.3.6　贴现成本与效益并计算净现值

由于项目的周期一般都比较长,因此在将影响货币化后,需要考虑贴现,将未来的货币贴现到当期,以衡量项目的成本和效益在当期的价值。

以效益(B)为例,第 t 期的效益为 B_t,共有 n 期。假设贴现率为 s,则效益的现值为

$$\mathrm{PV}(B_t) = \sum_{t=0}^{n} \frac{B_t}{(1+s)^t} \tag{1-2}$$

同理,第 t 期的成本为 C_t,则成本的现值为

$$\mathrm{PV}(C_t) = \sum_{t=0}^{n} \frac{C_t}{(1+s)^t} \tag{1-3}$$

成本效益分析是通过净现值（NPV）做决策。净现值的计算方法为

$$\mathrm{NPV} = \mathrm{PV}(B_t) - \mathrm{PV}(C_t) \tag{1-4}$$

净现值为正数时，项目可取。在预算约束范围内，如果项目不互斥，那所有净现值大于 0 的项目都可以选择；如果项目互斥，则选择净现值最大的项目。

除了净现值，我们还可以计算项目的内部收益率和收益成本比率（benefit cost rate，以下简称"益本率"）。如式(1-5)所示，B_t 和 C_t 分别是第 t ($t=0,1,\cdots,n$)期的效益和成本，i 就是内部收益率（internal rate of return，IRR），内部收益率是使净效益流的净现值等于 0 的贴现率，是使一项投资能达到收支平衡所能支付的最高利率，将此与贴现率比较可得出项目是否可行。一般而言，内部收益率只要大于贴现率，项目即可施行，并且，在综合考虑项目大小与净现值额度的基础上，内部收益率越高，项目投入的成本相对于收益越小，项目越合意。但是如果项目的成本和效益的现金流呈现不规则的特点时，内部收益率有可能无解或者不是唯一解。而且内部收益率指标常常忽略项目的规模，如果将内部收益率作为决策标准，可能会导致一些内部收益率较高的小项目得以通过。因此当净现值标准和内部收益率标准的结果不一致时，我们常常按照净现值标准来做决策。

$$B_0 - C_0 + \frac{B_1 - C_1}{1+i} + \frac{B_2 - C_2}{(1+i)^2} + \cdots + \frac{B_t - C_t}{(1+i)^t} = 0 \tag{1-5}$$

如式(1-6)所示，益本率是全部效益的现值和与全部成本现值和的比值。当益本率大于 1 时，表示该项目可使得社会福利提高，可以采纳；当益本率小于 1 时，表明此项目不应该施行，会使得社会福利降低。益本率可以作为一个补充决策规则使用，但益本率的计算具有不稳定性，比如修建高速公路可能会造成环境污染，这个可以被看作负的效益，也可以被视为成本，不同的对待方式计算的益本率数值不同，因此当几个项目进行比较时，益本率不一定会给出正确的结论。另外，益本率和内部收益率都是相对比率，如果采用益本率来进行决策，可能会使得益本率高的小项目得以通过。

$$\frac{\mathrm{PV}_B}{\mathrm{PV}_C} = \sum_{t=0}^{n} \frac{B_t}{(1+s)^t} \bigg/ \sum_{t=0}^{n} \frac{C_t}{(1+s)^t} \tag{1-6}$$

1.3.7　敏感性分析

成本和效益的量化与货币化当中存在各种不确定因素，比如贴现率选取、生

命价值评估和数量估计的溢出效应,这些最终都可能影响成本效益分析的结果。在成本效益分析中,我们需要对关键因素进行敏感性分析,敏感性分析分为单因素敏感性分析和多因素敏感性分析,是成本效益分析不可或缺的一步。

1.3.8 方案推荐

成本效益分析的目的是推荐合适的方案以供决策部门参考。然而政府的视角与成本效益分析人员的视角依然可能存在差别,不同视角做出的决策,可能存在偏差。

1.4 细分相关群体分析

除了在立场范围内进行社会总体的成本效益分析,我们常常也进行分群体的成本效益分析,这被称为细分相关群体分析(disaggregated referent group analysis),细分相关群体分析把总体按照人群进行细分,有利于知道某一部分人群的净效益。如果某一部分人群需要区别对待,就可以进行有分配权重的成本效益分析,我们将在本书第11章进行有分配权重的成本效益分析的介绍。即使不进行有分配权重的成本效益分析,得到每一群体的净效益对我们评估整个项目也有帮助。

例如,如果公路项目采用政府和社会资本合作(Public-Private-Partnership,PPP)的形式施行,我们就选取地方政府的立场。可以在进行全社会的成本效益分析的基础上,分别从当地政府、银行、道路使用者、普通民众和PPP项目公司的角度进行成本效益分析,每一群体考虑的项目影响是有区别的。当地政府的效益包括收取的过路费、道路建设和维护涉及的销售税、PPP项目公司缴纳的企业所得税等税收收入;当地政府的成本包括政府为项目支付的利息、旧公路节约的维护费用导致的原材料与设备的销售税减少、可能给PPP项目公司的缺口付费等。银行第一期要提供资金,之后每一期能获得该期本金偿还额加上利息偿还额的效益,最终项目带来的效益为所有期现金流的现值和。道路使用者的成本为增加的过路费,效益包括路面条件改善带来的车辆运营成本降低、节约的工作或旅途时间带来的货币价值等。普通民众获得的效益包括新公路提升通行速度从而减少污染排放带来的环境改善效益,以及减少交通事故可能带来的负面影响(包括但不限于心理阴影负担、伤亡对医疗系统的负担、自身遭受交通事故的威胁)等。PPP 项目公司需要负担公路建设和维护的各种成本(建设成本、人力成本、资金成本和各项税收等),效益包括过路费收入以及可能的政府补贴收入等。

1.5 成本效益分析的视角选取

本章最后考虑成本效益分析的视角选取问题。站在全社会的角度,追求净社会效益最大化是成本效益分析比较合适的视角。但是当政府推行某个项目时,财政部门和具体业务部门由于视角不同,可能会做出不同的决策。我们要通过成本效益分析,说服财政部门和业务部门站在全社会角度上去做决策。表 1-1 假设了一个高速公路项目站在全社会视角可能的社会效益和社会成本。

表 1-1　高速公路项目的成本效益分析——全社会视角

(单位:百万元)

	省政府立场	全国立场
社会效益:		
时间和运营成本的节约	2 350	2 670
安全收益	120	130
过路费	50	0
旧路的收益	245	275
公路的残值	200	200
转移支付收入	50	0
总社会效益	3 015	3 275
社会成本:		
建设成本	3 050	3 050
维护成本	150	150
收费站建设成本	20	20
收费站运营成本	2	2
总社会成本	3 222	3 222
净效益	-207	53

当站在全社会视角去全面考虑成本和效益时,新建高速公路可以带来时间和运营成本的节约、质量更高的公路使得车祸发生的概率降低带来的安全收益、旧的高速公路拥堵减少使得旧路的使用者有时间和运营成本的节约、项目期结束后高速公路还会有残值;高速公路需要有建设成本和维护成本。当然如果站在省政府的立场上,外省居民交的过路费和上级政府的专项转移支付也是效益来源。根

据我们假设的效益和成本数据,站在高速公路所在省政府的立场,由于非本省居民所获得的效益不算项目效益,最后项目有 2.07 亿元的净损失;而站在全国立场上,项目最后能产生 5 300 万元的净效益。

财政部门作为政府收支的管理者,常常会站在财政收支的角度进行决策,认为政府获得的所有收入都是效益,所有支出则都记为成本。这是一个收益-支出视角(revenue-expenditure perspective),因此会忽略无法经济化的社会效益。这个视角看待问题存在以下特点:

(1) 忽略非货币化的社会效益。
(2) 认为支出即成本,不从机会成本的角度看问题。
(3) 认为政府所有的资源都是零成本的。
(4) 忽略其他级别政府产生的成本。
(5) 将其他政府的补贴视作效益。
(6) 倾向于采用更高的贴现率。

贴现率之所以取较高的值,是因为高贴现率往往会导致项目难以通过。政府项目通常是前期投资规模大,而效益在未来才能体现。如果贴现率高,后期效益会因为贴现变得很低,从而使净效益为负,项目通过的概率较小。财政部门以控制预算为出发点,通过较高的贴现率可进行更谨慎的决策。例如,财政部门常常会站在政府收支的角度去考虑问题,如表1-2所示,面对表1-1的高速公路项目的社会成本和效益,当财政部门做决策时,容易只把过路费和公路残值当作修建高速公路的效益,地方政府还会把获得的专项转移支付作为财政收入。这时成本效益分析人员要跟财政部门进行沟通,如果站在政府部门视角,很多公共品的成本效益分析都没有办法通过。而实际上非财政收入的效益——例如时间和运营成本的节约、更高的安全收益——经常是政府利用财政收入完成项目或者PPP项目中政府对项目公司进行可行性缺口补贴的理由。

站在具体业务部门视角来看,由于不太需要考虑资金来源,它们会更倾向于争取更多的经费推动项目发展。如表1-3所示,业务部门站在本省居民的视角,认为高速公路以及收费站的建设和维护能带来就业可以被视为效益,高速公路的社会效益也是效益,而本省居民交的过路费会被视为成本。这个视角看待问题存在以下特点:

(1) 社会全体成员所有的效益都是效益。

(2) 一些成本(如工资),也有可能是效益。

(3) 政府资源是免费的。

(4) 倾向于更大规模的项目。

(5) 倾向于更低的贴现率。

表 1-2 高速公路项目的成本效益分析——政府部门视角

(单位:百万元)

	省政府立场	全国立场
政府收入:		
过路费(本省居民)	350	350
过路费(外省居民)	50	50
转移支付收入	50	0
公路残值	200	200
总政府收入	650	600
政府支出:		
建设成本	3 050	3 050
维护成本	150	150
收费站建设成本	20	20
收费站运营成本	2	2
总政府支出	3 222	3 222
政府净效益	−2 572	−2 622

表 1-3 高速公路项目的成本效益分析——业务部门视角①

(单位:百万元)

	省政府立场	全国立场
居民收益:		
项目成本	3 222	3 222
项目收益	2 965	3 275
转移支付收入	50	0
总社会效益	6 237	6 497
居民支出:		
过路费(本省居民)	350	350
过路费(外省居民)	0	50
总社会成本	350	400
政府净效益	5 887	6 097

---

① 表中的数据可能会高估业务部门理解的效益。我们用此例只是为了说明要从全社会角度仔细辨认成本和效益,尽量少受单个部门决策的影响。

【复习思考题】

1. 新冠疫情的出现使得政府暂时采用了一些必要的措施。你所在的学校要求进入室内场所必须佩戴口罩，试从个人和社会角度分析这一举措的成本和效益。

2. 你所在的城市打算建造一个公共网球场。分析人员估算了在网球场期望使用期内影响的现值如下(单位：百万元)：

省拨款	2.0
建设和维护成本	19.7
人力成本	7.6
来自本市居民的收入	12.3
来自非本市居民的收入	4.3
本市居民使用效益	17.8
非本市居民使用效益	6.5
残值	2.1

省拨款只能用于建造公共网球场。

a) 作为成本效益分析师，站在国家立场，算出项目的净效益是多少？

b) 作为成本效益分析师，站在本市立场，算出项目的净效益是多少？

c) 市财政局可能会如何计算项目净效益？

d) 如果建设和维护只能由非本市公司承担，市体育运动中心可能会如何计算项目净效益？如果建设和维护可以由本市公司完成，市体育运动中心可能会如何计算项目净效益？

第 2 章 成本效益分析的概念基础

【本章学习目标】
- 掌握成本和效益的种类。
- 掌握支付意愿和机会成本的概念以及它们在成本效益分析中的应用。
- 理解卡尔多-希克斯准则。
- 掌握成本效益分析方法的种类。

在第 1 章中,我们初步介绍了成本效益分析的概念,并讲解了成本效益分析的八个基本步骤。成本效益分析利用净现值决策规则,对项目是否可行进行评定。在本章,我们从福利经济学角度,对采用这一规则的原因及合理性进行解释。

2.1 五个维度的成本和效益

在解释成本效益分析为什么要使用净现值决策规则之前,我们先从五个不同维度衡量成本和效益。

2.1.1 私人与社会的成本和效益

站在个体立场考虑的成本和效益即为私人(private)成本和效益,站在全社会的立场考虑的成本和效益即为社会(social)成本和效益。比如个人购置车辆,买车、养车的花销即为成本;生活便利性的提高、时间的节省、出行范围的拓展则为效益。但是个人较少考虑因为买车导致的环境污染、道路拥堵等带来的社会损失。在经济学里,这些影响就是外部性。个人衡量成本和效益时,往往不会考虑外部性,但计算社会成本和效益则需要考虑外部性。

公共政策评估关心的是社会成本和效益,它包括外部性带来的成本和效益,而不是简单的预算收支。由此可见,区分私人与社会成本和效益的重要标准即是否考虑了外部性带来的福利变化。

2.1.2 外部与内部的成本和效益

区分外部(external)与内部(internal)的成本和效益的核心在于立场的选取。在第1章中,我们对立场进行了详细的讲解。成本效益分析需要确定立场,立场范围之内的成本和效益即为内部成本和效益,范围之外的即为外部成本和效益。外部性通常是导致外部成本和效益出现的原因,而如果提高立场的层次,会使更多的外部成本和效益内部化。例如省政府修建一个省博物馆,如果站在省份的立场,本省居民参观博物馆获得的效益即为内部效益,而外省居民获得的效益为外部效益。而如果站在全国的立场,本国居民(无论本省还是外省)的效益均为内部效益。以地方公共事业建设为例,大部分地方公共事业离不开国家的专项转移支付支持。专项转移支付对省份而言是因为建设公共事业而获得的效益,而站在全国的立场,转移支付的货币并没有改变总福利,只是财产的转移,并不计入效益。所以专项转移支付对地方政府而言就是效益,而站在全国的立场上,就不是效益,而仅仅是财产转移。

2.1.3 实际与货币的成本和效益

实际(real)效益是项目的影响使社会福利增加的真实值,货币(pecuniary)效益则是以一部分人的福利受损为代价使另外一部分人获得的效益,即财富的转移。货币效益其实并没有带来整体社会福利的增加。实际成本和货币成本与之类似,真正使社会福利减少的是实际成本,而不改变社会福利的成本、仅仅是财富的转移的则是货币成本。例如,新修一条高速公路会使乘客的通勤成本下降,这是实际效益;但是新修的高速公路旁宾馆的收入增加不一定是实际效益,有可能只是挤出了旧公路旁宾馆的收入,只是收入的转移,我们称之为货币效益。同理,新修高速公路需要的各种原材料是实际成本,但由于新修高速公路对建筑工人的需求增加,使得建筑工人工资提高,但其他行业如果因为劳动力需求下降而降低工资的话,那建筑工人工资增加的部分就被称为货币成本。由此可见,区分实际与货币的成本和效益的重要标准是社会福利是否发生实际变化。

2.1.4 直接与间接的成本和效益

区分直接（direct）与间接（indirect）的成本和效益的关键在于项目产生的影响是否与项目目的直接相关。因项目目的直接产生的成本和效益是直接成本和效益，间接的成本和效益则是项目实施过程中产生的副产品的成本和效益。以水力发电工程为例，其直接目的是发电、防洪，直接效益即为水力发电工程带来的经济效益和防洪减少的经济损失。与此同时，水力发电工程的建设可能吸引游客前来参观、促进旅游业的发展，这是项目的副产品，则为间接效益。修建水力发电工程所需要的混凝土、钢材等为直接成本，而淹没土地可能破坏生态平衡则为间接成本。

2.1.5 有形与无形的成本和效益

区分有形（tangible）与无形（intangible）的成本和效益的关键在于是否有一个完备的市场衡量成本或效益价值。同样以修建水力发电工程为例，由于有完备的市场可以衡量发电的价值，因此水力发电是有形效益；而修建水库可能会使风景变美，但没有一个交易市场很好地衡量不同景观的价值，因此风景变美的效益是无形效益。修建水力发电工程所需要的原材料和劳动力为有形成本，而可能造成的对环境的破坏是无形成本。对无形的成本和效益而言，没有交易市场能够衡量其价值，我们常常采用特殊的方法衡量，比如特征定价法、意愿价值调查法等，我们将在之后的章节详细介绍。

2.2 成本效益分析的决策规则

2.2.1 帕累托有效

效率和公平是衡量财政政策的两个主要标准。成本效益分析考虑资源配置效用最大化，因此在考虑效率与公平时，更侧重于前者。那么如何衡量效率呢？我们常常采用帕累托有效的概念。"帕累托效率"是由意大利经济学家维尔弗雷多·帕累托（Vilfredo Pareto）提出的，帕累托有效是指没有其他任何可替代的分配方式，能够在不使其他任何人处境变差的情况下，使得至少一个人的处境改善。

我们用一个简单例子来说明帕累托有效。如图 2-1 所示，A、B 两个人分 100 元，纵轴表示 A 的收益，横轴表示 B 的收益。如果两人可以达成一致，则两人一共能拿到 100 元；如果不能达成一致，则只能各自拿到 25 元。我们将两人各拿 25 元在图 2-1 上对应的点即(25,25)称为现状对照点。在图 2-1 中，双方达成一致时所能获得的财富最大值的连线即为潜在帕累托边界，类似于预算约束线，由于分配资源有限，边界右边的点无法达到。在潜在帕累托边界上，双方都有变得更好的可能，但并不一定是帕累托有效的。在潜在帕累托边界上，使得每个人都不会比现状对照点更差的部分，也就是(75,25)和(25,75)之间的线段为帕累托边界，在帕累托边界上，两个人效用的提升都不会使对方受损，因此帕累托有效。因此，图中的阴影部分即为帕累托改进的点集。

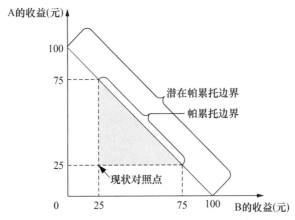

图 2-1　帕累托边界与潜在帕累托边界

当项目的净社会效益(NSB)大于 0 时，有可能存在一系列资金转移以实现帕累托有效。然而，净社会效益大于 0 并不是帕累托有效的充要条件。净社会效益大于 0 意味着项目会使得整个社会福利增加，但有可能是在一部分人社会福利受损的前提下带来的社会福利的增加，这样就和帕累托有效的定义不符。真正的帕累托改进，必须存在单边支付系统(side payment)，即可以由福利增加的个体向福利受损的个体进行单边转移，至少保证没有福利受损的个体存在。如果不存在单边支付，那么即使净效益大于 0 也可能无法实现帕累托改进。在对项目或政策进行成本效益分析时，我们一般用支付意愿来衡量项目的社会效益，而用机会成本来衡量项目的成本，所以一个项目或政策的净社会效益等于所有人对其支付意愿之和减去其或者政策的机会成本之和。

2.2.2 支付意愿与帕累托有效

支付意愿(willing to pay,WTP)指考虑某项政策对个体的全面影响下,个体愿意支付的最大数额,换言之,是个体能在项目中获得的最大的好处。一个项目或者政策可能既有支持者,也有反对者,所以支付意愿可正可负。支持者愿意支付一定的价钱以推动该项目实施,而反对者则需要获得一定的补偿以保证自身效用不变,才能接受项目,二者归根结底反映的都是个体对项目的支付意愿。保证支持者的支出和反对者的补偿之和大于0,即净社会效益大于0,是实现资源配置帕累托有效的重要条件。

除了支付意愿,还有一个重要概念叫受偿意愿(willing to accept,WTA),即个体为了放弃自己的某一份已有效益希望得到的补偿的价值。一般地,受偿意愿比支付意愿高很多,这是个体的风险规避偏好造成的。中国自古有"敝帚自珍"的说法,个体对自己拥有的东西看得更加重要,要价更高。在衡量社会效益时,如果将受偿意愿作为补偿的衡量指标,可能会高估项目的效益。因而在进行成本效益分析时,往往使用支付意愿来衡量社会效益,而不采用受偿意愿。

2.2.3 机会成本

我们已经知道,社会效益以支付意愿衡量。那么社会成本用什么衡量呢?答案是采用经济学中众所周知的机会成本(opportunity cost)。机会成本指的是利用资源所获得某种收入时所放弃的另一种收入的最大价值。社会成本归根结底通过机会成本来体现。关于成本效益分析中机会成本的衡量,我们将在之后的章节进行详细介绍。

2.2.4 决策规则

如果一个项目的社会效益小于社会成本,项目净效益的净现值小于0,社会福利受损,则该项目不可取。而如果项目净效益的净现值大于0,是否一定可取呢?如果我们以帕累托有效作为标准来决策,项目净效益大于0的项目也不一定可取,因为虽然净社会效益大于0,但有的个体效益可能会因为此项目受损。因此项目净效益大于0也无法保证项目实现帕累托最优,还需要一套单边支付系统,至少使受损者的损失得以弥补。当然如果项目的净社会效益大于0,那就意味着项目获益者补贴了项目受损者之后,仍然还会剩下正的效益。

但是在成本效益分析中,如果以帕累托有效作为决策标准,会使得成本效益分析工作本身的成本很高。原因主要在于收集每个个体的支付意愿的工作量大、计算成本高,以及当个体知道政府会对损失进行补贴时,会高估成本而低估效益,从而导致意愿表述失真。另外,即使政府花巨大成本知道了每个人的支付意愿,设计并且执行一套单边支付系统的成本也非常高。

如果把帕累托有效作为衡量标准,则决策成本过高。因此,在进行成本效益分析时,我们通常不以此为标准,而采用卡尔多-希克斯准则(Kaldor-Hicks Criterion),即选择一个净社会效益净现值大于0的项目,能实现潜在帕累托有效,项目则可取。潜在帕累托有效如果要成为真正的帕累托有效,还需要一套单边支付的补偿机制,使得项目获益者可以给项目受损者补偿。但现实生活中,潜在帕累托有效虽然没有单边支付的补偿机制,但政府的转移支付可能使潜在帕累托有效变为真正的帕累托有效。因此在现实生活中,只要项目的净社会效益大于0,我们认为就存在社会福利提升。

因此成本效益分析的决策规则是,在预算约束范围内,如果项目之间相互独立,所有净现值大于0的项目都可取;如果项目之间互斥或者相互之间有促进作用,则选择净现值最大的可行的项目组合。

2.3 成本效益分析的分类

成本效益分析根据衡量方式的不同,可以分为标准成本效益分析(pure or standard CBA)、定性成本效益分析(qualitative CBA)、成本效果分析(cost-effectiveness analysis,CEA)[①]、多目标分析(multi-goal analysis)和有分配权重的成本效益分析(distributional weighted CBA)。

---

① CEA 的翻译方式较多,比如成本效益分析、成本效果分析、成本效能分析和成本效用分析多种。为了和 cost benefit analysis 和 cost utility analysis 相区分,并结合最常用的翻译,我们认为"成本效果分析"是较合适的。

2.3.1 标准成本效益分析

标准成本效益分析是将所有影响进行货币化的成本效益分析方法。在相关课程中,大部分内容是介绍标准成本效益分析;但是在现实中,并不是所有的情况都适用于标准成本效益分析,因此才存在其他类型的成本效益分析。

成本效益分析按照时间点可以分为事前成本效益分析(ex-ante CBA)、事后成本效益分析(ex-post CBA)和中期成本效益分析(in-medias res CBA)。

事前成本效益分析,即在项目开始之前进行的成本效益分析,其目的在于对是否施行该项目做出决策;事后成本效益分析,即在项目结束之后进行的成本效益分析,其目的在于确定项目的价值,从而考虑该项目是否值得推广;中期成本效益分析,即在项目实施期间进行的成本效益分析,其目的在于考虑项目是否有继续施行的必要性。

除了以上三类,还有一类是比较成本效益分析(comparative CBA),将事前成本效益分析结果和事后成本效益分析结果进行比较,其目的在于判别成本效益分析本身的价值。

由此可见,不同类别的成本效益分析,其目的也不同。当目的是项目决策时,采用事前成本效益分析,事中成本效益分析次之;当目的是获得类似项目的潜在效益时,采用事后成本效益分析衡量相似项目的效益,项目相似度较高时,则可将类似项目予以推广。

2.3.2 定性成本效益分析

在进行成本效益分析时,要尽可能地把成本和效益都量化与用货币计量,但当存在一些关键事项无法量化时,我们通常采用定性成本效益分析。例如英国当年对在英吉利海峡修筑海底隧道进行成本效益分析时,不仅考虑到促进交通、经济发展,同时还考虑到提升英国国民的民族自豪感等很难量化但对项目产生关键影响的因素。这时我们可以通过定性的方法,对其进行成本效益分析。

美国管理预算办公室(OMB)的 A-4 通函(Circular A-4)指出:不是所有重要的成本和效益都能货币化。如果不能货币化,政府机构应该运用专业判断来确定未量化的成本和效益在总体分析中的重要性。如果未量化的成本和效益很重要,则应进行盈亏平衡分析以评估其重要性。盈亏平衡分析可以回答为了使净社会效益为0,非量化效益的价值可以有多小(或非量化成本的价值需要有多大),也即效益的最小门槛值(threshold)或者成本的最大门槛值。Sunstein(2014)总结了盈亏平衡分析在成本效益分析中发挥作用的三种情形:

情形一:如果政府机构可以通过点估计或期望值估计确定监管收益的上限或下限,盈亏平衡分析最有效。如一项监管法规的成本为2亿美元,但收益不可量化,只要收益的下限大于2亿美元,该监管法规即可被证明合理。在通常情形中,如果一项监管法规可通过盈亏平衡分析的检验,法规的收益"地板"(floor)即下限便足够高过成本;相反,法规的收益"天花板"(ceiling)即上限太低,则不足以显示法规的合理性。一项成本为5亿美元、仅能有限减少对人类伤害不大的水污染的法规,其收益上限很难超过5亿美元,从而使得法规很难具有合理性。一项降低金融风险的法规成本为50亿美元,假定金融危机发生造成的损失为1万亿美元,此时机构只要能确认该法规以50/10 000＝1/200的概率降低金融危机发生的概率,该法规即能顺利推行。另外政府机构可能无法通过上下限得到点估计,只能得到收益上限或下限的区间分布。如果可获取概率分布的信息,就可求得期望值。一种做法是直接取区间中值作为区间的期望值,但因暗含了等概率假设和理由不充分而广受批评。然而现实中很难获取完整的概率分布信息,此时不妨将焦点集中在探讨收益有多大的概率低于成本或高于成本。若一项法规成本是2亿美元,收益在0.25亿美元和2.25亿美元之间。此时大部分收益区间小于成本。决策者接下来需要重点探讨收益的上限是否有更大概率出现而使得法规予以通过。总之,盈亏平衡分析实际上难以选定能最大化净效益的项目,但它至少有助于决策者确定一个项目的效益能否超过成本。

情形二:如果政府无法获知监管收益的上下限,则通过与相关指标的货币价值比较有助于进行盈亏平衡分析。如人均统计生命价值(value of statistics life,VSL)约为900万美元,政府机构可将900万美元视为各种避免非致死伤害、保护人类尊严、保护野生动物的监管利益上限(这些监管收益绝不可能超过人的生命价值)。这一方法常应用于卫生与健康经济学领域。

情形三:如果政府既无法获取监管收益上下限,也无法进行相关指标的比较,则盈亏平衡分析无法直接判断监管法规能否推行,而提供有条件的理由(conditional justifications)可以解释评估中缺少哪些信息以及为了法规成功推行需要哪些必要的假设。一些情形下信息的获取确实很难,政府机构可能竭尽全力也无法确定是否要推行法规,但至少可以提供有条件的理由的盈亏平衡分析,判断不确定性的来源以及为了政府降低不确定性需要进一步了解的内容。

例如,美国残疾人法案(Americans with Disabilities Act,ADA)1990年由美国国会通过,2008年美国总统签署修正案后继续生效。它规定了残障人士应享有的权利,主要包括方便残障人士使用公共设施的规定。图2-2给出了对改善残障人士无障碍生活环境的法案产生收益的框架分析。在ADA的诸多条款中,关于卫生间的条款货币成本最高。这类条款可帮助轮椅使用者或其他行为不便的人更少依赖他人协助而独立使用卫生间,因此在可量化的收益之外,该条款不可量化的收益[包括避免污名化(avoidance of stigma)和羞辱、改善安全条件和提高独立性]非常高。美国司法部将外开门的卫生间和内开门的卫生间分开计算,因为各自的抽水马桶空间要求的成本和效益有很大不同。美国司法部对该条款部分监管影响分析指出,外开门卫生间的成本预计将超过4.54亿美元,如果假设贴现率为7%,按54年的使用周期计算,相当于每年约3260万美元的净成本。估计残障人士每年使用外开门的无障碍单人卫生间约6.77亿次,因此将每年3260万美元的成本除以6.77亿次,在这种情况下,要使成本和效益达到收支平衡,残障人士每次使用卫生间时只需为安全、独立以及避免污名化和羞辱的收益支付不

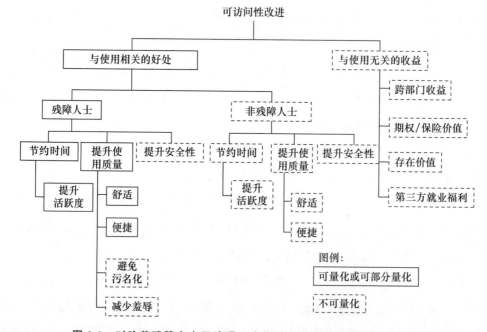

图2-2 对改善残障人士无障碍卫生间的法案产生收益的框架分析

到 5 美分。对内开门卫生间的分析也是如此。据估计,内开门卫生间的货币化成本超出货币化收益 2.663 亿美元,如果假设贴现率为 7%,按 54 年年化计算,每年约为 1914 万美元。残障人士每年将使用内开门的无障碍单人卫生间约 870 万次。将每年 1914 万美元的成本除以 870 万次,结论是,为了在这种情况下实现收支平衡,残障人士每次使用卫生间时只需为安全、独立以及避免污名化和羞辱的收益支付约 2.2 美元。5 美分和 2.2 美元分别是新建两种卫生间的盈亏平衡点。这种分析体现了盈亏平衡思想,但实际应用中也要注意这种计算小单位成本(将成本/收益具体平均至每人、每天、每次)显著降低大体量成本的观感,可能会放松民众对高成本项目的谨慎,具有一定的误导性。

2.3.3 成本效果分析

成本效果分析由兰德公司(RAND Corporation)最早提出,兰德公司采用成本效果分析来评估各种待研发的武器系统,其评价指标包括摧毁敌军目标的数量,能否及早发现敌人攻击等。成本效果分析显示在相同的资源投入下,哪一项计划的目标实现程度最高。成本效果分析通常用于主要的影响可以量化但不能或者项目相关人员不愿意将其货币化的情形,目前广泛地应用于药物经济学和教育经济学等领域,比如研发出的新药可以降低死亡率,某项目可以提高学生的学习成绩等,死亡率和学习成绩就是可以量化但难以货币化的影响。因为没有将影响货币化,所以无法计算成本和效益的净现值。因此为了进行决策,我们常常采取增量决策,即对成本增量和效果增量进行比较。

假设存在项目 i 和项目 j,项目 i 的成本为 C_i,效果为 E_i;项目 j 的成本为 C_j,效果为 E_j。则增量成本效果比的基本公式为:

$$\text{CE}_{ij} = \frac{C_i - C_j}{E_i - E_j} \tag{2-1}$$

例如,现有三个不同修路方案,其成本和因安全性带来的生命损失如表 2-1 所示。B 方案相比 A 方案,利用 8000 万元保护了 40 人的生命。方案 B 与方案 A 相比的增量成本效果比是 200 万元/人,同理,方案 C 与方案 B 相比的增量成本效果比为 300 万元/人。具体采用哪一个方案取决于政府对生命价值的评定,也就是生命价值的影子价格。如果认为个人生命价值超过 200 万元但不到 300 万元,则选择方案 B;如果认为个人生命价值超过 300 万元,则选择方案 C。

表 2-1　不同修路方案的成本和生命损失

方案	成本（万元）	生命损失（人）
A	18 000	120
B	26 000	80
C	32 000	60

成本效果分析由于没有将一些影响货币化，因此无法计算出净现值。为了做决策，必须提出一些参考标准或者影子价格，比如上述案例中生命的价值。只有确定了参考值，才能做出判断。在以后的章节，我们会对成本效果分析进行详细讲解。

2.3.4　多目标成本效益分析

成本效益分析追求效率，但是政府的项目不一定只追求效率，有时还需要考虑公平和项目的可行性。此时则需要进行多目标成本效益分析，将影响效率、公平和可行性的细化项目列出，分别进行成本效益分析，然后将多个目标的分析结果进行比较，最终做出决策。

2.3.5　有分配权重的成本效益分析

不同财富水平的个体的货币边际效用不同，可能会导致支付意愿衡量的效益与实际效用存在差异。例如一个项目给一个富人带来10元的效益，而一个穷人付出的成本为9元，虽然整个社会的净社会效益为正，但是穷人9元成本的效用损失很可能大于富人10元效益的效用，则可能导致实际的社会效用为负。因此为了保证社会公平，我们采取权重来反映分配目标，给穷人以更高的权重，从而增加他们对决策结果的影响力度，以减少由于不同财富水平带来的效用水平差异。在以后的章节，我们会对有分配权重的成本效益分配进行详细讲解。

【复习思考题】

1. 假设一个经济体有A、B、C三个人，现在有1、2、3三个项目备选，三个人从三个项目中获得的净效益如下：

个人	项目		
	1	2	3
A	−120	+280	+50
B	+50	+40	−60
C	+100	+30	−30

请问上述三个项目,哪个符合下面的情形:

a) 帕累托改进;

b) 潜在(非实际)帕累托改进;

c) 既不是潜在帕累托改进,也不是帕累托改进。

2. 政府打算对近郊的一处山谷进行开发或者保护,假设有三个互斥的项目:项目 A 是修建一个娱乐设施,估算成本和效益分别为 600 万元和 1000 万元;项目 B 是建一个自然保护区附带几个娱乐设施,估算成本和效益分别为 1000 万元和 1500 万元;项目 C 是对山谷进行保护,估算成本和效益分别为 100 万元和 500 万元。另外,还可以花费 400 万元修建一条道路使得项目 A 的效益增加 800 万元,项目 B 的效益增加 500 万元,项目 C 的效益减少 100 万元。公路自身的收益是 200 万元。

a) 针对现状计算每种可能选择的效益成本比。

b) 如果从这几种选择中选取一种,按照 CBA 决策准则,应该选取哪一种?

3. 由于最近盗窃机动车行为猖獗,某城市提高了警察对机动车的监控力度。该市为此每年要额外支出 500 万元,遭盗窃的机动车数量会下降;如果不加强监控,就会有价值 1000 万元的机动车被盗,小偷可以在黑市上把 1000 万元的机动车以 700 万元的价格卖出。警方监控计划带来的净社会效益是多少?

附录 2A 公共资金边际价值[①]

近年来,有学者借助支付意愿和机会成本的概念,提出公共资金边际价值(marginal value of public funds,MVPF)的概念。公共资金边际价值无法替代我们在成本效益分析里的净现值标准,但是由于公共资金边际价值的结果以比率形

---

① 附录的内容整理改编自 Hendren and Sprung-Keyser(2020)。

式呈现,和益本率一样具有把不同类型、不同规模的项目进行对比的优点。我们在附录对其进行介绍,给读者一些参考。

2A.1 公共资金边际价值概述

Mayshar(1990)提出了和公共资金边际价值类似的概念,称之为边际超额负担(marginal excess burden，MEB),当然现在我们知道公共资金边际价值和边际超额负担不同。Slemord and Yitzhaki(1996)提出了资金的边际成本或项目的边际收益。Kleven and Kreiner(2006)也提出了资金的边际成本(marginal cost of funds，MCF)。与 MEB 和 MCF 不同，Hendren(2016)提出了公共资金边际价值的概念。公共资金边际价值用政策效益除以净成本,从而评估每一个政策的"性价比",其中效益来自政策目标群体的支付意愿,而净成本包括项目的初始成本和政府预算受到的长期影响(例如财政外部性)两部分。公共资金边际价值能够测度每一单位政府支出给政策受益者带来的福利大小,换言之,公共资金边际价值测度的是提升政策受益者效益的影子价格。

根据公共资金边际价值的定义,一个不存在市场扭曲的简单转移支付政策的公共资金边际价值恰好等于1,即政策的成本恰好等于受益群体的支付意愿。而存在扭曲即当受益群体的支付意愿不等于政策成本时,公共资金边际价值就会不等于1。比如,当政府提供某类保险时,如果这类保险有利于帮助被保险人平滑消费,那么被保险人的受益群体的支付意愿就会高于政策成本;当人们为了获得更高的转移支付扭曲自己的行为时,支付意愿就会低于政策成本。此外,当政策会引起正外部性时,公共资金边际价值会偏离基准值1。例如,如果政策导致人们减少了工作时间,政府的税收就会出现一定程度的下降,那么政策实际的净成本将会高于1;如果政府支出带来更高的入学率并最终提高了一些人的收入,那么政府的效益将会上升,同时净成本会降到1以下。在某些情况下,财政正外部性甚至会全部抵消政策的初始成本,从而导致一个无穷大的公共资金边际价值,即此类政策带来了帕累托改进。

实际上,运用公共资金边际价值法估计社会福利借鉴了 Okun(1975)实验的思想。假设有两个政策 A 和 B,它们的公共资金边际价值分别为 2 和 1。偏好政策 A 胜过 B 的人愿意给政策 A 的受益群体 2 美元,而不是给政策 B 的受益群体 1 美元。实验结果取决于个体对两类受益群体的社会偏好。公共资金边际价值测度的是政府的权衡取舍,在奥肯实验法中就是木桶中的漏洞(木桶中的资源通过某些漏洞流向了受益群体)。通过量化从不同群体筹集资金的影子价格,公共资金边际价值能够提供给我们一个普适性的福利分析指标,即公共资金边际价值可以运用于不同类别的政策评估。

2A.2 公共资金边际价值计算方法

结合每个政策的现有研究结果,我们将已有文献的福利分析转化为计算支付意愿和净成本,从而得到公共资金边际价值。

2A.2.1 计算支付意愿

(1) 社会福利函数:

$$W = \sum_i \psi_i U_i \tag{2A-1}$$

其中,ψ_i 代表第 i 个人在计算社会总福利时的权重,衡量了第 i 个人的效用增加对社会总福利的影响,因此社会福利函数就是所有个体效用函数的加权值。U_i 代表第 i 个人的效用函数,反映了当期和未来的幸福程度,其形式可能如下:

$$U_i = E\left[\sum_{t \geq 0} \beta^t u_{it}\right] \tag{2A-2}$$

其中,u_{it} 代表的是个体 i 在第 t 期的效用,因此 U_i 是个体 i 所有期效用加权值的期望,然后对个体间的效用值进行标准化,克服个体效用函数之间差异过大的问题。

(2) 计算支付意愿:

$$\frac{dW}{dp_j} = \sum_i \psi_i \frac{dU_i}{dp_j} = \sum_i \eta_i \text{WTP}_i^j = \bar{\eta}_j \sum_i \text{WTP}_i^j \tag{2A-3}$$

其中,p_j 代表政策 j,dp_j 代表在政策 j 上的初始支出(正值代表支出增加)。ψ_i 代表个体 i 的权重;$\eta_i = \psi_i \times \lambda_i$,$\lambda_i$ 指的是个体 i 的收入边际效用,即个体 i 在政策 j 的情形下增加 1 美元收入引起的效用变化量,因此 η_i 代表了社会边际效用,即个体 i 增加 1 美元收入引起的社会福利变化。$\text{WTP}_i^j = \frac{dU_i}{dp_j} \times \frac{1}{\lambda_i}$,代表的是个体 i 对政策 j 的支付意愿,因此 $\sum_i \text{WTP}_i^j$ 代表的是所有个体对政策 j 的支付意愿。$\bar{\eta}_j$ 代表了政策 j 受益群体的平均社会边际效用,计算公式如下:

$$\bar{\eta}_j = \sum_i \eta_i \frac{\text{WTP}_i^j}{\sum_i \text{WTP}_i^j} \tag{2A-4}$$

因为 η_i 代表了个体 i 在边际上增加 1 美元收入引起的社会福利变化，$\dfrac{\text{WTP}_i^j}{\sum_i \text{WTP}_i^j}$ 计算了个体 i 的支付意愿在社会总支付意愿中的比值（相当于一个加权指标），所以 $\bar{\eta}_j$ 代表了所有个体由于政策带来的社会边际效用加权值，即平均社会边际效用。$\bar{\eta}_j$ 乘以 $\sum_i \text{WTP}_i^j$ 测度了政策支出变动 $\mathrm{d}p_j$ 个单位对社会福利的影响。

2A.2.2　计算成本

在成本计算的过程中，使用 R 代表政府预算支出的净现值，因此 $G_j = \dfrac{\mathrm{d}R}{\mathrm{d}p_j}$ 代表了政策变动对政府预算影响的净效果（政策的净成本）。这一净成本指标既反映了政策的初始成本，也反映了政策对政府预算的其他影响。例如，如果在学前教育方面多增加 1 美元将会提高受益群体未来的工资，那么 G_j 就应该包括政策对未来税收收入的影响。另外，支付意愿 WTP_i^j 和净成本 G_j 的计算中都应该包括公共政策对学龄前儿童及其父母的影响，例如直接影响儿童的政策需要考虑其父母对这一政策影响的潜在支付意愿，同时还需要考虑政策成本对其父母其他行为决策的潜在影响。同理，直接影响父母的政策也需要考虑对其子女的溢出影响。

2A.2.3　计算公共资金边际价值

$$\text{MVPF}_j = \frac{\sum_i \text{WTP}_i^j}{G_j} = \frac{\text{WTP}^j}{G_j} \tag{2A-5}$$

将等式(2A-3)左右两边同除以 G_j，再根据等式(2A-5)和 G_j 的定义式整理得到：

$$\frac{\mathrm{d}W_t}{\mathrm{d}p_j} \Big/ \frac{\mathrm{d}R}{\mathrm{d}p_j} = \bar{\eta}_j \text{MVPF}_j \tag{2A-6}$$

考虑一个政策调整：政策一增加 G_1 单位的支出，资金来自政策二增加的 G_1 单位收入或政策二减少的 G_1 单位支出。只有不等式(2A-7)成立时，这一政策调整才应该推行：

$$\bar{\eta}_1 \mathrm{MVPF}_1 > \bar{\eta}_2 \mathrm{MVPF}_2 \tag{2A-7}$$

只有政策一多增加的 1 美元支出带来的社会福利增量 $\bar{\eta}_1 \mathrm{MVPF}_1$ 大于政策二减少的 1 美元支出引起的社会福利损失 $\bar{\eta}_2 \mathrm{MVPF}_2$，这一政策调整才应该实施。假设 $\mathrm{MVPF}_1=1, \mathrm{MVPF}_2=2$，只有当每 1 美元对政策一的受益群体支出的价值高于政策二每 2 美元的支出价值，这一政策调整才应该实施。

因此，政策间的社会福利分析需要对比其公共资金边际价值。参考不等式(2A-7)，学者可以利用公共资金边际价值构建一个预算中性的政策。通过给定相同的受益群体，则有 $\bar{\eta}_1 \approx \bar{\eta}_2$，意味着可以只通过公共资金边际价值的值对不同政策进行比较。例如，可以利用比较不同再分配政策的公共资金边际价值，如食品券和住房券等，从而选出最有效率的再分配方式。

当一个政策受益群体的支付意愿为正，同时项目长期带来的财政外部性可以充分弥补项目的成本（即 $G_j<0$）时，那么公共资金边际价值就会趋于无穷大。例如，我们发现当税率处于拉弗曲线顶点的右边时，减税政策在增加政策收入的同时具备无穷大的公共资金边际价值，意味着此时的减税政策是一种帕累托改进。① 此外，对儿童的直接投资，同时具备正的支付意愿和负的净成本，从而有无穷大的公共资金边际价值。换言之，当政策参与者的支付意愿为正且政策净成本为负时，公共资金边际价值趋于无穷大，此类公共政策一定能带来社会福利改进。

2A.2.4 公共资金边际价值和其他成本效益分析指标的对比

公共资金边际价值是在其他成本效益分析指标方法的基础上提出的，例如 Boardman et al. (2018) 等。对比公共资金边际价值和 Heckman et al. (2010) 的研究思路，可以发现公共资金边际价值指标与已有指标的区别。Heckman et al. (2010) 使用了以下公式进行福利分析：

$$\mathrm{BCR}_j = \frac{社会效益}{社会成本} = \frac{\mathrm{WTP}^j + \mathrm{FE}_j}{(1+\phi)C_j} \tag{2A-8}$$

---

① 在现实中，政府的一项支出政策往往使用实施某个税收政策为其筹集资金，此时往往达不到帕累托改进，因为一些为此政策出资的纳税人受损了。但是，对于一个公共资金边际价值无穷大的政策，长期来看，该政策本身可以弥补政策的成本，所以政府不需要通过其他政策为其融资。简言之，可以通过借用政策未来的收益使得政策得以实施，并且达成帕累托改进。

其中，$FE_j = G_j - C_j$，即 G_j 减去政策的直接成本 C_j。社会成本等于政策的直接成本 C_j 乘以 $(1+\phi)$，ϕ 代表由于筹资政策资金（通常是征税）带来的边际无谓损失。根据 Heckman et al.(2010)的研究，ϕ 一般取 0.3 或 0.5，当益本率(BCR)大于 1 时，政策可以被通过。相较之下，公共资金边际价值的计算公式如下：

$$\mathrm{MVPF}_j = \frac{\mathrm{WTP}^j}{C_j + \mathrm{FE}_j} \tag{2A-9}$$

公共资金边际价值的特殊之处在于：

第一，政策对政府预算支出的长期影响出现在分母上而不是分子上，假设减税 1 美元能够带来未来政府收入增加 1 美元，那么这个减税政策实际上可以自行弥补初始成本，因此公共资金边际价值趋于无穷大，意味着减税政策就是一种帕累托改进。但是在益本率的分析框架中，减税带来的 1 美元政府收入增加被认为是社会效益，所以被计算在分子上，从而计算得到减税政策的 $\mathrm{BCR}=2/(1+\phi)$，因此益本率的分析框架不足以判断一个政策是否为帕累托改进。

第二，在公共资金边际价值分析中，不需要假定政府实施政策时必须通过征税方式保持预算平衡，因此也不需要考虑税收的无谓损失。公共资金边际价值直接测算每一单位政府支出对应的受益群体福利。

不过，在很多案例中，使用公共资金边际价值和益本率进行福利分析，可以得到相似的结论。

2A.3 主要结论

大量对历史上的政府政策进行因果效应分析的文献使用的分析方法不尽相同，但通常都以一个简洁的福利分析结束。当研究健康保险扩大的影响时，常见的方法是计算挽救每条生命的成本，例如 Currie and Gruber(1996)；当分析税收政策调整的影响时，常见的方法是计算隐含的边际超额负担或资金的边际成本，例如 Saez et al.(2012)；对教育政策的分析通常计算的是每个新入学学生分摊的成本，例如 Kane(1994)和 Dynarski(2000)；研究幼儿教育政策的文献大多使用社会效益成本比，例如 Heckman et al.(2010)。当我们特别希望进行跨类别的政策间对比时，各类福利分析指标使得我们难以比较不同类别政策的效果。

既有文献发现公共资金边际价值的估计值非常依赖政策受益者的年龄，在健康和教育方面直接对低收入家庭儿童进行直接投资具有最高的公共资金边际价值,例如政府医保扩张计划(medicaid expansions)、幼儿教育支出。研究发现,长期来看,这一类政策的收益将会自行弥补政策成本,即儿童成年后会通过增加政府税收和降低转移支付支出的方式弥补初始成本。例如,过去50年里针对儿童的医保扩张计划中每1美元的初始支出对应未来1.78美元的政府收益。

针对成年人的政策支出有更低的公共资金边际价值,指标值一般来说介于0.5和2之间。例如,针对成年人的健康保险扩张计划,计算得到该类计划的公共资金边际价值介于0.4和1.63之间;对于非实物转移支付例如住房券和食品券等,计算得到公共资金边际价值介于0.65和1.04之间;对于税收抵免和低收入家庭的现金福利,公共资金边际价值低于1.20,甚至出现了负数。这些低公共资金边际价值反映了这一政策将会减少受益群体的劳动收入,与之相反的是针对儿童的福利政策能够提高他们的终身收入。

尽管如此,仍然有一些针对成年人的福利支出具有较高的公共资金边际价值,例如降低最高边际税率。根据计算,降低最高边际税率的公共政策具有介于1.16到无穷大的公共资金边际价值,但是这个估计值有较大的不确定性。此外,针对成人但具备溢出效应(spillover effect)的政策也有很高的公共资金边际价值。例如针对极度贫困地区的住房咨询代金券计划有利于激励家庭搬到贫困地区生活,从而提高儿童成年后的收入,最终通过产生额外的税收收入抵消这一计划的成本。

尽管对儿童的直接投资往往有更高的公共资金边际价值,但也存在一些特例。首先,针对儿童的福利支出具有不尽相同的公共资金边际价值,有些非常接近1。我们发现职业培训、大学补贴和对残障儿童及其家庭的补贴的公共资金边际价值都比较低。虽然残障儿童补贴政策的公共资金边际价值较低,但不意味着此类政策不应被实施,是否应该实施取决于个人的社会偏好(再分配的偏好)。实际上,美国这一类低公共资金边际价值的公共政策面临着一个预算方面的权衡取舍,最终是否实施取决于选民的再分配偏好。

2A.4 案例摘选

以下为详细介绍的两个案例,每个案例的分析思路相似,即将已有文献的研究结果转化为符合该指标的净成本和支付意愿,从而得到每个政策的公共资金边际价值。

2A.4.1 佛罗里达国际大学的录取政策

美国佛罗里达国际大学(FIU)的案例说明了如何使用公共资金边际价值分析针对青少年的公共政策。Zimmerman(2014)使用断点回归法,测度了该政策对当地州立社区大学全系统入学率和中期收益的影响。Hendren and Sprung-Keyser(2020)将 Zimmerman(2014)的研究结果转化为公共资金边际价值,此外,通过使用一个半参数化的 bootstrap 过程估计公共资金边际价值的置信区间。

该政策的初始成本是 FIU 额外录取一名学生的教育支出(11 403 美元),由于学生支付了一部分(3 184 美元),因此将这部分减去。假设学生没有被 FIU 录取,可能会进入当地州立社区大学就读,政府需要支付 5 601 美元支持该学生完成在社区大学的学习[齐默尔曼(Zimmerman)的研究结果]。考虑以上两点,FIU 额外录取一名学生的初始成本是 2 618 美元。此外,被 FIU 额外录取的学生由于不能像社区大学的学生一样早早地参加工作,会出现收入的暂时减少,根据齐默尔曼的研究,他们被录取之后的 7 年与进入社区大学的学生相比收入减少了 10 942 美元/年。通过查询国会预算办公室的数据,10 942 美元的收入对应的税率是 18.6%,因此政府年收入减少 2 035 美元。但是从第 8 年到第 14 年,该政策会使得 FIU 学生与进入社区大学的学生相比收入增加 36 369 美元,计算得到政府年收入对应增加 7 274 美元。考虑以上两点,政府年收入净增加了 5 239 美元。因而,在 14 年中,政府收入净增加的 5 239 美元可以完全抵消初始成本 2 618 美元,即政策的净成本为 −2 621 美元。齐默尔曼的研究使用了超出 14 年的收入数据,但是 Hendren and Sprung-Keyser(2020)指出,可以通过观察到的政策影响推测对受益对象的终身影响。Hendren and Sprung-Keyser(2020)使用了美国社区调查(American Community Survey, ACS)的数据估计这一政策对单个学生收入的终身影响,观察到对照组(社区大学毕业生)的平均年收入为 28 964 美元,相当于 ACS 全体平均收入的 113%,同时实验组(FIU 毕业生)的平均收入比对照组高 6 372 美元(高出 22%)。作者给出了两个假设:第一,在所有年龄阶段,对照组的收入都是 ACS 全体平均收入的一个固定比例;第二,实验组的收入按照一个固定的比例增长。这两个假设意味着在全部年龄阶段,实验组的收入都是对照组收入的一个固定比例。因而,作者发现了在 65 岁之前实验组收入增量的净现值是 117 330 美元,从而可以计算相应的财政外部性为 21 823 美元。从项目的全周期看,政策的净成本是 24 445 美元,即可以自行弥补初始成本。

根据前文内容,只要支付意愿大于 0,该政策的公共资金边际价值就会趋于无穷大。作者假设:大学生的收入增加是由于大学教育中积累的人力资本,而不是个人努力。如果个体接受高等教育将对其他人有溢出效应,那么对该大学政策的社会总支付意愿会提高;然而,如果学历只是通过释放能力信号提升高等教育群体收入,则有可能对其他人的工作机会产生负面影响,从而使得其他人对该政策的支付意愿为负值。

作者对 FIU 政策的支付意愿分析主要基于包络定理,根据包络定理可以估计政策对净收入(扣除税收和其他支出)的影响。根据研究结果,学生需要在就读期间支付额外费用例如学费,从而使其支付意愿减少 2 851 美元;入学后的 7 年内由于无法工作,相对于社区大学毕业生每年损失了 8 907 美元,从而使得人们的支付意愿下降了相同的幅度;对于第 8—14 年间额外增加的收入,支付意愿的总和是 29 095 美元;对于第 14 年之后的额外收入,支付意愿的总和是 95 507 美元。综上,在前 14 年该大学政策的典型受益个体的支付意愿总数为 112 844 美元(95 507+29 095−2 851−8 907=112 844)。

2A.4.2　针对孕妇和婴儿的医保扩张计划

1979—1992 年间,美国实施了一项针对孕妇和婴儿的医保扩张计划(medicaid expansion to pregnant women and infants)。Hendren and Sprung-Keyser (2020)引用了大量文献用于公共资金边际价值分析,例如 Currie and Gruber (1996)发现提高孕妇健康保险的覆盖范围将会引起婴儿死亡率下降,指出政府医保扩张将会显著挤出私人医保计划;Dave et al.(2015)发现该类医保扩张会导致适龄女性劳动力数量减少;Miller and Wherry(2019)发现,当父母获得政府医保时,其子女未来的收入将会提高。结合以上文献,作者完成了该案例的成本效益分析并计算得到公共资金边际价值。

根据 Currie and Gruber(1996)的研究,平均意义上,医保扩张计划多覆盖一名孕妇的成本是 3 473 美元。在直接成本之外,Dave et al.(2015)发现医保扩张计划引起孕妇劳动参与率的显著下降,下降程度受到孕妇学历、年龄、婚姻状况、种族的影响,本研究采用了 Dave et al.(2015)研究结果的均值−21.9%,含义是医保扩张计划使得孕妇生育子女当年的劳动参与率平均下降了 21.9%,经过估算后得到相应的收入损失约为 2 834 美元,而这一收入水平对应的转移支付比率为 18.9%,因此计算得到对每一个符合条件的孕妇,政府需要额外支付 564 美元。综上,医保扩张计划实施的当期成本为 4 037 美元。考虑医保扩张计划对儿童的影响,按照受益儿童年龄进行分段研究。首先,Miller and Wherry(2019)指出在儿童 37 岁之前,其父母资格(parental eligibility)每提升 1%,子女在 19—32 岁间的住院率会相应下降 0.237%。如果使用 3% 的贴现率,在这 14 年间医保扩张计划能够节约 868 美元。此外,作者发现在符合条件的儿童中,大学入学率和收入将会分别提升 3.5% 和 11.6%。一方面,由于政府需要对大学进行补贴,所以平均意义上每个适龄青年的大学入学率提升 3.5%,政府针对每个适龄青年的大学补贴将会增加 371 美元;另一方面,由于该医保扩张计划使得受益儿童在 23—36 岁的收入增加,进而引起政府税收收入增加,本研究测算,在该年龄段内每个受益儿童带来的政府收入增加值的净现值之和为 3 909 美元。因此,医保扩张计划的溢出效应给政府带来的收益为 4 406 美元(3 909+868−371=4 406)。当受益儿童长大成人到 36 岁时,医保扩张计划能够自行弥补成本。其次,在儿童长大成人到 36 岁之后,参考案例 2A.4.1 的分析思路,作者假设在 37—65 岁间的各个年龄阶段,实验组的收入都是对照组收入的一个固定比例,从而在该年龄段内每个受益儿童带来的政府收入边际增加值的净现值之和为 6 114 美元。综上,在医保扩张计划中,成本方面,在孕妇生育当年,该政策的成本包括医保补助多覆盖一名孕妇的边际政府支出、孕妇劳动参与率下降对应的政府边际转移支付,合计 4 037 美元;在儿童出生后,成本主要是儿童大学入学率提高引起的政府补贴增加,数额为 371 美元。效益方面,孕妇医疗条件的改善将对儿童健康、未来收入产生积极影响,进而引起政府税收收入的增加,每个受益儿童在 23—65 岁引起政府税收收入增加值之和为 10 023(3 909+6 114=10 023)美元;此外,儿童健康水平上升使得儿童住院率下降,从而节省医保支出 868 美元。综上,医保扩张计划的净盈余为 6 483(10 023+868−371−4 037=6 483)美元。①

在进行支付意愿测算之前,作者提出,既然医保扩张计划的净成本为负值,同时由于该计划意味着孕妇和儿童能够获得更多的医疗资源,他们对该计划的支付意愿必然为正,从而公共资金边际价值一定无穷大,那么这一计划一定是一种帕

---

① 95% 的置信区间对应的净盈余为[1 178, 12 971]。

累托改进。支付意愿具体估算过程如下：

首先，Currie and Gruber(1996)研究发现政府医保覆盖范围的扩大挤出了私人医保，在儿童群体中政府医保覆盖范围每上升10个百分点，私人医保覆盖范围下降0.74个百分点，在孕妇群体内这种挤出效应更小。作者假设政府和私人医保的成本大致相同，经过估算发现由于加入了政府医保扩张计划，单个受益个体在全生命周期上将会减少1737美元的私人医保支出，意味着受益群体的支付意愿至少为1737美元。其次，Currie and Gruber(1996)指出医保扩张计划和婴儿死亡率存在因果效应。作者假设一对夫妇愿意花费100万美元避免婴儿死亡，换言之，一对夫妇愿意自付1万美元使得婴儿死亡率下降1%，这属于私人的支付意愿。但是从整个社会的角度看，支付意愿可能高于100万美元。最后，由于该医保计划有助于增强儿童未来在劳动力市场上的竞争力，从受益儿童的全生命周期角度，理论上受益儿童对该医保扩张计划也有支付意愿。参考Miller and Wherry(2019)的研究结果，作者认为受益儿童未来收入的增加实际上反映了他们在劳动力市场上能够获得更好的机会。因此，他们对该医保扩张计划的支付意愿应该是未来收入增加的净额(扣除必要的私人费用之后)。Miller and Wherry(2019)发现每个受益儿童在23—36岁的收入净现值之和增加了16 775美元，在余下的阶段，收入净现值之和增加26 236美元；扣除111美元的大学费用，得到净支付意愿为42 900(16 775+26 236-111=42 900)美元。根据上述分析，若只考虑家庭节约的健康支出，支付意愿至少为1737美元；如果考虑医保计划在降低夭折率和提升潜在受益儿童未来收入方面的影响，符合条件的孕妇和儿童的支付意愿会增强许多。由于该计划的净成本为负值，只要符合条件的孕妇和儿童的支付意愿为正，结论就不会改变——公共资金边际价值趋于无穷大，意味着帕累托改进。

第 3 章　　成本效益分析的微观经济学基础

【本章学习目标】
- 理解计算净社会效益的几种方法。
- 理解希克斯补偿变化和等价变化。

在第 2 章,我们重点介绍了成本效益分析使用净现值决策规则的理论依据。净现值决策规则可以实现潜在的帕累托最优。基于实践中达到帕累托最优的困难,根据卡尔多-希克斯准则,我们在做决策时,只需要达到潜在帕累托最优,就能判定项目的可行性。

除此以外,我们还了解到衡量社会效益和社会成本的方法。一般地,社会效益用需求方的支付意愿衡量,社会成本用生产者的机会成本衡量。在第 3 章中将支付意愿和机会成本转化为在微观经济学中的经济学变量,使问题化繁为简。最后会发现,项目的成本和效益归根结底是对各方(例如消费者、生产者、政府和第三方等)成本和效益的影响。

在进行具体内容介绍前,为了降低分析难度,我们假设项目的成本效益分析以完全竞争市场为背景。完全竞争市场有以下几个基本假设:

(1) 市场上有很多买方和卖方。
(2) 进入和退出市场零门槛。
(3) 商品同质化。
(4) 零交易成本。
(5) 市场信息完全对称。
(6) 私人成本效益等于社会成本效益,即无外部性。

在完全竞争市场背景下,我们以供需模型为基础,进行进一步的探讨。

3.1 需求曲线

3.1.1 支付意愿和消费者剩余

支付意愿（WTP）是个人愿意为一个物品支付的最大金额，需求曲线衡量的是消费者在某一个消费量上愿意支付的最大金额。从这一角度来说，需求曲线与支付意愿所描述的内容相契合。需求曲线分为个人需求曲线和市场需求曲线。个人需求曲线向下倾斜，且边际效用递减。市场需求曲线则是个人需求曲线在同一价格上横向的加总，因此，市场需求曲线也是一条向下倾斜的曲线。

个体愿意支付的价格和实际支付的价格之间的差距，我们称之为消费者剩余（consumer surplus，CS）。与市场需求曲线推导方式类似，个体消费者剩余的加总即为市场的消费者剩余。供给曲线与需求曲线的交点决定了市场均衡价格和均衡数量。根据定义，市场价格上方与需求曲线围成的部分，即图3-1中的浅灰色部分面积就是消费者剩余。我们假设某种商品市场价格发生变动时，其他商品市场价格不发生任何变动，这样就确保了消费者的其他消费行为不受影响。[①] 在这一前提下，我们根据定义可以得到，支付意愿就是消费者剩余和消费者支出的和，需求曲线下方的面积即图3-1中代表消费者剩余的三角形和代表消费者支出（consumer expenditure，CE）的矩形面积总和。支付意愿的表达式为：

$$WTP = CE + CS \qquad (3-1)$$

当需求曲线已知时，消费者剩余对成本效益分析中效益的度量非常重要。因为消费者剩余是消费者愿意支付的价格和他实际支付的价格的差，也就是消费者从消费此商品中获得的净货币收益。影响消费者收入或者商品价格的政策会改变消费者消费此商品获得的净收益，也会改变他的消费者剩余。大部分情形下，消费者剩余的改变可以被视为对一项政策变化的支付意愿的很好的近似。在附录3A中我们会进一步阐述这个问题。

---

① 第4章我们将讨论放松这一假设的情形。

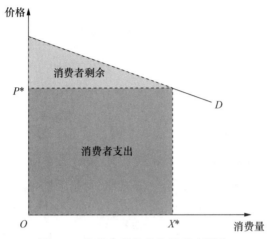

图 3-1　消费者总效益和消费者剩余

3.1.2　消费者剩余的变化

在市场价格变化时，消费者剩余将会如何变化呢？假设因推行某项政策导致市场价格降低，则消费者剩余会由于价格降低、消费量增加而增加。从图 3-2 可以看出，当某种商品的价格从 P^* 下降到 P_1 时，消费者剩余产生变化来自两个部分：第一个部分是由于价格降低带来的收益，即矩形 P^*ACP_1 的面积，第二个部分为价格降低使得消费数量增加而带来的收益，即三角形 ABC 的面积。二者之和便是消费者剩余的变化量，同时也反映了价格下降时个体支付意愿的变化。

由此我们也可以得到，在需求函数为线性时，图 3-2 中的消费者剩余变化可表达为

$$\Delta \text{CS} = (P^* - P_1) \times X^* + (X_1 - X^*) \times \frac{(P^* - P_1)}{2} \tag{3-2}$$

同理，如果某一政策导致某种商品价格上涨，使得消费者剩余下降，消费者就愿意支付一定的费用阻止政策变动，其愿意支付的价格即为消费者剩余变化量。

3.1.3　税收和消费者剩余的变化

接下来我们分析税收带来的福利变化问题。由于政府征税，市场价格将会上涨，消费量将会减少，从而影响消费者剩余。以图 3-3 为例，当政府征税时，某种商品的价格从 P^* 升到 P_2，消费者剩余减少量等于梯形 ABP^*P_2 的面积。政府征收的税额等于 $P_2 - P^*$，政府收益等于四边形 ACP^*P_2 的面积。

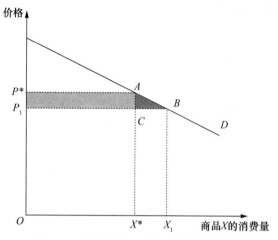

图 3-2　价格下降时消费者剩余的变化

我们发现,图 3-3 中三角形 ABC 的面积既没有被政府收取,也没有回到消费者手中,我们将这一部分社会福利损失称为政府征税影响市场效率导致的无谓损失(deadweight loss),它是政府征税的成本。

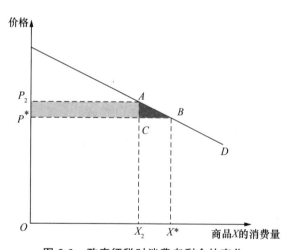

图 3-3　政府征税时消费者剩余的变化

3.2　供给曲线

从消费者角度介绍了支付意愿和消费者剩余的关系后,我们接着从供给方入手,分析供给曲线与机会成本之间的关系。

供给量是厂商在任意给定价格下愿意生产的产品数量。供给量与生产成本相关,在短期内,供给曲线是边际成本曲线(marginal cost,MC)在平均可变成本曲线(average variable cost,AVC)以上的部分,如图3-4所示。需要注意的是,并不是整条边际成本曲线都是供给曲线。因为在平均可变成本下方的供给量无法弥补生产成本,企业亏损从而停产,就不可能生产产品。只有边际成本曲线在平均可变成本曲线上方的产量下,厂商才会供货。

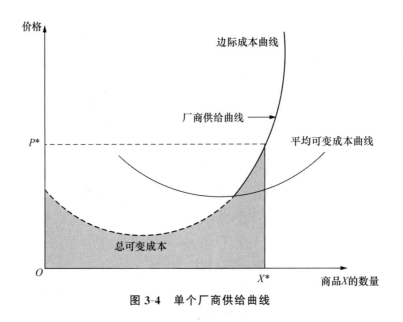

图 3-4　单个厂商供给曲线

与市场需求曲线一样,市场供给曲线可由各个厂商的供给曲线在横轴上加总得到,如图3-5所示。当某种商品的市场价格为 P^* 时,供给曲线以下的部分表示厂商的总可变成本,也是厂商愿意供给 X^* 产品所需要的最低费用,也就是机会

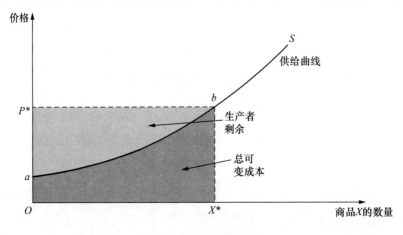

图 3-5　市场供给曲线

成本。此时厂商总收入为 P^*bX^*O。收入减去最低所需成本后的剩余面积 aP^*b，即为生产者剩余（producer surplus，PS）。

3.3 社会剩余

消费者剩余和生产者剩余之和为社会剩余（social surplus，SS）。支付意愿和机会成本的计算可以转化成消费者剩余和生产者剩余的计算。由此我们可以计算出净社会效益，进行成本效益分析。

以图 3-6 为例，需求曲线与供给曲线相交于市场出清点 (X^*,P^*)。在这样的消费水平下，消费者的支付意愿是 caX^*O。生产者的机会成本即最小成本为 baX^*O。用支付意愿减去机会成本，得到的社会剩余正好为三角形 abc 的面积。我们可以看到，社会剩余正好等于消费者剩余和生产者剩余的加总。因此，只要能得到供求曲线，就能将支付意愿和机会成本转化为我们可以计算的量。

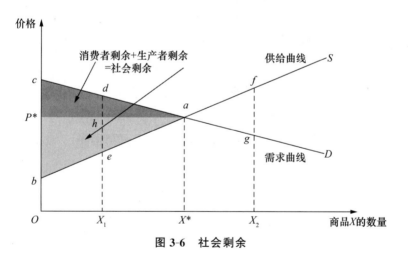

图 3-6 社会剩余

上述情况仅仅是社会剩余最大的情况。如果我们考虑的不是市场出清点，比如商品数量 X_1 或者 X_2 时，情况会如何呢？例如，商品数量为 X_1 时，消费者剩余对应图中的面积为 $cdhP^*$，生产者剩余为 $hebP^*$，消费者的支付意愿为 cdX_1O，生产者的机会成本是 beX_1O。此时净社会效益是四边形 $cdeb$ 的面积。由此可见，在生产数量和消费数量不到市场均衡数量时，社会剩余仍然是生产者剩余和消费者剩余的总和。

当商品数量为 X_2 时，需求量或供给量过多，从而引发了社会损失。消费者

的支付意愿为 cgX_2O，生产者的机会成本是 bfX_2O，社会剩余是在均衡情况下的社会剩余 abc 的面积减去三角形 afg 的面积。三角形 afg 的面积是市场上无法用支付意愿覆盖的损失。由此可见，在完全竞争市场条件下，社会剩余等于消费者剩余和生产者剩余的总和。对于某一政策而言，社会剩余变化量等于政策引发的消费者剩余和生产者剩余变化量的和。

3.4 多种计算净社会效益(社会剩余)的方法

不考虑政府的影响时，在完全竞争市场条件下，净社会效益(net social benefit，NSB)可以用以下两个公式衡量，如式(3-3)所示，净社会效益等于消费者剩余和生产者剩余之和；或者如式(3-4)所示，净社会效益等于社会效益减去社会成本。

$$NSB = CS + PS \tag{3-3}$$

$$NSB = SB - SC \tag{3-4}$$

同理，由于政策导致的净社会效益变化(ΔNSB)也可以表示为：

$$\Delta NSB = \Delta CS + \Delta PS \tag{3-5}$$

$$\Delta NSB = \Delta SB - \Delta SC \tag{3-6}$$

但是在实际生活中，政府也是市场结果的重要影响因素。考虑政府影响后，我们还需要将政府收益(government revenue，GR)的变化作为净社会效益变化的一部分。[①] 即：

$$\Delta NSB' = \Delta CS + \Delta PS + \Delta GR \tag{3-7}$$

用政府规定农产品最低目标价格以保护农民权益为例。在没有政府干预时，市场出清的农产品数量与价格由生产曲线和需求曲线的交点决定，在图3-7中即为点 (X^*, P^*) 所对应的数量与价格。

政府推行最低指导价后，制定了目标价格 P_T，此时供给显著增加至 X_T。但消费者愿意支付的价格下降至 P_D，两个价格之间的差值只能依靠政府补贴弥补，否则目标价格无法实现。因此政府的支出等于图中四边形 deP_DP_T 的面积。在这样的情形下，净社会效益如何变化呢？首先我们不考虑政府干预，即利用社会

[①] 如果不单独考虑政府收益，就需要考虑政府收益对消费者和生产者的影响。从实际应用角度，单独考虑政府收益操作更方便。

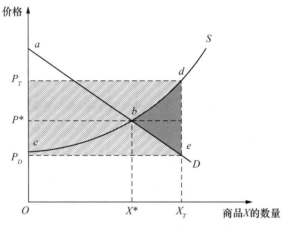

图 3-7 包含政府的净社会效益计算

效益变化减去社会成本变化,来分析此时的净社会效益变化。当价格上涨时,消费者的支付意愿变化等于图中四边形 beX_TX^* 的面积。生产者由于生产数量增加而需要承担的机会成本变化值为图形 bdX_TX^* 的面积。二者相减,社会损失了 bde 所围成的面积。即实行最低价格后,社会出现了福利损失。

现在我们将政府的支出考虑到其中,将市场分为需求方、生产方和政府三方,分析政策变动对三方造成的影响。对于消费者来说,由于价格上涨导致供给过剩,消费者剩余增加等于四边形 P^*beP_D 的面积,这一部分剩余增加来自政府税收向农产品消费者的资金转移。对于生产者来说,由于价格上涨,商品数量增加,收益增加量等于价格上涨量与商品数量的乘积,即 $(P_T-P^*)\times X_T$。生产者剩余增加量等于图形 dbP^*P_T 的面积。这部分剩余增加来自政府税收向农民的资金转移。对于政府而言,正如我们所分析的,为了维持政策所制定的目标价格,政府必须支出一部分补贴,补贴值等于目标价格与消费者预期价格的差值与消费量的乘积,即 $(P_T-P_D)\times X_T$,也就是四边形 deP_DP_T 的面积。我们可以看出,政府补贴的数值大于消费者剩余增量和生产者剩余增量。因此,净社会效益的损失等于 bde 所围成的面积。

我们发现,在考虑政府影响后,依然可以用社会效益和社会成本差值来计算净社会效益。与消费者剩余、生产者剩余和政府收益加总的计算方法的结果相同。阴影部分即为社会的无谓损失,因为它影响了市场运行效率。当政府干预市场时,净社会效益的变动等于消费者剩余变动、生产者剩余变动与政府收益变动的总和,这是我们计算净社会效益的基础。分别计算三个主体的变动,有利于我们观测到政策变化对哪一个主体影响更大,从而更好地把握政策带来的影响。

3.5 边际超额负担与公共资金边际成本

通过本章的讲解,我们知道了政府征税会带来无谓损失,也就是征税的边际超额负担(marginal excess tax burden,METB)问题。边际超额负担的产生在于征税本身会影响纳税人对消费、生产和投资动机的改变,造成资源配置的扭曲,从而导致社会福利损失,也就是征税过程中会产生额外成本。

税收增加会导致社会福利损失,相应地,税收减少将会使得增加的福利大于减少的税额。我们可以考虑将边际超额负担引入社会剩余的计算公式当中。

$$NSB = CS + PS + (1+METB)GS \tag{3-8}$$

$$\Delta NSB = \Delta CS + \Delta PS + (1+METB)\Delta GS \tag{3-9}$$

如果一个政府项目导致政府收入增加,那就使得政府可以减少其他的税收,使其他税收引发的超额负担下降。如果我们需要征税来施行一个政府项目,那实际造成的支出也比税额要高,需要考虑征税的边际超额负担。边际超额负担的具体数值受到市场状况、税率等因素的影响。边际超额负担影响市场的福利损失量,对净社会效益有重要的影响。

专栏 3-1

成本效益分析实践中对边际超额负担的处理

Bos et al.(2019)概述了支持或反对边际超额负担校正的理论、经验和实践论点,我们对此进行总结可以给成本效益分析实践中是否考虑边际超额负担提供参考。

Pigou(1920)提出,在比较公共物品的效益和成本时,税收的扭曲成本也应该被考虑在内。这个想法被 Stiglitz and Dasgupta(1971)、Diamond and Mirrlees(1971)以及 Atkinson and Stern(1974)所采用。他们修改了萨缪尔森关于公共物品最优供给的规则(Samuelson,1954),以将税收扭曲也考虑在内。在公共物品由扭曲性税收提供资金的情况下,这会增加提供公共物品的成本,减少公共物品的最优供给,导致政府的最优规模变小。一些文献认为在最优税收的情况下(Jacobs,2018),或者当公共物品以分配中立的方式融资时(Kaplow,1996,2005),边际超额负担被这些税收再分配的好处广泛抵消。这意味着资金的边际成本(MCF)等于1,因而不需要在成本效益分析中对边际超额负担进行修正。

Boardman et al.(2006)建议对边际超额负担进行修正。对于美国来说,建议对联邦项目使用40%的修正率(假设所得税是边际资金来源),对地方项目使用17%的修正率(假设地方房地产税是边际资金来源)。美国的联邦成本效益分析指南(OMB,1992年,A94通知,第11段)建议公共投资的边际超额负担修正率为25%。最近的一篇关于学前教育项目的文章(Heckman et al.,2010)使用三种不同的边际超额负担修正率(0、50%、100%)来计算其社会回报率。

然而,在世界各地的成本效益分析实践中,最常见的是不对边际超额负担进行修正。对欧洲交通基础设施成本效益分析的概述(Bickel et al.,2006)表明,只有四个国家对边际超额负担进行了修正。例如,丹麦和斯洛文尼亚修正率为20%,瑞典为30%。其他国家没有进行修正。在美国,尽管有联邦成本效益分析指南,但对交通基础设施、防洪、警察干预犯罪以及国会预算办公室的政策措施的成本效益分析中,成本计算都没有进行修正。在许多成本效益分析指南中,如世界银行(World Bank,1994)、亚洲开发银行(Asian Development Bank,2013)、经合组织(Pearce et al.,2006)和美国效益成本中心(Zerbe et al.,2010)的成本效益分析指南,甚至没有提到边际超额负担的问题。在欧盟关于由凝聚力基金提供资金的基础设施投资项目的成本效益分析指导方针(European Commission,2014)中,除非国家成本效益分析指导方针有此规定,否则这个问题几乎没有被讨论过,也没有人提出任何纠正建议。在欧洲关于交通基础设施的成本效益分析概述中(Bickel et al.,2006),特别提出边际超额负担估计具有不确定性,作为不进行修正的理由。

【复习思考题】

张三居住在A市,他所有的收入都花在两种商品x和y上。他总是消费相同数量的x和y,即$Q_x=Q_y$。张三目前的月收入是15 000元,x和y的价格都是10元/单位。由于家庭原因,张三向老板申请从A市调到B市的分公司工作,B市x商品的价格是10元/单位,y的价格是20元/单位。老板同意调动,但是除了支付搬家费,不会给张三加薪。虽然由于家庭原因张三不得不搬家,但是由于 B 市 y 商品的价格更高,从 A 市迁到 B 市相当于他的月收入下降了多少?如果从 A 市迁到 B 市,张三的效用不会下降,老板应该给张三的月收入增加多少?请问哪个是希克斯补偿变化,哪个是希克斯等价变化?

附录 3A 不同消费者剩余的度量方式比较

为了对政策或者项目进行成本效益分析,必须量化人们对获得政策效果的支付意愿或对规避政策影响的支付意愿,在本章我们介绍了通常可以使用需求曲线中消费者剩余的变化代表人们的支付意愿大小,即消费者剩余的变化往往是 WTP 的很好的近似。例如考虑商品价格上涨,使用马歇尔需求曲线中消费者剩余的变化代表支付意愿的大小通常是可行的,但必须意识到这种估计支付意愿的方式可能存在偏差。本章附录将探讨消费者剩余估计支付意愿的偏差大小。为了简化分析,本附录将利用供给需求框架,以价格上涨为例完成消费者剩余和支付意愿关系的说明。在供给需求框架中为了判断能否使用消费者剩余估计支付意愿,应该确定支付意愿的真实水平是什么。根据定义,支付意愿反映了人们愿意花多少钱参与政府项目或避免参与政府项目。经济学家发现补偿变化能够精确反映这一行为,我们首先讲解补偿变化的概念。

3A.1 补偿变化

补偿变化(compensating variation,CV)是由约翰·希克斯(John Hicks)提出的效用变化的量度,是指在产品价格或质量发生变化,或者出现新的替代产品时,消费者为达到其初始效用所需支付的额外金额。补偿变化可以用来发现价格变化对消费者净福利的影响,当价格上涨时,补偿变化是使消费者恢复到价格上涨前的效用水平所需的金额,相当于消费者为避免价格上涨而愿意支付的最高金额。如果消费者所需要增加的支出低于他的补偿变化,规避价格上涨的努力会使自身福利改善,因此他们会选择支付一定金额规避价格上涨;反之亦然。理论上,补偿变化测度了人们的支付意愿,只有消费者剩余变化和补偿变化近似相等时,才能使用消费者剩余的变化代表人们的支付意愿。

为了区分补偿变化和消费者剩余变化,如图 3A-1 所示,考虑两种商品 X 和 Y,假设购买 X 的花销在人们总收入中的占比很小。接下来使用无差异曲线和预

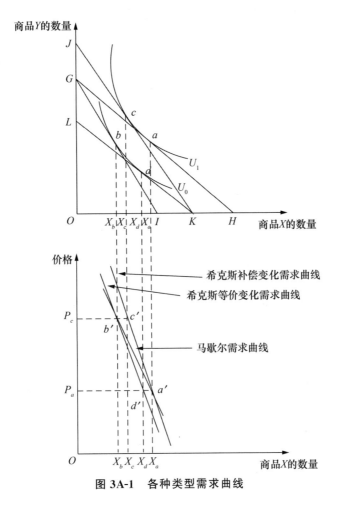

图 3A-1　各种类型需求曲线

算约束线进行分析,假定边际效用递减,则无差异曲线一定凸向原点。假定商品 X 的初始价格水平为 P_a,预算约束线为 GH,易知其斜率为 $-P_x/P_y$,其中 P_x 和 P_y 分别是商品 X 和 Y 的价格。在预算约束线 GH 之下,无差异曲线与预算约束线的切点 a 点是最佳消费点,此时效用水平为 U_1,比 U_1 更高的效用水平无法获得。考虑 P_x 上涨到原来的 2 倍,从 P_a 上涨为 P_c。根据预算约束线的定义,商品 X 的价格上涨使得预算约束线由 GH 移动到 GI,此时最优消费点为 b 点,X 的消费量为 X_b,最大效用水平为 U_0,由于商品 X 的价格上涨,消费者的效用水平从 U_1 下降为 U_0,说明消费者的福利下降了。因此,当商品 X 的价格为 P_a 时,其需求量为 X_a;当价格上涨到 P_c 时,X 的需求量减少到 X_b。根据均衡时的价格和需求量,得到商品 X 的马歇尔需求曲线(Marshallian demand curve)$a'b'$,价格上涨后消费者剩余减少的部分为 $b'a'P_aP_c$。

为了得到支付意愿的真实水平即补偿变化,需要获取希克斯补偿变化需求曲线(Hicksian compensated variation demand curve)。当商品 X 的价格上涨后,假设消费者收入、其他商品的价格等因素不变,消费者的效用也会下降。在新的价格水平下,为了使得消费者恢复到初始效用水平 U_1,我们对消费者发放一次性补贴,这样就使得预算约束线由 GI 移动到 JK,预算约束线 JK 的斜率为 $-P_c/P_y$。此时最佳消费点为 c 点,X 的消费量为 X_c。一次性补贴的额度就是补偿变化,即消费者最多愿意花费多少钱避免价格上涨对自身效用的负面影响,在图中表现为 J 点和 G 点之间的差距。假设政府的某一个政策使得商品 X 的价格上涨 2 倍,且对所有被影响的消费者支付一次性补贴,补贴的额度等于补偿变化,消费者是否会选择参与?答案是无差异的,如果消费者选择参与项目,则最佳消费点为 c 点,效用水平为 U_1;如果消费者选择不参与项目,则最佳消费点为 a 点,效用水平仍然是 U_1。因此,补偿变化反映的就是消费者对规避这一价格上涨的最高支付意愿,若支出低于补偿变化,消费者一定会选择避免价格上涨;若支出高于补偿变化,消费者会更偏好接受价格上涨。因此,当商品 X 的价格为 P_a 时,X 的需求量为 X_a;当价格上涨到 P_c 时,X 的需求量减少到 X_c。根据均衡时的价格和需求量,得到商品 X 的希克斯补偿变化需求曲线 $a'c'$,价格上涨后消费者剩余减少的部分为 $c'a'P_aP_c$,即补偿变化。

3A.2　收入效应和替代效应

商品 X 的价格上涨引起的需求量下降中可以分为收入效应(income effect)和替代效应(substitution effect)两部分。替代效应使得商品需求量与其价格发生相反方向的变动,即保持消费者的效用水平不变,商品 X 的价格上涨将会使消费者购买更多相对更便宜的商品 Y,即用商品 Y 替代商品 X。在本例中,商品 X 的价格上涨,替代效应使得 X 的需求量从 X_a 下降到 X_c。商品价格的变动会使得消费者可支配收入下降,对于正常品,收入下降后,需求量也会随之下降。因此,正常品的价格上涨后,收入效应与替代效应都会使其需求量下降。在本例中,收入效应同样使得 X 的消费量从 X_c 下降到 X_b。

希克斯补偿变化需求曲线 $a'c'$ 下消费者剩余的变动 $c'a'P_aP_c$ 是支付意愿很好的衡量,它反映了人们为规避价格上涨愿意支付的最大金额。但现实生活中我们往往只能观察到马歇尔需求曲线 $a'b'$,马歇尔需求曲线下消费者剩余的变动能否看作支付意愿的良好近似？马歇尔需求曲线包括替代效应和收入效应，但希克斯补偿变化需求曲线只反映替代效应，因此一般而言后者总是比前者更陡峭。此外，在实践中，保持收入、其他商品价格等因素不变，就可以估计马歇尔需求曲线，但希克斯补偿变化需求曲线却很难观察到。当价格上涨时，消费者剩余的变动小于补偿变化，差距为三角形 $a'b'c'$；价格下跌的情况相反（见图 3A-1）。实际上，消费者剩余与补偿变化之间存在偏差的原因是马歇尔需求曲线包括收入效应，收入效应越大，偏差越大。幸运的是，若温和的价格变动发生在支出占比较小的商品上，例如玉米、棉花等，收入效应一般比较小，因此在成本效益分析中使用消费者剩余代表支付意愿是可行的。然而，对于一些在家庭总支出中占比较高的商品，例如房子等，它们的价格发生剧烈变动会引起较大的收入效应，使用消费者剩余代表支付意愿就可能会出现较大的偏差，下面介绍的等价变化有助于我们处理这一问题。

3A.3 等价变化

当消费者剩余与补偿变化之间的偏差大到不能被忽略时，也可以选择使用等价变化（equivalent variation）代表支付意愿。为了得到希克斯等价变化需求曲线（Hicksian equivalent variation demand curve），在新的效用水平 U_0，保持原来的价格水平，一次性拿走消费者一定量的收入，使得消费者的最大效用为 U_0，即预算约束线由 GH 移动到 LK，此时商品 X 的需求量由 X_b 上升为 X_d。因此，保持在新效用水平 U_0 上，当商品 X 的初始价格水平为 P_a 时，X 的需求量为 X_d；当新价格在 P_c 上时，X 的需求量减少到 X_b。根据均衡时的价格和需求量，得到商品 X 的希克斯等价变化需求曲线 $b'd'$，价格上涨后消费者剩余减少的部分为 $b'd'P_aP_c$，即等价变化，小于马歇尔需求曲线的情况，差距为三角形 $a'b'd'$（见图 3A-1）。值得一提的是，希克斯等价变化强调维持在新效用水平，而补偿变化强调的是恢复到原来的效用水平，但它们都只反映了价格变动引起的替代效应，因此一般而言它们都比马歇尔需求曲线更陡峭。

3A.4 三种测度方法比较

希克斯补偿变化、希克斯等价变化和马歇尔需求曲线下消费者剩余变化的三种度量方法的相对大小在图 3A-1 中也可以体现。马歇尔需求曲线下消费者剩余变化介于最小测度方法希克斯等价变化 EV 和最大测度方法希克斯补偿变化 CV

之间(如果我们考虑涨价,则人们在变化前比变化后更富有)。

理解这些测度的相对规模的关键在于收入的边际效用。通常假设收入的边际效用随着收入的增加而变小。因此,如果一个人的收入水平较高,他就会以更高的货币价值来衡量某商品,因为货币收入价值更低。

图 3A-2 的纵轴是收入的边际效用,横轴是收入。可见边际效用是收入的减函数。考虑一个给定大小的效用变化,即一个特定面积的区域变化。收入(沿横轴测量)越大,收入变化幅度越大。因此,即使面积 Y_1Y_2SR 和 Y_2Y_3TS 表示等规模的效用变化,但收入变化是不同的。高收入的参考点会把变化值定为 Y_2Y_3,而低收入的参考点会把效用变化值定为相对较小的 Y_1Y_2。效用或实际收入越高,个体用货币来评估商品的价值就越高。由于希克斯补偿变化试图让人们过上与改变发生之前一样富裕的生活,所以它必然比希克斯等价变化更大。

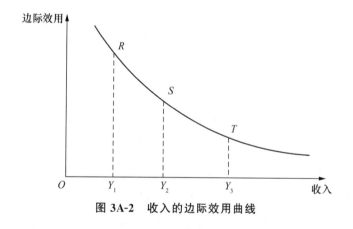

图 3A-2　收入的边际效用曲线

实践中应该选择 CV、EV 还是马歇尔测度,我们总结了一些学者的观点及一些国家和机构在实践中的做法。Brent(2006)指出个体应该使用哪种衡量方法取决于其主观目的。希克斯补偿变化是理论工作中的首选,但法律制度往往通过产权分配来决定补偿方和被补偿方。例如,如果拟建机场附近的居民有权享受安静,那么就必须使用希克斯补偿变化,居民在机场建成后也有效用不下降的权利,机场的建设者必须付钱给居民,让他们放弃对安静的环境的需求。在实践层面上,马歇尔测度是最常使用的。Boardman et al.(2018)认为在大多数情况下,价格变化的收入效应都很小,可以在成本效益分析中安全地忽略,因此马歇尔需求曲线下消费者剩余的变化是支付意愿的合理近似值。在房价或工资发生大幅变化时,收入变化可能会造成偏差,这时 CV 和 EV 之间存在差异,但 Boardman et al.(2018)没有提出哪种测度更合适。

Abelson(2020)指出在他查阅的七份准则中,大多数没有讨论CV原则和EV原则的选择问题。英国财政部(UK Treasury,2018)没有讨论这个问题。新西兰财政部(New Zealand Treasury,2015)、澳大利亚新南威尔士州财政部(NSW Treasury,2017)以及澳大利亚维多利亚州财政部和金融部门(Victorian Department of Treasury and Finance,2013)没有提到EV,但是强调基准情况是当前政策,可以视为暗示使用CV原则。澳大利亚基础设施委员会(IA,2018)简要提到了CV原则和EV原则,但没有官方规定。相比之下,欧盟委员会(European Commission,2014)明确讨论了CV原则和EV原则,并推荐使用CV原则。美国国家环境保护局(US Environmental Protection Agency,2014)对CV原则和EV原则选择进行了全面讨论,并指出大多数间接估值研究实际上都基于马歇尔需求函数。

我认为在大多数情形下,收入效应不至于产生太大的误差,用马歇尔测度就可以接受。而当收入效应很大时,标准成本效益分析的做法是将现状(基准情况)作为政策评估的适当起点,这其实体现了CV原则。

Willig(1976)开发了一种计算希克斯补偿变化的程序,可以计算出马歇尔测度与希克斯补偿变化测度的差异大小。他的近似值为

$$\frac{C-A}{A} = \frac{\delta A}{2M(0)} \tag{3A-1}$$

其中,C是希克斯补偿变化的测度值,A是马歇尔需求曲线下消费者剩余变化的测度值,δ是需求收入弹性,而$M(0)$是无服务(项目)情况下的收入水平。因此,当$A/M(0)=5\%$,$\delta=1.2$时,误差$(C-A)$仅为马歇尔测度的3%。除非人们认为自己评估的产品的收入弹性特别高,否则使用普通需求曲线作为一个很好的近似是合理的。反过来,也可以计算马歇尔需求曲线下消费者剩余的变化,然后用公式将其转换为希克斯补偿变化的测度值。

第 4 章　　主要市场的效益和成本的衡量

【本章学习目标】
- 理解主要市场和次要市场的区别。
- 掌握主要市场有效时计算效益的方法。
- 掌握主要市场失灵时计算效益的方法。
- 掌握主要市场计算机会成本的方法。

成本效益分析需要把所有的效益和成本货币化。通过第 3 章的学习,可知当商品有反映实际社会价值的可交易市场时,项目的净社会效益等于消费者剩余、生产者剩余和政府收益变化之和。

而当可交易市场不存在或交易价格无法反映商品的社会价值时,我们就需要找到商品的影子价格。影子价格(shadow price),又称影子定价,指依据一定原则确定的,能够反映投入物和产出物的真实经济价值、市场供求状况、资源稀缺程度,使资源得到合理配置的价格。当市场价格不能准确衡量商品价值时,比如政府提供的廉租房的租金,或者物品无法用市场价值衡量时(比如时间、生命),我们就需要利用影子价格衡量商品的社会价值。只有通过影子价格确定商品的实际社会价值,才能在成本效益分析中获得更为精确的结果。我们会在后续的章节对影子价格的确定方法进行详细讲解。

在第 4 章和第 5 章我们首先分析能够得到反映商品真实价值的供给曲线和需求曲线的情况下,如何计算项目的净社会效益。区分主要市场和次要市场对成本效益分析至关重要。主要市场(primary market)是受政策或项目直接影响的市场,次要市场(secondary market)则是间接被影响的市场。以公共交通建设为例,其主要目的是减少市民通勤时间,提高他们的生活便利性。通勤时间减少和因此带来的劳动生产率的提高是主要市场需要考虑的影响。同时,由于私人汽车与公共交通互为替代品,当建成公共交通后,私人汽车出行率降低,汽油市场作为次要市场会受到影响。可见,在次要市场中受影响的商品大多与主要市场的商品互为互补品或替代品。当二者为互补品时,主要市场的商品需求增加将会使次要市场的商品需求随之增加;当二者为替代品时,主要市场的商品需求增加则会使次要市场的商品需求随之减少。第 4 章分析项目或者政策对主要市场的影响,第 5 章分析各种情形下对次要市场的影响是否应该在成本效益分析中进行考虑。

在衡量产出市场的效益时,判定市场是否有效也十分重要。在有效市场(efficient market)中,市场价格能够如实反映市场供求情况。在这样的情况下,我们采用在第 3 章所用的计算方法,即将消费者剩余变化、生产者剩余变化与政府收益的变化加总,即可得到总社会剩余。值得注意的是,这样仅计算了产出市场收益的变动,并未考虑投入市场的成本问题。因此得到的总社会剩余并不等于净社会效益,仍不足以进行决策。如果市场失灵(inefficient market),比如存在垄断、信息不对称、外部性等现象,则需要通过供需模型具体问题具体分析。在接下来的讲解中,我们将会对不同的市场失灵情形的效益进行详细分析。

4.1　市场有效时产出市场效益分析

当市场有效时,我们分为不考虑价格影响和考虑价格影响两种情况进行分析。

4.1.1　不考虑价格影响且市场有效时的效益分析

假如政府通过推行某项生产项目,增加了商品的供给,但由于产量较小,不足以影响市场的价格。此时,供给曲线右移,移动单位 Q' 即为政府供给。由于市场价格不变,个体需求量的变化与价格无关,需求弹性趋于无穷,即完全需求价格弹性。反映在供需模型图中,需求曲线为水平线,如图 4-1 所示。

那么在这样的情况下,市场变化会给消费者、生产者和政府分别带来哪些影响? 对于消费者而言,由于价格并没有发生改变,因此对其并不造成影响,所以消费者剩余不变。对于生产厂商来说,其供给曲线并没有发生变化,政府的参与等同于完全竞争市场中增加一个厂商,并不对其他厂商产生影响。因此生产者剩余变动也为 0。但是对于政府而言,由于进行了生产,所以收益增加了。在图 4-1 中政府的收益量为 $Q' \times P_0$,即四边形 abQ_1Q_0 的面积。因此对于整个社会而言,生

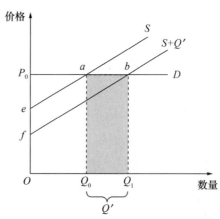

图 4-1 市场有效且项目不影响市场价格时效益的度量

产者剩余、消费者剩余不发生改变,政府通过售卖商品获得收益。但是净社会效益是否发生变化,还需要看政府推行生产项目的成本。这里我们仅站在效益角度对产出市场进行分析,所以暂时不考虑成本的影响。

4.1.2 考虑价格影响且市场有效时的效益分析

现在我们用相同的方法考虑市场价格变化给各个主体带来的影响。假设政府依然推行了一项生产项目,但此时由于项目产量较大,足以大规模地改变供给,从而影响市场价格。以图 4-2 所反映的市场状况为例,在没有政府干预时,供给曲线与需求曲线的交点决定了市场均衡价格为 P_0,市场均衡产量为 Q_0。政府大规模增加产量后,供给曲线右移,均衡产量移动到 Q_1,市场均衡价格降至 P_1,出现了新的市场均衡。政府增加的供应量 Q 来自两部分:一部分是由于市场价格下降导致的市场需求增加带来的生产需求,即 Q_1-Q_0;另一部分是政府生产挤出的私人厂商生产。政府加入后,私人厂商只能以 P_1 的价格生产 Q_2 单位的商品,政府获得了 (Q_0-Q_2) 的产量。

在这样的变动情况下,消费者、生产者和政府的收益又会如何变化?对于消费者而言,价格下降带来了消费者剩余增加,在图中即四边形 baP_0P_1 的面积;对于私人厂商而言,价格下降,生产激励下降,生产者剩余下降,变化量为四边形 caP_0P_1 的面积;对于政府而言,生产项目带来了政府收益,即 $Q\times P_1$,对应图中四边形 cbQ_1Q_2 的面积。将三方影响加总,整个社会的效益变化即为五边形 abQ_1Q_2c 的面积。如果政府推行政策的成本小于总社会剩余的变化,则能够推

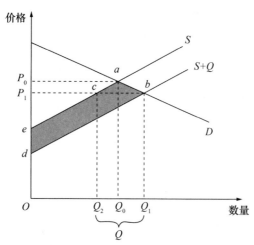

图 4-2 市场有效且市场价格变化时效益的度量

行该生产项目。

上面我们考虑的是政府进行生产获取收益的情形。假如政府并不直接进行生产,而是通过投资降低了私人厂商的生产成本,从而导致价格下降,例如政府扩建港口项目,港口吞吐量的增加降低了厂商的物流成本,从而使生产能力得以提高,这样的情形下总社会效益会如何变化呢?我们依然在供求模型框架下思考这个问题。私人厂商成本下降将会使供给增加,反映在供给模型图中为供给曲线右移,如图 4-2 所示。政府由于不参与生产,不能获得收益。对于消费者而言,则以更低的价格购买到更多的商品,消费者剩余增加,增加量为四边形 baP_0P_1 的面积;对于生产者而言,其收益变化来自市场价格降低带来的供给变化。在没有政府投资前,生产者以 P_0 的价格生产 Q_0 单位商品,其生产者剩余为三角形 aeP_0 的面积。政府投资降低生产成本后,生产者以 P_1 的价格生产 Q_1 单位的商品,生产者剩余为三角形 bdP_1 的面积。因此生产者剩余的变化为三角形 bdP_1 面积与三角形 aeP_0 面积的差值;由于政府没有收益,因此政府收益变化为 0。将三方的变化进行加总后,我们发现总社会剩余的变化刚好等于四边形 $abde$ 的面积。是否推行该投资项目,取决于政府的投资成本是否低于所带来的总社会效益增加。

由此我们看到,在市场有效的情况下,无论是否影响价格,将消费者剩余、生产者剩余和政府收益三者变化相加,都能计算出总社会效益的变化。

4.2 市场失灵时产出市场效益分析

本节我们将探讨市场失灵时如何分析产出市场效益变化,将对垄断、信息不对称、外部性和成瘾品这几种市场失灵的现象进行分析。

4.2.1 垄断

垄断分为买方垄断和卖方垄断。我们这里主要关注卖方垄断,即唯一的卖方面对竞争性的多个消费者。垄断厂商的目的是追求利润最大化,当边际成本(MC)与边际收益(MR)相等时,垄断厂商利润最大,这也是垄断厂商决策的生产点。图 4-3 中的 b 点即为垄断厂商边际成本与边际收益曲线的交点,它确定了垄断厂商的产量 Q_m。该产量在市场需求线上对应的价格 P_m 即为垄断市场价格。

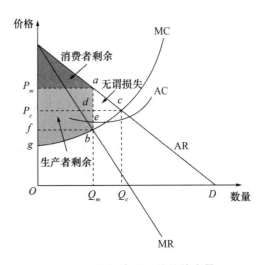

图 4-3 垄断情形下效益的度量

在没有垄断厂商存在时,市场出清点是需求曲线和供给曲线(边际成本曲线 MC 在平均成本曲线 AC 上方的部分)相交的点,即图中的 c 点。由此可见,在存在垄断时并没有达到市场出清。根据消费者剩余和生产者剩余的概念,我们可知消费者剩余等于价格 P_m 以上需求曲线以下的面积,生产者剩余即为 $abgP_m$ 的面积。由于垄断扭曲了市场,影响了效率,市场上存在无谓损失即 abc 的面积。由此可见,垄断使得资源无法实现有效配置,总社会效益减少。

由于自然垄断,市场上存在垄断现象是不可避免的。自然垄断指某些产品和服务由单个企业大规模生产经营比多个企业同时生产经营更有效率的现象,如自来水、电力供应、电信、邮政等。自然垄断行业往往具有以下几个特点:

(1) 高固定成本和低边际成本;

(2) 平均成本总是大于边际成本。

自然垄断的独特性使自然垄断行业在一定产量范围内存在规模经济。对政府而言,从控制成本角度应该允许自然垄断存在。但是由于垄断追求利润最大化的特征,政府必须对自然垄断加以监管。那么如何监管?监管的力度需要达到何种水平?垄断使社会剩余减少,政府监管的目的是尽可能减少无谓损失,尽可能增加垄断厂商产量,降低垄断价格。为了简化问题,我们考虑图4-4的市场状况,即假设边际成本不变,一直在平均成本下方,使得平均成本不断下降,一直在规模经济的产量之内。我们考虑多个可能的监管政策,通过图形进行福利分析。

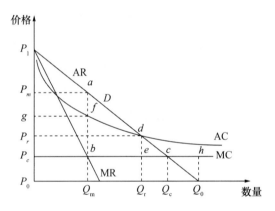

图 4-4 自然垄断时政府监管的讨论

政府不对自然垄断企业进行监管时,垄断厂商以利润最大化为目标,在边际成本等于边际收益即图中 b 点的位置确认生产数量,垄断利润是四边形 $afgP_m$ 的面积,无谓损失等于三角形 abc 的面积。对于政府而言,垄断利润的存在影响了社会福利,因此必须对其进行监管,监管的方法则是要求其扩产。

第一种可能的监管方法是让垄断厂商扩大生产至平均成本与平均收益相等(AC=AR),即图中平均成本曲线与需求曲线的交点 d。在这样的情况下,由于价格等于平均成本,垄断厂商的垄断利润将会消失。此时消费者剩余等于三角形 dP_rP_1 的面积,生产者剩余等于四边形 deP_cP_r 的面积,相比管控之前,社会总剩余增加,监管有效。但是,支付意愿仍然大于边际成本,市场仍然没有出清,无谓损失依然存在，在图中等于三角形 ced 的面积。因此，这样的管控方式抵消了垄断利润，但是依然存在无谓损失。

第二种可能的监管方法是让价格等于边际成本（$P=\text{MC}$），此时产量提高到 c 点，即市场出清点。在这样的情况下，总社会剩余达到了最大，即三角形 cP_cP_1 的面积。仅考虑社会剩余最大化的话，这样的监管方式是最优的。但是，由于自然垄断厂商的边际成本低于平均成本，当价格等于边际成本时，厂商的收益不足以支付其生产成本，在这样的情况下，如果没有政府补贴，厂商就不存在激励进行生产。因此，若要求厂商在市场出清点生产，政府必须对垄断厂商予以补贴。

第三种可能的监管方法是政府规定垄断厂商免费提供产品（$P=0$），比如政府要求修建道路的垄断厂商免费提供道路服务。此时在图中，由于价格为 0，需求达到 Q_0。厂商收入为 0，政府必须进行大量补贴，以弥补厂商损失。除此以外，在价格为 0 时，支付意愿等于 0，低于边际成本。此时无谓损失再次出现，即三角形 chQ_0。可见，在这样的情形下，生产者、政府和消费者的利益都会受损，第三种监管方法不可取。

综上，第一种监管方法虽然存在无谓损失，但是确保消除垄断利润，同时无谓损失较管控前有所减少；第二种方法是消除市场无谓损失，社会福利达到最大，政府只需要对厂商提供少量补贴以弥补损失。以上两种是监管自然垄断较为合理的方法。

4.2.2 信息不对称

第二种市场失灵的情形是信息不对称。信息不对称指交易中各方拥有的信息不同。由于知识水平、信息渠道等差异，信息不对称往往会对消费者的选择造成影响。譬如医药市场，患者对个人身体的实际情况、药物疗效、治理方法缺乏了解，需要在医生的指导下购买药物，信息不对称可能产生诱导需求，使得实际药物需求与患者全面掌握信息的情况下的需求出现差异。

我们依然在供求模型中进行分析（见图 4-5）。由于供给方掌握市场信息，商品的供给曲线不变。而对消费者而言，掌握信息和信息不对称两种情况下的需求曲线不同。信息充足时，需求曲线为 D_i；信息不充足时，消费者可能因为诱导性需求，在相同价格下消费更多的商品，需求曲线为 D_u。信息不对称的情况下，均衡产量从 Q_i 移动到 Q_u，市场出清点从 c 点移动到 a 点。

由图4-5可知,信息不对称使消费者支付了比信息对称情况下更多的费用。信息对称时,消费者的支出为 $Q_i \times P_i$,即四边形 cQ_iOP_i 的面积;信息不对称时,消费者的需求量增加,面对的市场价格也提高了,支出变为 $Q_u \times P_u$,即四边形 aQ_uOP_u 的面积。而对于消费者而言,获得的收益是信息对称时的支付意愿,即需求曲线 D_i 下方四边形 cbQ_uQ_i 的面积。只有这一部分费用是消费者真正愿意支付的费用,其余部分都是由于信息不对称额外支付的费用。对于生产者而言,以更高的价格售卖了更多的商品,生产者剩余增加,增加面积为四边形 acP_iP_u 的面积。这部分剩余增加来自消费者额外支付成本的转移。但是,我们发现消费者支付的额外成本并没有完全转移给生产者。三角形 abc 并没有为生产者拥有,这一部分损失即为信息不对称造成的无谓损失。可见,三角形 abc 的面积决定了信息不对称造成的损失大小,而其取决于信息对称与不对称情况下的需求曲线 D_i 和 D_u 之间的距离。两条需求曲线之间距离越近,三角形 abc 面积越小,无谓损失越小。

从另一个角度看,总社会效益等于消费者剩余、生产者剩余和政府收益的变化。消费者剩余的变化等于支付意愿的变化 (cbQ_uQ_i) 减去实际支出的变化 ($acP_iP_u + caQ_uQ_i$),生产者剩余的变化是 P_uacP_i,此时政府收益变化为0,因此总社会效益恰好等于 abc,也就是信息不对称引发的无谓损失。

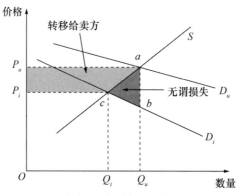

图 4-5 信息不对称情形下效益的分析

那么如何减少信息不对称带来的负面影响?首先,我们需要根据信息可得性,将商品分为三类,根据不同的类别采用不同的方法消除信息不对称。

第一类商品是搜索品(searching goods),即消费者可以在购买商品前通过各种渠道搜索到有效的商品信息,了解商品状况,从而帮助自己做出决策。因此,搜索品的信息不对称程度非常小,几乎不会产生信息不对称问题。消费者只需在消费前增进对商品的了解,就能消除信息不对称。

第二类商品是体验品(experience goods),即消费者消费或体验前不知道任何有关商品的信息,但是在消费后,消费者能对商品的信息有全面的了解。电影、餐厅等就是典型的体验品。减少体验品信息不对称需要第三方的信息披露,比如报纸、杂志和网站等。通过第三方信息,消费者能在消费前掌握部分有关体验品的信息,减少信息不对称。

第三类商品是信用品(post-experience goods),即消费者在消费后也不一定能对商品信息有所了解,比如汽车安全系统、药物疗效等。消费者既不能提前得知有关信用品的信息,也不能在消费后充分了解其效果,第三方也很难对其进行全面的评价,信息搜索成本很高。在这样的情况下,消除信息不对称就需要政府通过监管来实现。政府往往需要通过推行政策、法案,要求生产厂商披露消费者需要的信息。如果弥补无谓损失带来的收益高于政府推行政策、法案的成本,则政府监管有效。

4.2.3 外部性

下面介绍第三种造成市场失灵的原因——外部性。外部性指一个人或一群人的行动和决策使另一个人或另一群人的利益受损或受益的情形。外部性根据其影响的性质分为负外部性和正外部性,我们将分别对二者产生的效益变化进行分析。

4.2.3.1 负外部性

负外部性指的是个体的活动使他人或社会受损,使他人或社会支付了额外的成本费用但又无法获得相应补偿的现象,如个体活动引发了环境污染、交通拥堵等。由于负外部性的存在,社会为了弥补负外部性造成的损失,需要承担比私人成本更高的成本。因此当市场存在负外部性时,边际社会成本就会高于边际私人成本。在图 4-6 中,$S^{\#}$ 是社会供给曲线,S^{*} 是私人供给曲线,两条供给曲线的垂直距离 t 即为负外部性的大小。

如果政府不采取监管措施,私人厂商为了使自身利益最大化,将在私人成本曲线和需求曲线决定的市场出清点即 (Q^{*}, P^{*}) 处生产。然而由于负外部性的存在,社会的实际需求量为 $Q^{\#}$,负外部性造成了生产过剩,降低了市场效率,使得

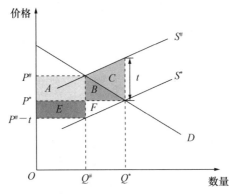

图 4-6 负外部性情形下效益的分析

社会出现无谓损失,其大小等于阴影部分 C 的面积。为了解决负外部性,政府需要采取措施,最常见的解决办法是征税和收费,使得边际私人成本等于边际社会成本。假设政府为了弥补私人厂商造成的负外部性,向私人厂商征收 t 单位的税。征税后,对消费者而言,由于价格上涨至 $P^{\#}$,消费者剩余减少,减少量为图中 A 与 B 部分的面积和。对生产者而言,由于价格上涨来自政府的税收,而非市场供需变化,生产者只能在原有供给曲线上进行生产,产量由 Q^* 减少至 $Q^{\#}$,产量减少使得生产者剩余减少,减少量为图中 E 与 F 的面积和。而政府征税获得了税收收入,其增加量等于税收 $t \times$ 消费量 $Q^{\#}$,即图中 A 与 E 部分的面积和。

如果市场有效,我们仅需要考虑消费者、生产者和政府三方的效益,即可得到总社会效益。但是外部性存在的条件下,除了消费者、生产者和政府,还存在因为外部性而受到影响的第三方,即在未征税前承担负外部性的主体。当消费量下降时,第三方承担的负外部性下降,效益增加,增加量等于 C、B 和 F 三部分的面积和。通过将四个主体的剩余变化加总,我们发现征税使得总社会剩余增加,弥补了因负外部性带来的无谓损失 C。

4.2.3.2 正外部性

接下来,我们讨论正外部性的影响。正外部性是指某个个体的活动使他人或社会受益,而受益者无须支付费用。例如个体注射疫苗,他人在无须支付费用的情况下降低了感染疾病的可能性,这就是正外部性的体现。

正外部性存在时,个体消费产生的收益并不全为个人所有,因为社会也能享受其收益。在这样的情况下,可能会存在有效需求不足问题。我们以图 4-7 所反映的市场状况对有效需求不足问题进行阐释。假如私人需求曲线为 D_m，社会供给曲线为 S。在正外部性不存在时，市场出清的价格、产量由私人需求和供给决定。然而，由于正外部性的存在，社会能在不承担费用的情况下获得效益。也就是说，相同需求量下，社会效益将高于私人收益。因此，社会需求曲线 D_s 在私人需求曲线 D_m 右侧。由于只有私人为商品付费，因此市场在私人需求曲线和供给曲线相交点出清，也就是在没有外部干预的情况下，市场出清点为 (P_0,Q_0)，低于社会需求曲线和供给曲线的交点。也就是说如果政府不采取措施，私人的消费量将低于社会需求所决定的消费量，导致商品有效需求不足。

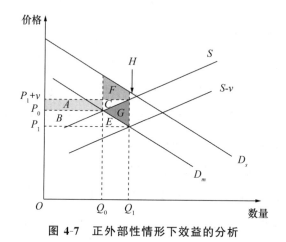

图 4-7　正外部性情形下效益的分析

为了解决正外部性带来的有效需求不足导致的效率损失问题，政府通常会采取发放补贴、代金券等方式刺激需求。党的二十大报告指出"充分发挥市场在资源配置中的决定性作用，更好发挥政府作用"，政府可以通过一些手段去解决市场失灵问题。我们依然以图 4-7 所描述的市场情况进行分析。当政府发放面值为 v 的代金券时，由于厂商可以获得代金券补贴，相同供应量时厂商对消费者支付的价格要求会下降，供给曲线向右方平移。在这样的情况下，市场出清点从 (P_0,Q_0) 移动到 (P_1,Q_1)。对消费者而言，价格的降低使得消费者剩余增加，增加量是图中 B 和 E 部分的面积和；对于生产者来说，不仅得到了以市场价格 P_1 生产 Q_1 单位产量的收益，还获得了政府发放代金券所带来的经济收益。即私人厂商实际以 P_1+v 的价格，生产了 Q_1 单位的产品，使得生产者剩余增加，增加量是图中 A 和 C 面积的和；政府因发放补贴产生成本，其数值等于补贴发放总额，即图中 A、B、C、E 和 G 部分的面积和。最后考虑第三方的收益变化。消费者每多消费一个单位商品,第三方都会获得收益,其收益变化量等于图中C、G和F部分的面积和。将四方剩余变化加总,我们发现总社会剩余增加,增加量等于图中C和F部分的面积和。可见,政府补贴使得社会福利增加,且缓解了有效需求不足问题。

4.2.4 成瘾品

最后我们来考虑成瘾品导致的市场失灵情形下的效益问题。"成瘾"指的是当期消费将会使未来的消费增加。成瘾品分为理性成瘾品和非理性成瘾品。理性成瘾品指的是消费者事前就能完全预期现在的消费行为对未来消费带来的影响的成瘾品,这是一种可以预期的"成瘾"。而造成市场失灵的往往是非理性成瘾品,它指的是消费者在事前本不希望成瘾,却因无法预期成瘾所带来的负面影响而非理性地增加需求的成瘾品,如赌博、吸毒等。

以赌博为例,图4-8反映的是一个消费者赌博成瘾前后需求情况的变化。如果消费者不成瘾,其需求曲线为D_r,这是一条合理的需求曲线。但赌博成瘾后,个人完全无法控制消费欲望,需求大幅上升,需求曲线变为D_a。假设供给完全弹性,赌博的价格固定在P,即没有上瘾时,消费者需求为Q_r。但由于成瘾,需求量增加至Q_a。成瘾导致消费者的支出增加,支出增加量为需求增加数量与价格的乘积,即图中四边形baQ_rQ_a的面积。而消费者实际支付意愿为未成瘾需求曲线下方的面积,即四边形acQ_aQ_r的面积。可见,消费者的支出大于其支付意愿,多消费的部分,即三角形abc的面积即为成瘾品带来的无谓损失。

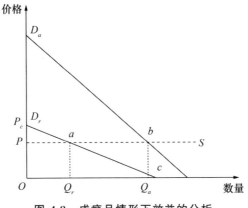

图4-8 成瘾品情形下效益的分析

由此可见,非理性成瘾品会导致社会福利减少,这是政府要进行成瘾品监管的重要原因。一般地,成瘾品监管成本远小于成瘾品带来的无谓损失,如严查赌博、戒毒管控等。

4.3 投入的度量:机会成本

前两节我们讨论了主要市场上效益的度量。当市场有效时,我们仅需要考虑消费者剩余、生产者剩余和政府收益的变动。当市场失灵时,在考虑消费者剩余、生产者剩余和政府收益的基础上,还要根据市场失灵的原因进行分析。这一节主要分析投入品市场的机会成本的衡量,也就是项目在投入品市场(又称"要素市场")上的影响,这是因为政府对投入品市场的消费还可能会增加或减少投入品市场的社会福利。如果政府消费减少了投入品市场其他成员的福利,那政府在投入品市场上消费的社会影响就比实际支出要高,其他成员在投入品市场上社会福利的下降也应该被纳入投入品机会成本。因此,项目在投入品市场的机会成本等于实际支出减去投入品市场的社会福利增加额,或实际支出加上投入品市场的社会福利减少额。该规则在所有成本效益分析的情形中都成立,接下来进行具体的分析,分别探究投入品市场资源配置有效和存在市场失灵两种情况下的机会成本。

4.3.1 投入品市场有效

当投入品市场有效时,也可以分为两种情形:政府项目对投入品的需求量较小,不会引发投入品价格的变化;政府对项目投入品的需求量较大或者投入品价格对需求量变化较为敏感,政府项目的需求会使得投入品价格上涨。

(1) 政府购买并不会导致投入品市场价格改变,如政府的职业培训项目需要购买纸笔等,但是不会使得纸笔等商品的价格发生变化,一般来说只要政府的需求不大或者投入品规模足够大,就可以归为这一类型,将政府看作无数普通需求者中的一员。如图 4-9 所示,政府施行某项目需要某种投入品,使得投入品市场的需求曲线从 D 平移至 $D+Q^*$,Q^* 即为政府消费量。供给曲线水平意味着不存在生产者剩余,因此政府的行为并不会对生产商的福利造成影响;同样,其他消费者的行为未发生任何变化,政府购买对消费者福利也未造成影响。总体上看,投入品市场上的社会福利变化量等于 0,机会成本就等于实际支出,即图中阴影

部分面积 baQ_0Q_1。

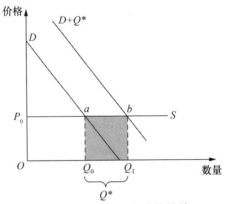

图 4-9 供给曲线完全弹性的情况

(2) 政府项目规模过大、消费量过多，或者投入品价格对需求量的变动很敏感，使得投入品市场价格发生了变化，例如大型项目对建筑耗材的影响，这种情形一般较少出现。如图 4-10 所示，政府购买使得投入品市场的需求曲线从 D 平移至 $D+Q'$，不仅使得市场出清的数量从 Q_0 增加到 Q_1，还使均衡价格从 P_0 上涨到 P_1。政府的需求量为 $Q'=Q_1-Q_2$，它来自两部分：一部分是生产者因价格上涨而愿意多生产的部分 Q_1-Q_0，另一部分是私人消费者因价格升高而少购买的部分 Q_0-Q_2，这是因为私人消费者的需求曲线始终是 D，在新的价格 P_1 下只愿意购买 Q_2 的数量，也就是存在政府购买对私人消费的挤出。此时政府的支出为 $Q'\times P_1$，也等于 $B+C+E+F+G$，而生产者剩余增加 $A+B+C$，消费者剩余下降 $A+B$，社会剩余增加 C，从而政府的机会成本等于 $B+C+E+F+G-C=B+E+F+G$。

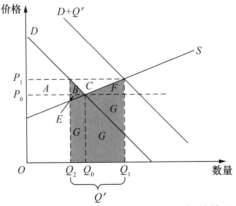

图 4-10 供给曲线弹性在 0 和 1 之间的情况

需要指出的是,标准的成本效益分析只服从效益决策标准,虽然一般来说消费者比生产者财富更少、更弱势,但标准的成本效益分析不在乎福利受损者的身份,认为消费者一单位的损失可以用生产者一单位的福利增加额完全弥补,只要总社会剩余增加就认为项目是好的,但是这种做法未必可取,以后我们还会学到分配权重的成本效益分析,在此不做赘述。

4.3.2 投入品市场存在市场失灵

投入品市场存在市场失灵时,市场价格不等于投入品的边际社会成本。市场失灵的情形很多,我们介绍以下几种情况:

(1) 低价购买,即支出低于机会成本。例如,政府为一些低收入人群提供的廉租房,租金远低于机会成本;一些公共项目会招募一些志愿者,仅支付最低的通勤费用;一些公共项目的土地经常不需要付费或者费用很低。这种情况下应使用影子定价法找到机会成本,如以闲暇的价值衡量无业人士参与某项目的机会成本、以平均工资水平衡量原本有工作者的机会成本、以土地的市场价格衡量土地的机会成本。

(2) 雇用失业人员。如图 4-11 所示,起初劳动力需求曲线为 D,供给曲线为 S,原市场出清点为 f,假设政府规定最低工资为 P_m,高于市场出清状态下的工资水平 P_c,因此会产生失业 ag,假设政府的一些项目会雇用失业人员,整个社会对劳动力的需求曲线移至 $D+L'$,L' 即为政府雇用失业人员的数量,实际支出为 $P_m \times L'$,而机会成本如何衡量呢?有五种可能的思路,我们来依次分析,需要强调的是,我们衡量的是政府在最低工资制已实行的情况下雇用失业者对市场的影响,而不需考虑最低工资制本身实行前后产生的变化。

思路 A:机会成本为 0,这种想法肯定是错误的,因为闲暇是有价值的,要使得一个人去工作,所应付出的工资应高于这个人对自己闲暇的定价,门槛工资 P_r 衡量的就是闲暇的价值。

思路 B:机会成本等于实际支出 $P_m \times L'$,这种思路也不正确,因为政府支付的价格 P_m 高于一些人对自己劳动力的定价,从而存在生产者剩余;只要最低工资制已经实行,私人雇主在 P_m 的工资水平下就只会雇用 L_d 的工人,政府额外雇用 L' 的人数对私人雇主无影响,消费者剩余不变。总的来说,社会剩余大于 0,因此机会成本不等于实际支出。

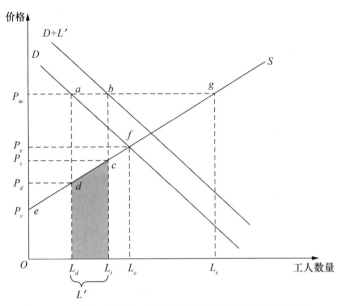

图 4-11 政府雇用失业人员前后劳动力市场变动情况

思路 C：认为政府雇用的 L' 的劳动力刚好是供给曲线上 L_d 到 L_t 对应的这部分人，从而生产者剩余等于四边形 $abcd$ 的面积，此时机会成本＝实际支出－$abcd=cdL_dL_t$，即阴影部分面积。这种思路的暗含假设是政府雇用的 L' 这一段的人对自己劳动力的定价在 P_d 和 P_c 之间均匀分布，但现实未必如此，只要对自己估价大于等于 P_r 小于等于 P_m 者都有相同的概率被雇用。

思路 D：思路 C 假设政府项目新雇用的失业人员对自己时间价值的定价恰巧在 P_c 与 P_d 之间，实际上对自己时间的定价在 P_m 与 P_r 之间的失业人员都有可能被项目雇用，我们假设每个对自己时间的定价在 P_m 与 P_r 之间的失业人员都有相同的概率被雇用，可知新雇用者对自己时间价值的平均定价等于 P_m 与 P_r 的算术平均值，从而生产者剩余增加值为得到的报酬 $P_m \times L'$ 减去时间成本 $(P_m + P_r) \times L'/2$，从而机会成本＝实际支出－生产者剩余增加值＝$(P_m + P_r) \times L'/2$。

思路 E：在思路 D 的基础上，由于 P_r 未知但必然大于等于 0，取 P_r 的最低值来计算，得到机会成本为 $P_m \times L'/2$。

因此按照思路 E 得到的实际上是雇用失业工人的机会成本下限，而思路 B 得到的是雇用失业工人机会成本的上限，因此雇用失业工人的机会成本一般在 $P_m \times L'/2$ 和 $P_m \times L$ 之间，也就是政府实际支出的一半和实际支出之间。

（3）雇用农村向城镇迁移的劳动力。近年来发展中国家农村地区劳动力逐渐向城市地区转移的现象引人注目。一般认为，农村劳动力平均受教育年限较短，因此更有可能从事技术含量更低的工作，平均工资相较城镇劳动力也会更低。记农村工资平均水平为 RW，城镇工资平均水平为 UW，L 为城镇劳动力规模，E 为能受到雇用的城镇劳动力规模，则就业率 $=E/L$。

第一种情况，如果需要雇用农村非熟练工人的项目仅在农村开展，假定不存在逆城镇化的现象，即城镇劳动力不会前往农村从事技术含量更低的工作，则政府只会雇用农村的非熟练工人，雇用工人的时间成本就等于农村的平均工资水平 RW。

第二种情况，如果需要雇用农村非熟练工人的项目仅在城镇开展，由于项目在城镇内，所以需要支付城镇平均水平的工资 UW，其高于农村平均工资水平 RW。若每个从农村迁移到城镇的劳动力都能找到工作，在 $UW>RW$ 的前提下，城镇化就不会终止，这就是城镇化的原因。但随着转移到城镇的人数增加，城镇会出现失业，当 $UW×$ 就业率 $(E/L)=RW$ 时迁移会终止。现在如果由于政府的某个项目需要在城镇增加对非熟练工人的雇佣时，此时的就业率为 $(E+\Delta E)/L$，$UW\times(E+\Delta E)/L$ 就会高于 RW，吸引部分人从农村转移到城镇，直到 $UW\times$ 新的就业率 $=RW$ 时迁移终止，其中新的就业率为 $(E+\Delta E)/(L+\Delta L)$，由于 $E/L=(E+\Delta E)/(L+\Delta L)$，所以 $\Delta L>\Delta E$，说明实际吸引的农村劳动力 ΔL 比实际需要的劳动力 ΔE 更多。因此如果政府的项目是在城镇开展，吸引到从农村迁移到城镇的非熟练工人的数量 ΔL 会大于政府实际需要的非熟练工人的数量 ΔE，此时雇用这些非熟练工人的机会成本是 $RW\times L/E$，其中 RW 是非熟练工人的时间的机会成本，而由于城镇化导致失业的存在，当此项目在城镇开展时，雇用非熟练工人的机会成本要考虑失业的影响，$RW\times L/E=UW$。也就是若项目在城镇开展，雇用非熟练工人的机会成本应该是 UW，也就是城镇的平均工资水平。但实际上 UW 只是在城镇雇用非熟练工人的机会成本的上限，因为其实会有一部分在城镇居住的失业人口会选择工作，而农村人口由于风险规避，也不会真正有 ΔL 这么大规模的迁移，使得从农村迁移到城镇的失业人口总量低于预期。因此如果政府项目在城镇开展，需要雇用非熟练工人，机会成本的下限是 RW，上限是 UW，多数情况下机会成本介于两者之间。

（4）投入品市场生产厂商为垄断厂商。如图 4-12 所示，当政府未购买时市场

上的需求曲线为 D，垄断厂商为了获得最大利润，将在边际收益曲线与边际成本曲线的交点处生产，决定了政府未进入市场时的消费量 Q_1，对应的市场价格为消费者愿意付出的最高价格 P_1；而在政府进入市场后，市场上总的需求曲线右移至 $D+Q$，新的边际收益曲线与边际成本曲线的交点决定了实施项目后垄断厂商产量为 Q_2、价格为 P_2，政府购买量为 $Q'=Q_2-Q_3$，它来自两部分：一是厂商因价格升高而提高产量的部分 Q_2-Q_1，二是私人消费因价格上涨而下降的部分 Q_1-Q_3。政府支出为 $P_2 \times Q'$，即图中 $A+C+E+G$ 的总面积，私人消费者从以 P_1 的价格消费 Q_1 数量移动到以 P_2 的价格消费 Q_2 数量，从而消费者剩余下降 $B+C$，生产者从以 P_1 的价格供给 Q_1 数量移动到以 P_2 的价格提供 Q_2 数量的商品，生产者剩余上升 $B+C+E+G$，其中部分来自供应量增加，部分来自价格上涨，社会剩余上升 $E+G$，因此机会成本 $= P_2 \times Q' - E - G = A+C$。

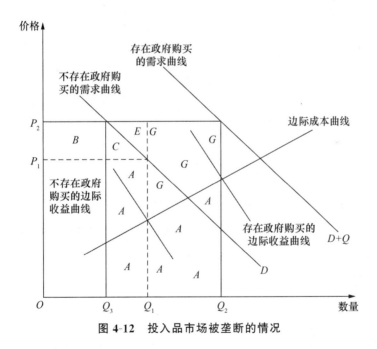

图 4-12　投入品市场被垄断的情况

注意，此处仍然假设高收入人群的获益可以等量弥补低收入人群的受损，尽管垄断厂商处于非常强势的地位，仍然认为生产者剩余的增加可以等量弥补消费者剩余的减少，从而在本例中总社会剩余增加，但在实际成本效益分析中，可能会赋予处于弱势地位、拥有较少话语权的消费者更高的权重。

图 4-9 至图 4-12 分析的各种情形基本来自 Boardman et al. (2018)，我们可以发现除了和低价或免费使用投入品的情形，其他情形中政府支出的机会成本都

不超过实际支出,似乎用实际支出高估了成本。但我们进一步分析,这些情形中厂商生产者剩余的增加常常大于消费者剩余的损失,所以政府购买带来的投入品市场的福利增加往往更多地由生产者获得。我们往往认为消费者比生产者更弱势,出于稳健目的,我们认为在成本效益分析实务工作中,如果政府低价或者免费使用某种投入品使得政府支出小于机会成本,我们往往用机会成本来衡量成本;而如果政府支出大于机会成本,我们常常用政府支出来衡量成本。其他成本效益分析的教材较少利用经济学的分析框架对投入品市场的机会成本进行详细分析,它们往往假设只要政府没有明显地低价或者免费使用某种投入品,就用政府支出来衡量投入品的机会成本;如果政府低价或者免费使用了某种投入品,就要找到这种投入品的影子价格,利用机会成本来衡量政府的成本。这种处理方式和我们提出的成本效益分析的实务工作中的做法是一致的。

【复习思考题】

1. 假设某国际市场有两个企业 A 与 B,分别位于两个"小国"。p_1 和 p_2 分别是企业 A 和企业 B 产品的价格。国际市场对两个企业的产品需求函数分别为 $q_1=15-2p_1-p_2$,$q_2=15-2p_2-p_1$。企业边际成本均为 0,它们进行非合作价格博弈。

   a) 请找出市场均衡价格与企业利润;

   b) 如果企业 A 所在国家政府对本国产品出口征收每单位产品数量为 t 的出口税(当 $t<0$ 时为出口补贴),而企业 B 所在国家出口税为 0,请找出最佳税收水平、各企业的利润以及企业 A 所在国家的税收收入;

   c) 在 b)的情形下,企业 A 所在国家的社会福利有什么变化?请给出一个直观解释。

2. 企业 1 和 2 生产同质产品并进行产量竞争,市场需求函数为 $P=16-q_1-q_2$。企业 1 的确切边际成本 c_1 只有企业 1 知道,企业 2 仅知道 c_1 的值可能是 0(低成本)或 4(高成本),概率均为 0.5,企业 2 的边际成本为 c_2,企业 2 是高成本企业,$c_2=4$。

   a) 若成本信息是对称的,如果 $c_1=c_2=4$,求解市场均衡;

   b) 在不对称信息情况下,假设企业为风险中性,求解市场均衡;

   c) 计算在高成本情况下信息不对称带来的无谓损失。

3. 假设非熟练工人市场上所有工人的生产率都一样,当前市场出清的工资是40元/小时,在这个工资水平下,有600名工人获得工作机会。假设政府考虑实施最低工资标准,如果实施,这项法律将要求市场上的雇主向非熟练工人市场上的工人支付50元/小时的工资。假设如果最低工资制度实施,只有500名工人将被雇用,300名工人将失业。并且假设非熟练工人市场上的需求曲线和供给曲线都是线性,此市场上工人的门槛工资(市场上任何工人愿意工作的最低工资)是10元/小时。计算最低工资政策可能对雇主、非熟练工人和整个社会的影响。

第 5 章　对次要市场的影响评估[①]

【本章学习目标】
- 掌握次要市场不存在扭曲时，纳入成本效益分析计算的条件。
- 掌握次要市场存在扭曲时，如何衡量扭曲对次要市场的影响。

第 4 章分析在供给曲线和需求曲线都已知的情况下如何衡量主要市场上的成本与效益，而本章探究怎样考量某项目对次要市场的影响。次要市场之所以存在，就是因为主要市场上的商品有很多补充品和替代品，例如政府修建地铁可能会减少汽车市场乃至汽油市场的消费。次要市场如此之多，如果在成本效益分析中将每一个都纳入考量范围，工作任务将非常繁重。本章提出了一些规则，使得成本效益分析人员得以分门别类地探究次要市场的变动，尤其"在一定条件下可以忽略次要市场变动"的规则大大减少了成本效益分析的工作量。接下来我们就来探讨这些规则。

5.1　次要市场非扭曲时的处理规则

首先我们探讨次要市场非扭曲的情形，"非扭曲"指的是市场有效，或者说市场上没有税收，也没有外部性等让市场失灵的因素，从而市场价格恰好能反映社会边际成本。我们提出规则一：如果次要市场非扭曲，次要市场上的商品价格并未发生变化，并且主要市场上社会剩余的变动可衡量，那么就可以忽略次要市场上社会剩余的变化。

[①] 这一章的规则来自 Boardman et al.(2018)。大部分的成本效益分析教材不会进行这样细致的区分，但我们认为成本效益分析作为一个执行起来成本较高的经验学科，用一些规则可以降低工作量，还是不无裨益的。Gramlich(1990)和 Boardman et al.(2018)提出了主要市场和次要市场的区分，并提出一些可以将次要市场忽略的条件，这会很大程度减轻成本效益分析的工作量。虽然这些规则用一些比较静态的方法去处理一个一般均衡的问题，从经济学角度会有不能完美自洽之处，但仍然值得学习和采纳。

我们通过一个例子理解该规则：政府想在靠近市中心的位置修建一个人工湖，使得居民垂钓的总成本（包括垂钓本身的花销、时间成本和路费等）下降，主要市场是垂钓市场，次要市场包括渔具市场、高尔夫市场等，其中渔具是垂钓的互补品，高尔夫是垂钓的替代品。在本例中，以渔具市场为次要市场进行考量。我们首先考虑对主要市场的影响。假设供给曲线水平，新的人工湖不会引发拥堵，也不存在其他外部性，在这种情况下私人边际成本和社会边际成本相等。如图5-1所示，修建人工湖后总边际成本也就是供给曲线从 MC_{F0} 下降到 MC_{F1}，需求曲线 D_F 不变，供给曲线水平说明生产者剩余不变，成本下降使得消费者剩余增加 $abP_{F1}P_{F0}$，消费者剩余增加的部分属于项目收益。

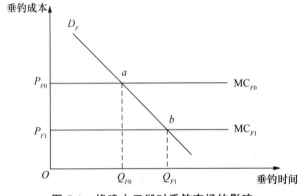

图 5-1　修建人工湖对垂钓市场的影响

我们接下来看修建人工湖对次要市场例如渔具市场的影响。如图5-2所示，由于垂钓的总成本降低，所以会有更多人愿意选择它作为休闲方式，对渔具的需求增加，需求曲线从 D_{E0} 右移至 D_{E1}，但这个项目可能使得渔具的需求增加有限，因而不会让渔具市场的价格发生改变，价格水平维持 P_{E0} 不变。渔具市场上的消费者剩余增加，然而这部分增加额并不属于政府修建人工湖的效益，不需纳入成本效益分析的计算。我们假设渔具市场上产品同质，垂钓者拥有一套渔具即可满足需求，已有渔具者不会再去重复购买，所以新增的消费来自以前没有参加过垂钓而现在想要参加的人，也就是新进入市场的人。这些新增垂钓者在考虑去垂钓时已经把购买渔具的成本和购买渔具的消费者剩余纳入考虑，也就是说新增的垂钓行为引发的消费者剩余增加额已经被主要市场的需求曲线 D_F 衡量。综上所述，如果把渔具市场上的消费者剩余增加视为项目收益，就会产生主要市场和次要市场重复计算的问题。因此，已知渔具市场非扭曲、渔具的价格水平未发生改变，且垂钓市场上的社会剩余可衡量，根据规则一，该次要市场上社会剩余的变化可以忽略。

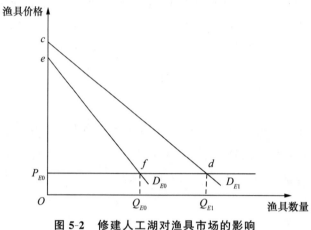

图 5-2 修建人工湖对渔具市场的影响

现在我们提出规则二：如果次要市场非扭曲，但其商品的价格发生了变化，也就是说主要市场对次要市场产生了干扰，与此同时主要市场上的社会剩余变化是通过观察到的均衡需求曲线计算的，那么仍然可以忽略次要市场上社会剩余的变化。

仍然使用修建人工湖的例子，此时考虑高尔夫市场这一次要市场。首先考虑修建人工湖对主要市场即垂钓市场的影响。如图 5-3 所示，在垂钓市场，修建人工湖前人们对垂钓的需求曲线为 D_{F0}、垂钓的总成本为 P_{F0}，现总成本下降到 P_{F1}，从而消费者剩余增加 $abP_{F1}P_{F0}$。接下来考虑修建人工湖对高尔夫市场的影响。如图 5-4 所示，高尔夫市场非扭曲，社会边际成本等于私人边际成本，都由供给曲线 S 体现。修建人工湖前消费者对高尔夫的需求曲线为 D_{G0}（对应主要市场上垂钓价格为 P_{F0} 的情形），现由于垂钓价格下降，高尔夫的相对价格上涨，吸引力降低，对高尔夫的需求曲线向左平移至 D_{G1}，从而市场出清点从 g 点向左下方移动到 f 点，因而生产者剩余降低四边形 $gfP_{G1}P_{G0}$ 的面积，消费者剩余增加额等于 $efP_{G1}P_{G0}$，其增加额不能弥补生产者剩余的下降，次要市场上的社会福利会受到影响，使得次要市场的净社会剩余减少 efg 的面积。然而这并不是分析的全部，因为高尔夫市场上商品价格的下降又会反过来影响对垂钓的需求（见图 5-3），主要市场上的需求曲线从 D_{F0} 左移至 D_{F1}，从而修建人工湖前后垂钓市场的出清点从 a 点变动到 c 点，a 点与 c 点的连线 D^* 为观察到的均衡需求曲线，即马歇尔需求曲线，"观察到的"主要市场上的消费者剩余变化其实并不是 $abP_{F1}P_{F0}$，而是 $acP_{F1}P_{F0}$，二者的差异 abc 就抵消了图 5-4 中次要市场上 efg 的面积，因此只要考虑到次要市场对主要市场的反向影响、用观察到的需求曲线来计算主要市场消费者剩余,同时次要市场非扭曲,就可以忽略次要市场的社会剩余变化,从而规则二得到了验证。

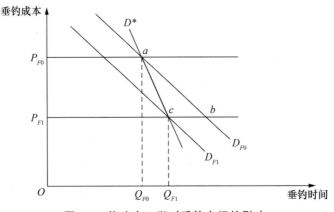

图 5-3 修建人工湖对垂钓市场的影响

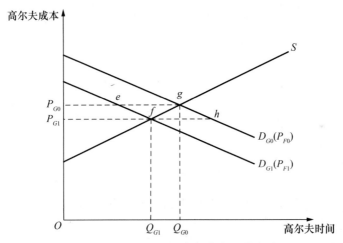

图 5-4 修建人工湖对高尔夫市场的影响

总之,虽然次要市场繁多,但只要这些市场上不存在税收和外部性等让市场失灵的因素,且主要市场上采用马歇尔需求曲线来计算社会剩余,就可以将这些次要市场的变动全部忽略,成本效益分析的工作量得以大大减轻。

需要指出的是,上述规则并不完美,Boardman et al.(2011)[①]用 1981 年日本

---

① 案例摘自 Boardman et al.(2011),Boardman et al.(2018)将这个例子删除了。这个例子引发争议的核心在于消费者剩余度量的计算,我们将在本章附录进一步阐述这个问题。由于消费者剩余是消费轨迹左侧的面积,而消费轨迹无法完全用一条静态的需求曲线衡量,导致这个规则无法完全自洽。

政府"自愿"限制对美国出口汽车的数量为例来探讨这一问题,主要市场上的商品是美国从日本进口的汽车,次要市场上的商品则是美国本土生产的汽车。如图 5-5 所示,日本汽车供给曲线为 S_J,美国对日本汽车最初的需求曲线为 D_J,市场出清点本为 g 点;后来在日本"自愿出口限制"下,供给曲线变为折线 hcP_J,即供给量有上限,此时出清点为 m,对应的价格为 P'_J。消费者剩余减少 $mgP_JP'_J$,假定美国国内把日本厂商的立场也考虑在成本效益分析内,那么 $mcP_JP'_J$ 代表的是价格上涨引起的消费者剩余向日本生产者剩余的转移,生产者剩余始终为 0,总的来看社会剩余下降 cmg。如图 5-6 所示,由于日本汽车供给量有上限,从而对美国本土汽车的需求曲线从 D_{US} 右移至 D'_{US},生产者剩余增加 $deP_{US}P'_{US}$,消费者剩余下降等于需求曲线 D'_{US} 右边的面积 $dfP_{US}P'_{US}$,从而次要市场的社会剩余减少 def;由于美国汽车价格上涨,对主要市场的反向影响是对日本汽车的需求

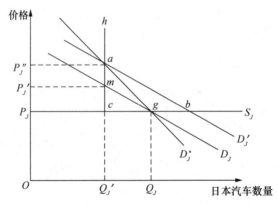

图 5-5 自愿进口限制对日本进口车市场的影响

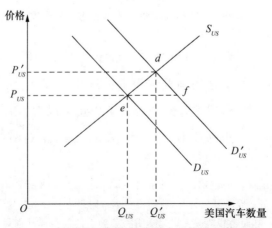

图 5-6 自愿进口限制对美国本土车市场的影响

会进一步上升,在图 5-5 中对日本汽车的需求曲线右移至 D'_j,实际观察到的市场出清点变化为从 g 到 a,观察到的需求曲线为 D''_j,观察到的消费者剩余减少为三角形 acg 的面积,也就是说原本主要市场上未考虑的三角形 amg 面积所代表的社会剩余变化恰好能够弥补图 5-6 中次要市场上社会剩余的减少量 def,因此本案例也证明了规则二的成立。然而问题在于不是所有人对社会剩余变化的计算都一致,有些学者认为是 cmg,有些学者认为是 abc,分歧产生的原因在于该体系试图用比较静态模型来进行一般均衡的分析,因此存在一些难以自圆其说的问题。当然,如本章开头所述,出于简化模型和方便分析的考量,我们认同规则一和规则二。

专栏 5-1

实践中对非扭曲次要市场的处理

当次要市场不存在扭曲但有价格变化时,如果主要市场用局部均衡曲线来衡量社会剩余,会存在不能完全自洽之处。Gramlich(1990)建议成本效益分析师忽略次要市场,而是使用可计算一般均衡模型(computable general equilibrium,CGE)来计算主要市场的一般均衡需求曲线。Boardman et al.(2018)认为忽略次要市场效应是合理的,因为经典的成本效益分析通过分析政策前后的价格和数量的组合来估计主要市场的需求,而这种变化包括次要市场任何价格变化的影响,间接为考虑次要市场效应的一般均衡方法提供了一个近似值。Gramlich(1990)和 Boardman et al.(2018)都认为成本效益分析可以通过使用一般均衡需求分析来抵消主要市场的误差。

Kotchen and Levinson(2022)对三个特定领域(含糖饮料税、重型卡车温室气体排放标准和产品警示标签)的研究进行了总结,并且研究了1997年以来对美国监管机构发布的《清洁空气法》(Clean Air Act,CAA)进行的 56 条监管影响分析(regulatory impact analyses,RIAs)中成本效益分析的内容。他们发现,除极少数例外,绝大部分的成本效益分析工作都忽略了次要市场,同时没有估算出主要市场的一般均衡需求。由此可见,大多数成本效益分析计算中没有实际将次要市场纳入一般均衡考虑,忽略了次要市场福利效应。

Kotchen and Levinson(2022)还用两个例子进行了数值计算,发现实际参数估计的情况下，忽略次要市场产生的误差非常小，甚至小于估计主要市场中的关键参数（如需求的自身价格弹性）产生的误差。第一个应用是墨西哥对含糖饮料征税的例子，其中次要市场上的商品是牛奶，属于含糖饮料替代品，忽略替代品牛奶市场福利效应只占到主要市场含糖饮料福利效应变化的0.032%。在极端情况下，如果次要市场需求完全无弹性，这一比率将增加到0.134%，但仍然非常小。第二个应用是对美国住宅供暖用燃油征税的例子，其中次要市场上的商品是天然气，属于燃油的替代品。在这个例子中，次要市场（天然气市场）的规模要大于主要市场（燃油市场）的规模，几乎是主要市场规模的四倍。此外，次要市场自身价格弹性较小，这些差异可能会导致如果忽略次要市场的福利损失，则误差范围将更大。但计算结果表明忽略次要市场的误差仍然很小，只有主要市场福利损失的0.28%。在这种情况下，可能是因为交叉价格弹性足够小，而次要市场的供求弹性足够大，使得燃油税对天然气价格的影响很小。

因此，在实践当中，忽略非扭曲的次要市场，并且用局部均衡曲线来衡量主要市场的社会剩余的变化仍被广泛采用和接受。

5.2 次要市场存在扭曲时的分析

若次要市场存在扭曲，则必须考虑项目对次要市场的影响，我们介绍以下两种情况：一是次要市场上存在外部性，二是次要市场上存在税收。

5.2.1 外部性

以渔具市场为例，假设该次要市场上存在负外部性，如对水质的负面影响。如图 5-7 所示，社会边际成本曲线与私人边际成本曲线之间的距离 x 即为负外部性的大小。以前消费者对渔具的需求量为 Q_{E0}，现在的需求量为 Q_{E1}，需求量的增加会引发负外部性的增加，即阴影部分的面积，该部分负外部性的增加在成本效益分析中不能忽略。

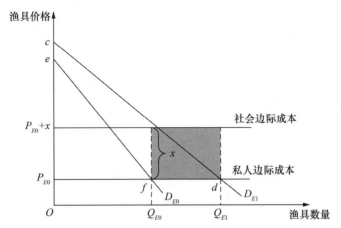

图 5-7 修建人工湖对渔具市场的影响(渔具市场存在负外部性)

5.2.2 税收

假设主要市场为牛肉市场,次要市场为鸡肉市场,次要市场上的税收一直存在,所以该市场存在扭曲。现假设政府考虑对原本无税的牛肉市场征税。图 5-8 中,左边是牛肉市场,原本的供给曲线为 $P=P_B$,在对主要市场加征税收后供给曲线上升到 $P=P_B+t_B$,从而消费者剩余下降 $A+B$,政府以税收的形式获得 A,生产者剩余不变,因此主要市场社会剩余损失 B,这就是征税的无谓损失。右边是鸡肉市场,原本的需求曲线为 D_{C0},供给曲线一直是 $P=P_C+t_C$,由于牛肉变得更贵,人们会更多地选择它的替代品,从而对鸡肉的需求曲线右移至 D_{C1},政府在鸡肉市场上获得的税收增加 $U+V$,生产者剩余不变,消费者剩余虽然增加,却不需要纳入考虑,因为理性人在决定放弃吃牛肉转而选择吃鸡肉时已经考虑到鸡肉市场的消费者剩余增加,因此次要市场上的生产者剩余与消费者剩余的变动都可以忽略,只有税收要纳入总的成本效益分析中。

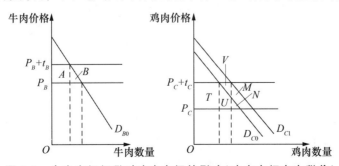

图 5-8 牛肉市场征税对鸡肉市场的影响(鸡肉市场存在税收)

综上，如果次要市场非扭曲，我们就可以忽略对次要市场的影响，这是因为：一方面，当次要市场非扭曲时，主要市场的社会剩余变动能够把次要市场社会剩余变动涵盖在内，因此额外考虑次要市场反而会造成重复计算；另一方面，当次要市场存在外部性或税收时，我们应该考虑外部性或者税收的变化。

【复习思考题】

1. 某国对进口原油加征关税。假设在加征关税之前，该国每年消耗7亿吨煤炭，全部在国内开采，价格为400美元/吨。假设下列情况是能源消费者从原油转向煤炭造成的，那么加征关税后，煤炭这一次要市场上的变化是否需要考虑？

   a) 煤炭年消费量增加3 000万吨，但煤炭价格保持不变。

   b) 煤炭年消费量增加3 000万吨，煤炭价格上涨至420美元/吨。在回答这个问题时，假设其他商品的价格（包括煤炭）在估计原油需求曲线时不是恒定值。

   c) 煤炭年消费量增加3 000万吨，煤炭价格上涨至420美元/吨。在回答这个问题时，假设其他商品的价格（包括煤炭）在估计原油需求曲线保持恒定值；假设煤炭的需求曲线是完全无弹性的。

   d) 煤炭的市场价格低于其边际社会成本，每吨低估60美元，因为煤炭硫含量很高，燃烧时会产生烟雾。在回答这个问题时，假设，如问题1的a)，即煤炭年消费量增加3 000万吨，但煤炭价格保持不变。

2. 为促进汽车消费、支持汽车产业发展，财政部与国家税务总局于2022年5月31日联合发文，对购置日期在当年6月1日至12月31日不含税单车价格不超过30万元的2.0升及以下排量乘用车，减半征收车辆购置税。新能源汽车仍然处于免征购置税的优惠期内（2022年12月31日截止），故本税收优惠政策的减征对象是燃油车。减税政策促进了燃油车的消费，同时会降低新能源汽车的销量。

   a) 考虑新能源汽车这一次要市场，不考虑外部性，请进行成本效益分析。

   b) 若新能源汽车税收优惠不再延续，但燃油车税收优惠继续推行，重新进行成本效益分析。

   c) 燃油车销量增加，引发汽油消费量上升，考虑汽油燃烧对环境的负外部性,进行成本效益分析并画图说明。

附录5A 消费者剩余的计算

本章我们讲解了Boardman et al.(2018)把项目影响的市场分为主要市场和次要市场,并提出一些可以大幅减少成本效益分析工作量的决策规则,但实际上这些规则推导有不完美的地方。正如Boardman et al.(2018)所说,这种分析是用比较静态的分析方法在实务当中去处理一个一般均衡的问题。在本章附录中我们尝试找到一些其他学者的分析来补充理解这章的内容。

5A.1 消费者剩余和需求曲线

我们先介绍在兰德公司出版的《消费者剩余、需求曲线与政策分析》(*Consumer Surylus, Demand Functions, and Policy Analysis*)中的一些重要观点[Camm(1983)]。一般我们把消费者剩余定义为需求曲线以下的面积,但本书提出只有在商品没有互补品和替代品或者商品价格变化不会使其他商品价格发生改变时,才能用需求曲线下方的面积表示消费者剩余的变化。在这样的严格假设下定义的消费者剩余,在现实生活中是很难实现的。

现实中,消费者剩余并不是需求曲线下方的面积,而是消费轨迹左侧部分的面积。从消费者剩余的计算公式出发,可对这一观点进行简单证明。我们在介绍支付意愿时,认为支付意愿等于消费者剩余与消费者支出的总和,通过移项可以得到,消费者剩余的变化等于支付意愿的变化减去消费者支出的变化,即

$$\Delta CS = \Delta WTP - \Delta CE \tag{5A-1}$$

假设某种商品i的价格为P_i,需求量为X_i。当消费量的变化量为ΔX_i时,根据定义可知,支付意愿变化值为价格乘以消费量的变化量,即$P_i \times \Delta X_i$。消费者支出量的变化为价格与消费量乘积的变化量,即$\Delta(P_i \times X_i)$。代入式(5A-1),得到消费者剩余的变化可以表示为

$$\Delta CS = P_i \times \Delta X_i - \Delta(P_i \times X_i) \tag{5A-2}$$

对$\Delta(P_i X_i)$求全微分并代入式(5A-2),可得消费者剩余变化近似为

$$\Delta CS = P_i \times \Delta X_i - \Delta(P_i \times X_i) = P_i \times \Delta X_i - (X_i \times \Delta P_i + P_i \times \Delta X_i)$$
$$= -X_i \times \Delta P_i \tag{5A-3}$$

可见,消费者剩余变化是价格变化与消费量的乘积,也就是消费轨迹左侧面积的加总。当需求曲线发生移动时,消费者剩余计算比较复杂。

5A.2 主要市场价格不变时消费者剩余的衡量

一些成本效益分析的教科书没有像 Boardman et al.(2018)把项目影响的市场分为主要市场和次要市场,并提出一些忽略次要市场上社会福利变化的衡量规则。这种情况下一般都假设次要市场的价格变化不会反过来对主要市场价格产生影响。例如在 Mishan and Euston(2020)提出在做成本效益分析时,讨论商品 x 的需求曲线中强调的其他条件不变体现在与商品 x 密切相关的其他商品的价格不变。因此,尽管大量购买其他商品(包括与商品 x 相关的商品 y 和 z),消费者剩余的变化的测度并不因此受到影响。只有当相关商品 y 和 z 的价格变化会使得 x 的价格发生变化时,商品 x 的价格变化导致的消费者剩余变化才需要被衡量。

假设经济中生产成本暂时不变,y 是 x 的重要替代品,x 的价格下降将导致其他条件不变的 y 的需求曲线左移。现在 y 的需求曲线下的这一部分面积是获得 y 的消费者剩余(y 的价格不变,x 的价格下降)。y 的消费者剩余面积缩小符合常理,因为随着其替代品 x 的价格下降,消费者对商品 y 的依赖将降低。在图 5A-1 和 5A-2 中,每一种商品的初始需求曲线是实线。$D_x E_x$ 是 x 的需求曲线(商品 y 的价格固定为 p_y),$D_y E_y$ 是 y 的需求曲线(商品 x 的价格固定为 p_{x1})。如果现在由于某种生产方式的改进,x 的价格从 p_{x1} 下降到 p_{x2},那么 y 的需求曲线从 $D_y E_y$ 下降到 $D'_y E'_y$。在价格 p_y 不变的情况下,y 的需求量 OB 低于 x 价格下跌之前的需求量 OC。

x 的价格下降时,消费者福利会提高。即使他们不得不购买 x 价格下降之前相同数量的 x 和 y,其情况依然会变得更好。但他们会购买更多的 x 和更少的 y 以进一步提高福利。当他们的行为发生这样的变化时,我们如何计算这些消费者剩余?消费者剩余收益的衡量完全由图 5A-1 中原价格 P_{x_1} 和新价格 P_{x_2} 之间的阴影部分表示,假设所有其他商品的价格保持不变,特别是替代品 y 的价格不变,阴影部分衡量了消费者愿意为 x 价格下降而付出的最大代价[①]。

---

① 这个结论符合 Boardman et al.(2018)提出的次要市场非扭曲时,次要市场福利变化可忽略的规则一。

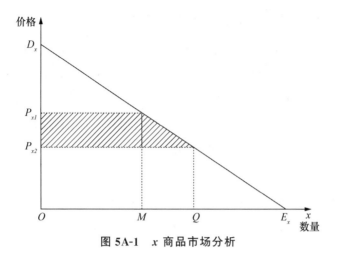

图 5A-1 x 商品市场分析

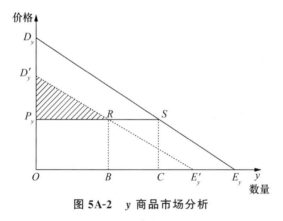

图 5A-2 y 商品市场分析

图 5A-2 中的阴影部分代表 y 的价格为 P_y，而 x 的价格是 P_{x_2} 时的消费者剩余。这个三角形是当 x 的价格为 P_{x_2} 时，消费者为 OB 单位的 y 所愿意支付的最高价格（$OD'_y RB$）与他们为 OB 单位的 y 所支付的价格（$OP_y RB$）之间的差额。需要特别注意的是有关消费者剩余下降的这一阴影三角形部分的解释：x 的价格降低时，y 的需求曲线发生移动。区域 $P_y D_y S$ 所体现的消费者剩余（与 x 的原先价格 P_{x_1} 相对应）变为三角形 $P_y D'_y R$（对应 x 的新价格 P_{x_2}）。减少的面积等于 $D'_y D_y SR$，它并不被认为是由于 x 的价格从 P_{x_1} 下降到 P_{x_2} 所导致的消费者剩余损失。减少的部分是消费者从消费 y 转换到消费价格更低的 x 所产生的结果。

5A.3 几种商品价格都变化时消费者剩余的衡量

这一小节我们利用局部均衡分析的方法来对两种或两种以上相关商品的价

格连续或同时变化所产生的消费者剩余变化进行衡量。

Hicks(1956)展示了如何测量同时引入的两种或两种以上的替代品(如燃气和电力)的消费者剩余。假设以给定的价格 P_g 将燃气引入一个没有电的地区。图 5A-3 中的三角形阴影部分可以用来衡量由此产生的消费者剩余。如果在这个事件之后,电力以 P_e 价格引入(见图 5A-4),当燃气以一个固定价格 P_g 提供时,电力需求曲线 $D_e E_e$ 显然比没有燃气的情况下更低。因为消费者已经从燃气中获得很大好处,引进一个相当接近的替代品相比一开始就没有燃气而言并不能带来更为明显的福利水平提升。在燃气使用区域引入电力给消费者带来的额外收益由图 5A-4 中的阴影三角形给出。这两个三角形的总和衡量的是分别以 P_g 和 P_e 价格提供燃气和电力的消费者剩余。

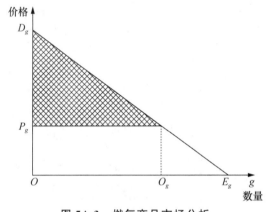

图 5A-3　燃气商品市场分析

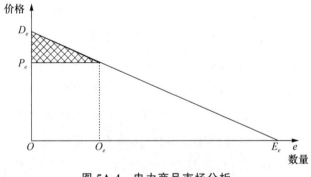

图 5A-4　电力商品市场分析

若改变燃气和电力引入的顺序,消费者剩余的总和应该不变。

这种加总消费者剩余的方法可以扩展到三种或三种以上的商品,如果所讨论的商品是互补品而不是替代品,这种方法也同样有效。例如,如果燃气和电力是互补的，燃气价格的下降将抬升电力的需求曲线。

对同时取消两种或两种以上货物供应的分析是完全对称的。因此，再次假设燃气和电力是接近的替代品，如果电力首先从市场上撤出，而燃气仍然以原来的价格 P_g 随时可用，消费者剩余的损失由图 5A-4 中的阴影三角形给出。由于燃气是一种替代品，燃气的需求曲线在电力退出后向右移动。燃气的最终消费者剩余变成图 5A-3 中的阴影三角形部分，即先前以 P_g 的价格获得的燃气也从市场上撤出时所承受的损失。

该方法可以进一步扩展到价格同时变化的情况。再一次假设电力和燃气互为替代品，并且两者的价格都上涨。在电力价格（暂时）不变的情况下，燃气价格从 P_{g1} 上涨到 P_{g2} 所造成的消费者剩余损失如图 5A-5 中的阴影部分所示。作为燃气价格上涨的直接结果，电力需求曲线现在从 D_eE_e 向 $D'_eE'_e$ 移动，如图 5A-6 所示。如果经过这一调整，电价从 P_{e1} 上升到 P_{e2}，消费者剩余的进一步损失即图 5A-6 中的阴影部分。当替代品的价格更高时，电力价格上涨导致的消费者剩余损失就会更大。替代商品越少或越贵，商品的价格是否上涨就越重要，反之亦然。

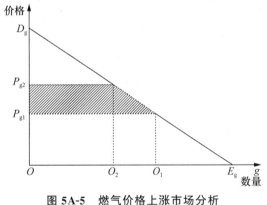

图 5A-5　燃气价格上涨市场分析

如果燃气和电力为互补品，那么燃气价格的上涨会导致电力需求曲线向内偏移。因此，任何伴随电价上涨的消费者剩余的额外损失，都比燃气价格一开始没有上涨时要小。燃气价格的最初上涨会让电力在作为燃气的互补品时用处更小，而在作为燃气的替代品时用处更大。

读者可能会认为，对于两种或两种以上商品的价格连续或同时下跌，分析是对称的。然而需要注意的是"路径依赖"问题的存在，即当消费者剩余增加时，消费者的总剩余变化可能和价格变化的顺序有关。但是，这些价格变动被认为是同

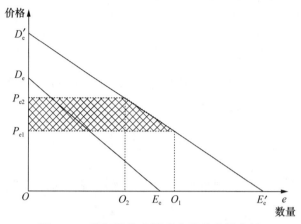

图 5A-6　燃气价格上涨电力商品市场分析

时发生的。

目前为止,我们一直保持所有商品的供应价格不变。现在消除这个简化条件,上述分析方法依然适用于供给曲线向上或向下倾斜的情况。因为,如果任何商品 y 与商品 x 相关,如果 x 的价格有外生变化,那么 y 的均衡价格也会受到影响。

考虑两种商品的情况,价格因外生原因下降的商品,比如电力,有恒定的成本,而相关商品,比如替代电力的燃气,则没有恒定的成本。使用价格顺序变化的方法,电价从 P_{e1} 下降到 P_{e2},消费者剩余增加,如图 5A-7 中的阴影部分所示。但是,电价的下降导致了燃气需求曲线从 DD 向左移动至 $D'D'$,如图 5A-8 所示。如果我们假设燃气供给曲线是向上倾斜的,那么燃气的均衡价格由 P_g 下降至 P'_g。结果,向下倾斜的电力曲线也会有向左移动,然而,这部分变化我们暂时忽略。

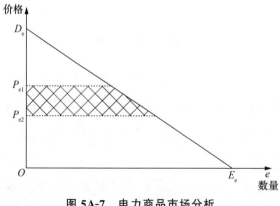

图 5A-7　电力商品市场分析

将图 5A-8 中的阴影部分与图 5A-7 中的阴影部分相加,即可得到因电价的最初下降加上进一步导致的燃气均衡价格下降而产生的总福利增量。

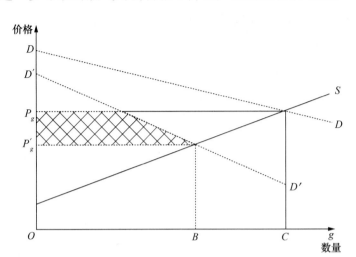

图 5A-8　电力商品市场分析

首先,图 5A-7 中的阴影部分表示燃气价格为 P_g 时,电力价格下降而产生的消费者剩余增量。其次,图 5A-8 中的阴影部分表示消费者剩余的进一步增量。由于燃气均衡价格从 P_g 降至 P'_g,而电力价格保持在 P_{e2}。这两个部分的总和是消费者在电力价格从 P_{e1} 降至 P_{e2} 后支付意愿的衡量,结果,燃气价格也将从 P_g 降至 P'_g。该分析的延伸表明,如果燃气的供给曲线是向下倾斜的,其需求曲线的左移(与电力价格的下降有关)将导致燃气的均衡价格更高,从而导致消费者剩余的损失,即从图 5A-7 中的阴影部分中减去这一部分。这两个区域之间的差异衡量了当电力价格从 P_{e1} 下降到 P_{e2} 消费者支付意愿的变化,最后导致燃气的价格上涨。

当两种商品互为互补品时,这一分析方法仍然适用。例如,如果现在燃气与电力为互补品,电力价格的下降将导致燃气需求曲线向外偏移。假设燃气的供应曲线是向上倾斜的,则需求曲线的向外偏移提高了燃气的均衡产量和价格。燃气价格的上涨带来了消费者剩余损失,而这一损失必须从电力价格的最初下降所产生的消费者收益中减去。

反之,如果燃气的供应曲线是向下倾斜的,其需求曲线向外移动由最初的电价下降引起,导致燃气的产量和均衡价格下降。在电价下降导致的消费者剩余增加的基础上,现在又增加了燃气的消费者剩余。

为了引入一点更复杂的情况,让电力和燃气的供应曲线都向上倾斜。现在的结论是,燃气价格的下降(由电力价格下降导致的需求曲线向内移动)本身会使得电力需求曲线的向内移动,导致价格的下降,导致消费者剩余变化。当这样的变化无限进行下去时,这两条需求曲线的相互影响所导致的变化会变小,并收敛到燃气和电力的新均衡价格。

第 6 章　　社会贴现率

【本章学习目标】
- 从消费和投资两个维度理解贴现的存在。
- 掌握社会机会成本法。
- 掌握社会时间偏好法。
- 掌握资本的影子价格法。
- 理解长期项目中贴现率将随时间下降。

在之前的章节中，我们讨论了应该如何计算成本和效益以及哪些成本和效益需要计算、哪些可以忽略等问题，本章进入一个新议题，那就是对社会贴现率(social discount rate,SDR)的取值。贴现问题产生的第一个原因在于人们天然有时间偏好——人们往往更偏好当下的收益而非未来的等量收益，也就是中国人所说的"落袋为安"；第二个原因在于投资具有时间价值，即投资是有收益的，如果把当下消费的一部分钱节省下来、投资出去，在未来能享受更高的消费额。贴现率的取值需要综合时间偏好和时间价值。

政府承办的项目很多时候是长期项目，大型基建类项目更是如此。对于长期项目，贴现率的高低很可能在项目通过与否中起到决定作用，低贴现率代表未来的现金流与当下的现金流几乎同样值钱，从而人们更偏好总效益更高的项目，即使效益产生较晚也没有太大影响；而高贴现率说明给予未来成本效益的权重相对较小，往往使得效益产生较晚的长期项目难以通过。并且社会贴现率的取值在不同国家之间、同一国家的不同部门之间往往都因实际情况有别而存在一定差异。由于项目利用的是社会资本，所以需要计算出对整个社会而言的贴现率。近年来有些学者提出用问卷的方式得出社会贴现率，但这种方法的缺点在于人们的回答往往难以刻画自己在市场上的真实表现，因而问卷法未被广泛接受。本章介绍几种经典的做法供读者参考，在本章的模型中如果没有特殊说明，都默认是完美市场,即无税收、无交易成本、无流动性约束、无融资成本等,因而每个人面临的市场利率相同。

6.1 理解贴现

6.1.1 边际时间偏好率——从消费的角度来理解贴现

相同数量的当期消费和未来消费之间,人们往往偏好于当期消费,经济学家称之为时间偏好。边际时间偏好率(marginal rate of time preference,MRTP)指的是当消费者对一定数量的下一期消费和当期消费偏好无差异时,下一期消费量比当期消费量多出的部分占当期消费量的比例。如图6-1所示,在完美市场中,一个消费者只有一笔收入 T,他可以选择当期消费,也可以选择将这笔钱用于投资,在下一期消费 $T(1+i)$,其中 i 为市场利率,斜率$=-(1+i)$的线即为此人的预算约束线。当期消费与下一期消费的无差异曲线为 U^1,由于边际效用递减,无差异曲线的形状凸向原点,当期消费过低时(U^1 左上方的点)边际时间偏好率非常高,高于市场利率,此时个人会选择借钱满足当期消费,只要个人的状况处于 A 点上方,个人就会始终选择增加当期消费、减少下一期消费,直到边际时间偏好率与 i 相等时,无差异曲线与预算约束线相切,就达到了当期消费与下一期消费的均衡;类似地,下一期消费过低时(U^1 右下方的点)边际时间偏好率非常低,低于

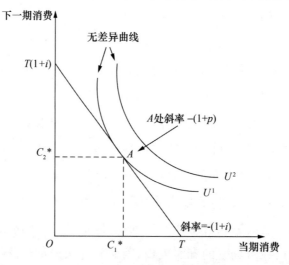

图6-1 边际时间偏好率的确定

市场利率，个人会将自己拥有的钱借给别人从而减少当期消费、增加下一期消费，直到边际时间偏好率与 i 相等。理想状况下所有人面临的情况都相同，所以每个人的边际时间偏好率都等于市场利率 i，因此将市场利率 i 作为社会贴现率是恰当的。

6.1.2 边际投资回报率——从投资的角度来理解贴现

我们现在分析一个包含生产的两期封闭经济体。如图 6-2 所示，连接 T 和 S 的曲线为个人当期消费和下一期消费的消费可能性边界，假设个人消费位于 X 点，则 C_t^* 部分为其当期消费，$T-C_t^*=I_t$ 部分用于投资，投资带来的未来消费额为 $R+I_t=C_{t+1}^*$。个人状态从 T 到 S 代表一个人会把第一笔投资的钱用于回报最高的项目，第二笔钱用于次高的项目，随着用于投资的钱越来越多，高回报的项目越来越少，投资回报率会越来越低，直到 S 点处当期消费为 0、没有余钱再用于投资。而消费可能性边界的斜率可以用于衡量边际投资回报率，因此从 T 到 S，消费可能性边界斜率的绝对值不断减小。理性人会在当期的消费与投资之间做出平衡，权衡取舍的依据就是社会无差异曲线与消费可能性边界的切点。社会无差异曲线的斜率可用于衡量边际时间偏好率，当边际投资回报率高于边际时间偏好率时，个人会减少当期消费、转而用于投资，如图中 Z 点，随着市场上用于投资的钱越来越多，投资回报率会递减，直到边际投资回报率降到与边际时间偏好率相等时，压缩消费的行为停止，个人达到效用最大化的状态，如图中 X 点。理

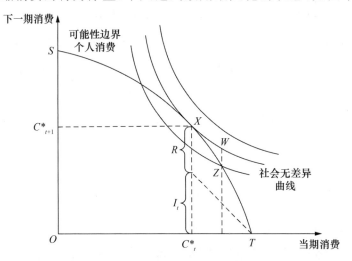

图 6-2　边际投资回报率的确定

想状态下所有人面临的情况相同,所以投资回报率就等于市场利率,即以市场利率作为成本效益分析的社会贴现率。

然而,以上两种情况都有一个前提条件,那就是人们处于完美的市场中。但该假设在现实生活中几乎不可能成立,市场的不完美体现在方方面面——不同消费者面临的税率、风险、交易成本、融资成本、预算约束都是不同的,因此并不是每个人借贷的利率都一致,恰恰相反,市场上对不同参与者有很多不同的利率水平,即使是同一消费者在不同时间或从事不同行为都要面临不同的利率,如购买第一套房与第二套房的差异。因此,市场上太多市场利率存在,无论是从时间偏好角度考虑还是从投资角度考虑,都无法找到唯一一个市场利率来做社会贴现率的良好衡量。

6.2 资本的社会机会成本法

政府项目资金可能有多种来源,例如通过向居民征税筹集资金,但可能会挤占居民消费;也可以通过发行国债筹集资金,但可能会影响私人投资。一笔钱原本可获得的投资回报就是占用这笔钱的机会成本,这也就是资本的社会机会成本(social opportunity cost,SOC),社会机会成本法由 Arnold(1969)提出。如图 6-3 所示,当不存在税收和交易成本时,资金的需求曲线为 D_0,需求者是诸多需要进行投资的厂商;供给曲线为 S_0,资金供给者是消费者,消费者通过储蓄来提供资金。现在考虑存在企业所得税和个人所得税的情况,此时资金的需求曲线为 D_t,供给曲线为 S_t,原本边际投资回报率为 ROI,开征企业所得税后投资回报率 i,显然会是一个低于 ROI 的数值,因此厂商若以 ROI 的利率借入资金会导致亏本,厂商最多愿意付出利率为 i 的融资成本。类似地,如果只能为消费者的储蓄提供税后边际回报率 CRI,由于个人所得税的存在,消费者不愿意放弃当期消费进行投资,为了覆盖个人所得税,消费者至少要求利率为 i 的投资回报,综合供给方与需求方来看,市场会在利率 i 处出清。政府新承办一个项目需要资金,使得资金需求曲线从 D_t 右移至 D'_t,市场出清的利率水平从 i 变为 i',$\Delta I + \Delta C$ 是政府占用的资金,其中 ΔI 来自因利率上升而导致的私人厂商投资减少,ΔC 来自因利率上升而导致的消费减少、储蓄增加。政府占用的资金要么来自私人厂商投资被挤出,要么来自消费者的储蓄增加,因此机会成本 SOC=a×CRI+b×ROI,其

中 $a=\Delta C/(\Delta I+\Delta C)$,$b=\Delta I/(\Delta I+\Delta C)$,即 a、b 分别为两种资金来源占的比例。延伸来看,上述结论仅限于封闭市场,而在开放经济下借入国外资本也是一种融资方式,此时公式变为 $SOC=a\times CRI+b\times ROI+c\times CFF$,其中 CFF 为从国外借债的边际成本,$a$、$b$、$c$ 分别为三种融资方式的权重。

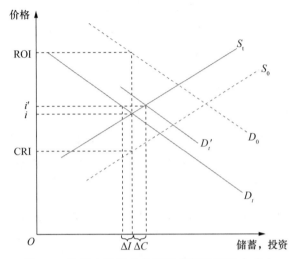

图 6-3 政府占用资金的可能来源及其机会成本

最好的做法当然是对每个项目都能确定 a、b、c 具体的值,但实际上这非常困难。接下来我们介绍几种特例,需要注意的是这些特例都为简便计算而做出了一些简化,因此都有一定的局限性,在现实中不是完全可取的。

(1) 假设 $b=1$,则 $SDR=ROI$:若完全用国内发债的方式,则只挤出私人投资,$b=1$。事实上这种做法是不现实的,因为 ROI 较高,用它作为社会贴现率会导致大多数政府项目无法通过,从另一个方向去理解,如果私人厂商都能通过该项目盈利,就不需政府的参与,因此取私人投资回报率 ROI 为社会贴现率不够合适。

(2) 若完全用向国外借款的方式,则 $c=1$,用向国外借债的利率作为社会贴现率:这种做法从财务的角度来看是合适的,因为财务成本就等于借债成本,但从机会成本的角度来看未必合适,因为很难保证国际借债完全不对国内消费和投资产生影响,从而 a 和 b 未必为 0。

(3) 若完全用税收融资的方式,则只挤出消费,$a=1$:现实中存在税收转嫁的问题,即使完全向消费者征税,税负的经济归宿也可能不同于法定归宿,因此也会影响企业的借贷成本。

一般情况下,储蓄的税后边际回报率 CRI 通常用长期国债回报率来衡量,边际投资回报率 ROI 通常用 AAA 级企业债回报率来衡量。David and Richard(2011)通过对美国数据的整合计算提出,$a=0.10$,$b=0.54$,$c=0.36$,$CRI=1.2\%$,$ROI=6.8\%$,$CFF=2.6\%$,从而计算出 SOC 约为 5%。中国的社会贴现率可能比该值略高一些,根据国家发展和改革委员会与建设部 2006 年通过的《建设项目经济评价方法与参数》(第三版),中国的社会贴现率为 8%。但考虑到近年我国经济增长放缓,可以考虑调低社会贴现率。

资本的社会机会成本法有以下局限性:

(1) 权数 a、b、c 很难估计;

(2) 不同项目的融资方式不同,用统一的权数进行计算会产生误差;

(3) 理论上要求 ROI 是边际投资回报率,但生活中计算出的往往是平均投资回报率;

(4) 对 ROI 的估计包含了风险溢价,用这个标准要求政府项目会使很多项目无法通过;

(5) 难以对 CRI 进行准确估值,因为不同人在借贷时面临的利率不同,并且还有人同时进行储蓄和借款;

(6) 一些人在不同项目中和不同时间点上放弃当期消费的倾向不同;

(7) 该方法没有给未来的人任何发言权。

由于机会成本法存在一系列缺陷,宏观经济学家从理论上更能接受社会时间偏好法。

6.3 社会时间偏好法

社会时间偏好法(social time preference,STP)由拉姆齐提出(Ramsey,1927),社会时间偏好率 $STP=\rho+g\varepsilon$,其中 ρ 为纯时间偏好率,它天然为正,是贴现存在的原因之一;g 为消费增长率,即为了保持效用水平不下降,需要未来的消费量增加,是贴现存在的另一原因;ε 是常数。如图 6-4 所示,纯时间偏好率 ρ 体现在人们更偏好当期消费,C_t 往往会大于 C_{t+1}。

Boardman et al.(2018)根据对美国的实证研究提出,$g=1.9\%$,$\varepsilon=1.35$,$\rho=1.0\%$,从而美国社会时间偏好率的基准值为 3.6%。假设所有投资流最终会

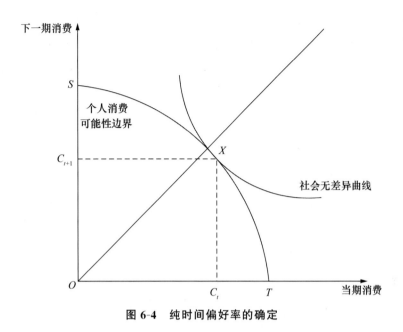

图 6-4 纯时间偏好率的确定

变成消费流,我们就可以用社会时间偏好率对消费进行贴现。但投资到消费的"转变"如何实现,在此引入资本的影子价格(the shadow price of capital,SPC)这一概念。资本的影子价格是指挤占投资会比挤占消费的成本更高,因为资本在未来还会存在回报,投资乘以资本的影子价格后变成等价的消费。

假设有一单位的资本,只消费投资收益而本金永远用于投资;假设资本没有折旧,投资收益也不会再投资。单位投资可以获得每期消费 ROI,且可永续,单位投资获得的消费的现值和即为这一单位投资现在立即消费的机会成本。根据永续年金收益现值和的计算公式 SPC=ROI/STP,它会是一个大于 1 的数值。

假设资本没有折旧,但投资收益 ROI 中一部分可以用于再投资,第一期的收益为 ROI,f 为再投资率,即再投资的部分为 $f×$ROI,剩下的部分 $(1-f)×$ROI 用于消费。则第二期可以用于投资的金额为初始投资 1 加第一期收益的再投资部分 $f×$ROI,第二期的收益减去用于再投资的部分等于第二期的消费 $(1+f×$ROI$)×$ROI$×(1-f)$,接下来的每一期都按此规律进行,而我们用社会时间偏好率 STP 来对所有的消费流进行贴现,通过等比数列对每一期的消费进行求和得到:SPC$=(1-f)×$ROI$/($STP$-f×$ROI$)$。

在美国,根据历史数据,一般认为 STP$=3.5\%$,ROI$=6.8\%$,f 约为 12.8%,因此计算出的 SPC 约为 2.2,这表示如果把一单位当期消费用于投资,在未来能获得的消费可达到2.2单位。

利用时间偏好率法计算项目效益净现值一般按照如下步骤进行:第一步是确定成本与效益中哪些影响投资、哪些影响消费;第二步是把影响投资的量全部乘以资本的影子价格,从而将其换算为消费的等价物;第三步是将所有同一时间点上消费的等价物和消费本身进行加总,最后用社会时间偏好率进行贴现。这种方法存在以下局限性:

(1) 难以对政策制定者解释该方法的运作过程;

(2) 所需要的参数和信息太多,包括STP、ROI、再投资率等,它们的取值复杂并且较为主观;

(3) 很难确定一笔钱影响的到底是投资还是消费。

6.4 随时间推移而下降的贴现率

在中短期项目中,我们经常假设贴现率不随时间变化。但可能由于以下原因,长期项目的贴现率往往会随时间推移而下降:

(1) 个人经常表现出时间不一致性,多数人有时间偏好,也就是说贴现率随时间下降。例如人们会采用住房抵押贷款来购买房产,用消费贷来装修房屋,而消费贷的利率往往会高于长期住房抵押贷款的利率。

(2) 如果一直用固定贴现率,周期很长的环境、健康等领域的项目会难以通过,例如现在花一笔钱应对数百年后的大灾难。

(3) 固定贴现率使得将来的人的收益现值非常小,相当于忽视了这些人的收益。

短期和代内的项目中可以忽略贴现率的下降,一般在长期的、代际的项目中必须考虑贴现率的变动。一个项目是否有代际影响很难有明确的界定,一般来说我们经常把超过50年的项目认为是"长期"项目,会影响代际分配。在美国实践中,经常在0—50年间贴现率取值3.5%,50—100年间贴现率取值2.5%,100—200年间贴现率取值1.5%,200—300年间贴现率取值0.5%,以后均取值为0,即不需再贴现,而是采用自然对数的计算方式,即第n年的收益为R,则其现值为$R \times e^{-ni}$,其中i为该年度对应的贴现率。我国50年内的基准贴现率更高,之后年份的贴现率可以考虑在基准贴现率基础上分段下调。

【复习思考题】

1. 某城市计划修建一个公共网球馆,总投资为 600 万元,建设期为 1 年,假设网球场使用寿命为 10 年,10 年后残值为 50 万元。网球场每年维护费用为 20 万元,使得居民的效益每年增加 120 万元。假设所有的政府支出都是以牺牲私人投资为代价的。假设社会边际时间偏好率为 1.5%、私人投资边际收益率为 4.5%、资本影子价格为 1.3。假设成本和收益发生在各期期初,使用下列每一种方法计算项目的净收益现值。

a) 以私人投资的边际回报率贴现;

b) 以社会边际时间偏好率贴现;

c) 使用资本的影子价格法贴现。

2. 某市级公共住房机构的分析师对贴现率的选择给出解释如下"我们的机构通过国家发行的债券为其资本投资提供资金。我们为债券支付的实际利率是机构将收入从未来转移到现在所面临的成本"。因此,这是该机构在评估不同的投资方案时采纳的适用贴现率。试评价这个说法是否合适。

3. 假设一个项目将在 500 年后获得 1 万亿元的收益,从而避免了一场在当时可能发生的环境灾难。

a) 假设贴现率固定为 2.5%,计算这些收益的现值;

b) 使用以下的随时间下降的贴现率时间表计算这些效益的现值:第 1—50 年,3.5%;第 51—100 年,2.5%;第 101—200 年,1.5%;第 201—300 年,0.5%;以后为 0。

附录 6A 社会时间偏好法的贴现率推导

假设社会福利函数 W 等于各期消费效用的现值和,$U(c_t)$ 是效用函数,$e^{-\rho t}$ 是 t 期消费贴现到基期的贴现因子,其中 ρ 是由于纯时间偏好对未来消费进行贴现的贴现率。如第 6.1 节所述,贴现的原因不仅是时间偏好,我们定义社会时间偏好率 STP 为对未来消费进行贴现的贴现率。社会福利函数如式(6A-1)所示。

$$W = \int_0^\infty e^{-\rho t} U(c_t) dt \tag{6A-1}$$

x_t 是 t 时刻放弃 1 单位消费的效用损失。

$$x_t = \mathrm{d}W^* / \mathrm{d}c_t^* \tag{6A-2}$$

注意,此时所有的偏离都是基于一条给定了的最优消费路径 c_t^*。假设在 t 时刻我们在最优路径上的 c_t^* 消费的基础上放弃了1单位消费,那么效用会变成 $W^* - x_t^*$。在时间点 X,社会需要至少 $1+\mathrm{STP}_X$ 单位的未来消费,才会放弃1单位当期消费。现在考虑一个未来的时刻 $t+\mathrm{d}t$,在那个时候同样也存在一个 $x_{t+\mathrm{d}t}$,即在 $t+\mathrm{d}t$ 时刻放弃/增加1单位消费而造成的效用损失/增加。现在如果我们要通过在 $t+\mathrm{d}t$ 时刻增加消费来弥补 t 时刻损失的效用(损失量为 x_t^*),那么除了需要按照最优路径消费 $c_{t+\mathrm{d}t}$,还需要额外增加数量为 $x_{t+\mathrm{d}t}$ 的消费来弥补损失量为 x_t 的效用。也就是说,我们用 $t+\mathrm{d}t$ 时刻额外的数量为 $x_{t+\mathrm{d}t}/x_t$ 的消费增加才能至少弥补在 t 时刻1单位的消费减少。那么这个数量可以表示为:

$$\frac{x_{t+\mathrm{d}t}}{x_t} = \frac{x_t + \dfrac{\mathrm{d}x_t}{\mathrm{d}t}\mathrm{d}t}{x_t} = 1 + \mathrm{STP}_t \mathrm{d}t \tag{6A-3}$$

第6.3节中 STP 的表达式即按照这样的定义进行推导。

现在在 t 时刻减少1单位消费造成了 x_t 单位的效用现值损失,那么在 $t+\mathrm{d}t$ 时刻应该增加多少消费才能弥补 x_t 单位的效用现值?已知 $t+\mathrm{d}t$ 时刻每增加1单位消费会造成 $x_{t+\mathrm{d}t}$ 单位效用现值的增加,那么上述问题可表示为:

$$1 \times x_t = x_t = ? \times x_{t+\mathrm{d}t} \tag{6A-4}$$

$$? = x_t / x_{t+\mathrm{d}t} \tag{6A-5}$$

对于给定时间间隔 Δt 而言,有近似:

$$x_{t+\mathrm{d}t} \approx x_t + \frac{x_{t+\Delta t} - x_t}{\Delta t} \times \Delta t \tag{6A-6}$$

取极限 $\lim\limits_{\Delta t \to 0}$ 有:

$$x_{t+\mathrm{d}t} \approx x_t + \frac{\mathrm{d}x_t}{\mathrm{d}t}\mathrm{d}t \tag{6A-7}$$

所以才有:

$$\frac{x_t}{x_{t+\mathrm{d}t}} = \frac{x_t}{x_t + \mathrm{d}x_t/\mathrm{d}t\,\mathrm{d}t} = \frac{1}{1 + \mathrm{d}t \dfrac{\mathrm{d}x_t}{\mathrm{d}t}\bigg/x_t} = \frac{1}{1+\mathrm{STP}_t \mathrm{d}t} \tag{6A-8}$$

即意味着:当在 t 时刻(在 c_t 基础上)减少1单位消费,需要在下一时刻 $t+\mathrm{d}t$(在 $c_{t+\mathrm{d}t}$ 的基础上)增加 $\mathrm{STP}_t \mathrm{d}t$ 单位消费来弥补损失的效用。这里增量由类似贴现的形式表示,刻画了无差异曲线上 t 时刻和 $t+dt$ 时刻的两个点,而 STP 所在的位置就因此被称为时间偏好。根据式(6A-1)可分别求出 x_t 和 $\dfrac{\mathrm{d}x_t}{\mathrm{d}t}$:

$$x_t = \mathrm{e}^{-\rho t} U'(c_t) \tag{6A-9}$$

$$\frac{\mathrm{d}x_t}{\mathrm{d}t} = -\rho \mathrm{e}^{-\rho t} U'(c_t) + \mathrm{e}^{-\rho t} U''(c_t) \frac{\mathrm{d}c_t}{\mathrm{d}t} \tag{6A-10}$$

即可推导出社会时间偏好率的表达式:

$$\begin{aligned}
\mathrm{STP} &= \left| \frac{\dfrac{\mathrm{d}x_t}{\mathrm{d}t}}{x_t} \right| = \left| \frac{-\rho \mathrm{e}^{-\rho t} U'(c_t) + \mathrm{e}^{-\rho t} U''(c_t) \dfrac{\mathrm{d}c_t}{\mathrm{d}t}}{\mathrm{e}^{-\rho t} U'(c_t)} \right| \\
&= \left| -\rho + \frac{U''c_t}{U'} \frac{\mathrm{d}c_t}{\mathrm{d}_t} \right| = |-\rho - \varepsilon g| = \rho + \varepsilon g
\end{aligned} \tag{6A-11}$$

第 7 章　风险、不确定性与敏感性分析

【本章学习目标】

- 理解期望值和期望效用。
- 了解决策树处理不确定性的方法。
- 掌握几种敏感性分析的方法。

我们对项目效益和成本的估计往往不是确定值,项目的效益和成本常常随着其他因素变化,例如水坝的收益与降水量有关;事前和事中成本效益分析需要对未来事项做出预测,很难保证预测值完全实现。Knight(1921)将风险定义为可测度的不确定性,若不同结果发生的概率已知,则面临风险;若未知,则面临不确定性。成本效益分析中需要处理的不确定性主要有两类:一是参数的取值,如贴现率;二是成本或效益的测算。项目管理中对不确定性的处理方法在成本效益分析中也可以采用。当未来的情形不确定时,可以预测每一种结果出现的概率和对应的效益,从而计算效益的期望值,然后考虑不确定性对净现值的计算进行调整。对关键效益或者成本进行敏感性分析也是成本效益分析中常用的做法。假设政府考虑修建一个水坝,但过去的降水量未知,政策制定者需要根据经验进行估计概率、完成结果分析,这个过程可以称为风险分析(risk analysis)。Pouliquen(1970)首次在成本效益分析中使用了风险分析的方法,本章将介绍如何在考虑风险和不确定性的情况下进行成本效益分析。

7.1　期望值和期望效用

期望值是指概率中随机变量的数学期望,是变量的输出值乘以其概率的总和,即期望值是该变量输出值的平均数。我们把项目的净效益看成离散的随机变量,期望值(expected value, EV)为:

$$\mathrm{EV} = \sum_{i=1}^{m} P_i X_i \qquad (7\text{-}1)$$

其中,P_i 是第 i 个状态发生的概率,X_i 是在此状态下的净效益。也可以计算期望效用(expected utility,EU)。期望效用指的是所有结果的效用按概率加权的均值。$U(X_i)$ 是第 i 个状态下净效益的效用。

$$\mathrm{EU} = \sum_{i=1}^{m} P_i U(X_i) \qquad (7\text{-}2)$$

例如,政府计划在某处修水坝,水坝的效益取决于洪灾发生的概率。根据历史情况估计,此地不发生洪灾的概率为 50%,发生小洪灾的概率为 45%,发生中洪灾的概率为 5%,表 7-1 给出了各项目不同状态下的净效益。期望值法就是利用式(7-1)和式(7-2)计算出期望值或者期望效用进行决策。

表 7-1 各方案不同状态下的净效益

(单位:千万元)

净效益方案	概率状态		
	中洪灾 ($\theta_1=0.05$)	小洪灾 ($\theta_2=0.45$)	无洪灾 ($\theta_3=0.50$)
小水坝(A1)	−4	12	−2
大水坝(A2)	4	8	−6
保持现状(A3)	−14	−3	0

这是一个面临三种自然状态和三种方案的风险量化问题。如果我们用净效益的期望值做决策:

方案 A1:EV(A1)=0.05×(−4)+0.45×12+0.5×(−2)=4.2(千万元)

方案 A2:EV(A2)=0.05×4+0.45×8+0.5×(−6)=0.8(千万元)

方案 A3:EV(A3)=0.05×(−14)+0.45×(−3)+0×0.5=−2.05(千万元)

通过计算比较,选取期望值最大,即 EV 等于 4 200 万元的方案 A1(修建小水坝)为最佳方案。

期望效用的计算类似。表 7-2 给出了水坝项目不同状态下的净效益的效用大小。[①] 如果我们用期望效用做决策:

方案 A1:EU(A1)=0.05×(−16)+0.45×144+0.50×(−4)=62

---

① 假设效用函数形式是 $U(X_i) = X_i^2 (X_i \geqslant 0)$;$U(X_i) = -|X_i|^2 (X_i < 0)$。

方案 A2：EU(A2)＝0.05×16＋0.45×64＋0.50×(−36)＝11.6

方案 A3：EU(A3)＝0.05×(−196)＋0.45×(−9)＋0.50×0＝−13.85

通过计算比较，选取期望效用最大，即 EU 等于 62 的方案 A1（修建小水坝）为最佳方案。

表 7-2　各方案不同状态下的净效益的效用

净效益方案	概率状态		
	中洪灾 ($\theta_1=0.05$)	小洪灾 ($\theta_2=0.45$)	无洪灾 ($\theta_3=0.50$)
小水坝(A1)	−16	144	−4
大水坝(A2)	16	64	−36
保持现状(A3)	−196	−9	0

7.2　考虑不确定性的成本效益分析

7.2.1　选择等待的价值

在一个两期模型中，政府需要决定是否购买土地用于修建娱乐场所，当期（第 0 期）支付意愿 WTP 为 B_0；第 1 期的收益存在不确定性，通过预测估计出收益为 $B_0(1+x)$ 的概率为 P，收益为 $B_0(1-x)$ 的概率为 $1-P$。假定之后的每一期收益都与第 1 期的收益相同，类似于永续年金，那么每年收益的期望值为 $P \times B_0(1+x) + (1-P) \times B_0(1-x)$。此外政府购置土地的成本为 K_0，因此净现值计算公式如下：

$$\text{NPV}_0 = B_0 + \frac{P \times B_0(1+x) + (1-P) \times B_0(1-x)}{i} - K_0 \quad (7\text{-}3)$$

若 $B_0=200$ 万元，$K_0=1\,600$ 万元，$P=0.5$，$x=0.5$，$i=0.1$，$\text{NPV}_0=600$ 万元。

在这个两期模型中，若政府可以在第 1 期之后再决定是否进行投资，即只有观察到收益为 $B_0(1+x)$ 时，政府才开始进行投资，此时在第 1 期花费的 K_0 也需要贴现到当期，因此净现值计算公式如下：

$$\text{NPV}_1 = P\left[\frac{B_0(1+x)}{i} - \frac{K_0}{1+i}\right] \quad (7\text{-}4)$$

以上参数取值不变，$NPV_1 \approx 772.5$ 万元。如果政府能够等到下一期再决定是否投资，那么就能获得更高的净现值，差额 172.5 万元就是政府选择等待的价值（the value of the option to wait）。

7.2.2 对收益不确定性的处理

如果项目的成本是确定的，但未来收益存在不确定性时，在计算净现值中需要考虑风险成本，可以使用以下两种方式对净现值进行调整。

7.2.2.1 扣除风险成本

当收益存在不确定性时，可以在项目期望收益中扣除风险成本，计算项目的确定性等价现值（the present certainty equivalent value，PCEV）：

$$\text{PCEV} = -C_0 + \frac{\bar{B} - K}{1 + i} \tag{7-5}$$

$$K = \bar{B} - \tilde{B} \tag{7-6}$$

其中，C_0 为初始成本，$\bar{B}$ 指项目的期望收益，$\tilde{B}$ 是确定性等价（the certainty equivalent）收益，$\bar{B}$ 和 $\tilde{B}$ 的差衡量了人们的风险厌恶程度，即 K 衡量了风险成本（the cost of risk），因此 $\bar{B} - K$ 代表项目的确定性等价收益 $\tilde{B}$（the certainty equivalent level of benefits）。对于风险中性的个体，风险成本为 0，他们的期望收益曲线和期望效用曲线重合；对于风险厌恶的个体，风险成本为正。由于大多数人都是风险厌恶的，效用曲线总是在期望收益曲线上方。下面举例说明如何计算风险成本 K。在本例中，可能患有某种疾病的人群需要决定是否采取预防措施，个体在不同状态下的净效益如表 7-3 所示。

表 7-3 各方案不同状态下的净效益[①]

（单位：元）

净效益方案	概率状态		
	患病 ($\theta_1 = 0.50$)	不患病 ($\theta_2 = 0.50$)	期望收益
预防（A4）	92.50	99.99	96.2
不预防（A5）	75.00	100.00	87.5

---

① 本例根据 Brent(2006) 第 223 页的例子改编。

两种方案净效益的期望值计算如下：

方案 A4：$EV(A4)=0.50\times 92.50+0.50\times 99.99\approx 96.2$（元）

方案 A5：$EV(A5)=0.50\times 75.00+0.50\times 100.00=87.5$（元）

引入效用函数，计算每种方案的期望效用：

方案 A4：$EU(A4)=0.50\times U(92.50)+0.50\times U(99.99)$

方案 A5：$EU(A5)=0.50\times U(75.00)+0.50\times U(100.00)$

图 7-1 中横轴是收入，纵轴是各收入水平的效用值，假设 $U(92.5)=0$ 且 $U(99.99)=1$，则过 $U(92.5)$ 和 $U(99.99)$ 的直线为期望值曲线，如果消费者风险中性，那期望效用曲线和期望值曲线重合。但人们常常是风险规避的，所以期望效用曲线常常在期望值曲线的上方。由于 $U(92.5)=0$ 且 $U(99.99)=1$，则有 $EU(A4)=0.5$，考虑以下两种选择：① 确定获得 96.2 元；② 以 P 的概率获得 99.99 元，$(1-P)$ 的概率获得 92.5 元。对于某个参与者，若 $P=0.6$ 时，①和②无差异，计算得到确定性获得 96.2 元收入的效用值为 0.6。

$$U(96.2)=P\times U(99.99)+(1-P)\times U(92.5)=0.6\times 1+0.4\times 0=0.6$$

同理，若 $P=0.17$ 时，确定性获得 95 元与以 P 的概率获得 92.5 元和 $(1-P)$ 的概率获得 96.2 元无差异，计算得到确定性获得 95 元收入的效用值：

$$U(95)=P\times U(92.5)+(1-P)\times U(96.2)=0.17\times 0+0.83\times 0.6\approx 0.5$$

在图 7-1 中，方案 A4（A 点）的期望值为 96.2，效用值为 0.5，与确定性获得 95 元（B 点）的效用值相同，那么方案 A4 对应的确定性等价收益就是 95 元，因此风险成本 $K=96.2-95=1.2$（元），这个案例里，95 元就是 96.2 元的确定性等价金额。

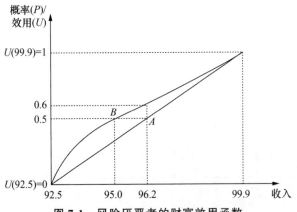

图 7-1 风险厌恶者的财富效用函数

7.2.2.2 调整贴现率

在多期项目中,收益通常发生在未来且具有不确定性,因此可以在贴现率 i 上附加风险溢价因子 ρ 处理未来收益的不确定性。

$$\text{NPV} = -C_0 + \frac{\bar{B}}{1+i+\rho} \tag{7-7}$$

综上,当风险存在时,主要有两种调整方法:一是扣除风险成本,二是调整贴现率。例如 $\bar{B}=1.2$,$C_0=1$,$K=0.1$,$i=0.1$,则 PCEV=0,此时等价的风险溢价因子 $\rho=0.1$。

然而,根据风险均摊定理(Arrow-Lind 定理),对于多个风险规避的参与者,随着参与人数的增加,每个人的风险负担会减少,意味着多个风险规避型的参与人组成的团体就会表现出风险中性的性质。故在某些情况下公共项目不需要进行风险调整,即 $K=0$ 或 $\rho=0$,该类项目需要满足以下两条假设:

假设 1 公共项目收入的分配方式与国民收入无关,且独立于私人项目之外。当公共项目与私人项目正相关时,风险溢价因子 ρ 为正;负相关的情况正好相反。

假设 2 公共项目的收入必须分配给很多人。被公共项目影响的人越多,风险分摊的效果越强,因而风险成本 K 越小并趋近于 0。

实际上,风险均摊定理的两条假设非常严苛,例如当政府调整税收方式为公共项目融资时,私人部门的活动就会受到影响,使得假设 1 不成立;当外部性存在时,参与者数量增加未必会带来每个个体风险负担下降,使得假设 2 不成立。此外,政府总是会出于特定的政策目标分配收益,例如更偏爱穷人等,从而背离假设 1。

综上,当存在风险时,一方面,由于风险厌恶型个人需要考虑风险对项目净现值的影响,基于个人偏好的社会决策也必须调整风险;另一方面,如果个别风险能够相互抵消,且当人数足够大时风险消失,那么就不需要减除风险成本或调整贴现率,但是风险均摊定理的两条关键假设很难成立。同时由于公共项目的特殊性,例如再分配目标、促进经济增长的目标等,公共项目的风险调整应该有别于私人项目。

7.3 决策树

期望值分析是对所有或有事项的加权平均,这也可以扩展到成本和效益在数年内持续的情况,对于多期项目,只要各年的风险相互独立,即每一期或有事件的发生相互独立,就可以使用期望值进行成本效益分析。如果某一或有事项的净收益或概率取决于以前发生过的或有事项,则不能这样做。例如,对于旨在降低地震损害的公共项目,每一年地震发生的概率都会受到上一年地震发生的情况影响,这时不能简单用期望值来进行分析,可以使用决策树分析该类项目。

决策树是进行风险量化分析的有效方法。它把有关决策的相关因素分解开来,逐项计算其概率和期望值,并进行方案的比较和选择。决策树法因其结构形态而得名。决策树的结构较简单,以方块或圆圈为结点,用直线连接结点而形成一种树状结构。方块结点代表决策点,由决策点引出若干条直线,每条直线代表一个方案,故称其为方案分枝。圆圈结点代表状态点,由状态点引出若干条线,每条直线表示不同的自然状态发生的概率,故称其为概率分枝。在概率分枝的末端列出各方案在不同状态下的净效益。决策分析有两个阶段:第一步,根据决策的顺序和或有事件的实现来确定决策问题的逻辑结构,决策树的优势在于能够将初始决策与最终结果联系在一起;第二步,从最终结果到最初决策的逆向求解,计算不同分支的净收益期望值,然后删掉不占优势的分支(预期净效益较低的分支)。

用决策树方法进行风险量化的步骤是:

(1) 绘制决策树。

按问题所给信息,由左至右顺序绘制决策树。

所用符号有:

□表示决策节点,从这里引出的分枝为方案分枝,在分枝上要标明方案名称;

○表示状态节点,从这里引出的分枝为状态分枝或概率分枝,在每一分枝上应标明状态名称及其出现概率。

|表示决策门/收费门,每期决定实施政府项目都需要支出一定的费用。

(2) 计算方案的净效益,并将计算结果标注在相应的状态节点上端。

(3) 对净效益进行比较并选取最优的期望值填在决策节点上,相应的方案即为最优方案。

例如,考虑一个简单的两期流感疫苗接种计划(见图 7-2),实施该计划包括两项成本:一是管理成本 C_a,二是对接种者产生的副作用成本 C_s,因此决策门对应的总费用为 C_a+C_s。假设第 1 期民众受到流感影响的概率为 P_1,且民众第 1 期从流感中存活下来后免疫系统发挥作用,下一期无论流感是否发生,幸存者均不会感染流感;若第 1 期民众不受到流感影响,则第 2 期受到流感影响的概率为 P_2,假设在第 1 期决策时 P_2 已知。①

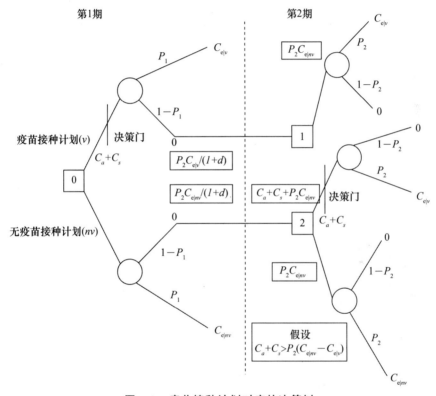

图 7-2 疫苗接种计划对应的决策树

(1) 计算第 1 期实施接种计划的期望总成本。

若第 1 期实施接种计划,在耗费 C_a+C_s 的初始成本之外,若流感发生(概率为 P_1),成本为 $C_{e|v}$,若不发生成本为 0,期望总成本为 $C_a+C_s+P_1C_{e|v}$,同时人们的免疫系统发挥作用,不需要考虑下一期流感是否会发生,故不必将分支延展到下一期。

若第 1 期不发生流感,则成本为 0,分支需要延展到下一期。如果第 2 期发生

---

① 案例来自 Boardman et al.(2018),第 277 页。

流感(概率为P_2),成本依然为$C_{e|v}$,若不发生,成本为0,故期望总成本为$P_2C_{e|v}$。假定折现率为d,期望成本的净现值计算公式如下:

$$E[C_v] = C_a + C_s + P_1 C_{e|v} + (1-P_1) P_2 C_{e|v} \times \frac{1}{1+d}$$

(2) 计算第1期不实施接种计划的期望总成本。

如果不接种疫苗,当第1期流感发生时,成本为$C_{e|nv}$;若不发生,则成本为0,期望总成本为$P_1 C_{e|nv}$。当第1期流感不发生时需要考虑第2期流感的影响,此时政府可以选择是否在第2期实施接种计划(决策节点2)。若第2期实施接种计划,通过决策门,支付$C_a + C_s$,流感发生时需要支付成本$C_{e|v}$,期望总成本为$C_a + C_s + P_2 C_{e|v}$;若仍然不实施接种计划,则流感发生时仍然需要支付$C_{e|nv}$,期望总成本为$P_2 C_{e|nv}$。假定$C_a + C_s > P_2(C_{e|nv} - C_{e|v})$,即$C_a + C_s + P_2 C_{e|v} > P_2 C_{e|nv}$,因此决策节点2处选择不实施接种计划,成本的期望值为$P_2 C_{e|nv}$。综上,期望成本的净现值计算公式如下:

$$E[C_{nv}] = P_1 C_{e|nv} + (1-P_1) P_2 C_{e|nv} \times \frac{1}{1+d}$$

(3) 决定是否应该实施疫苗接种计划。

在第1期(决策节点0)政府需要比较两种情形的期望总成本,选择成本最小的方案。假定$P_1 = 0.4$, $P_2 = 0.2$, $d = 0.05$, $C_{e|v} = 0.5 C_{e|nv}$, $C_a = 0.1 C_{e|nv}$, $C_s = 0.01 C_{e|nv}$,则第1期实施接种计划和不实施接种计划的期望总成本如下:

$$E[C_v] = 0.1 C_{e|nv} + 0.01 C_{e|nv} + 0.4 \times 0.5 C_{e|nv}$$
$$+ 0.6 \times 0.2 \times 0.5 C_{e|nv} \times \frac{1}{1+0.05}$$
$$= 0.367 C_{e|nv}$$

$$E[C_{nv}] = 0.4 \times C_{e|nv} + 0.6 \times 0.2 \times C_{e|nv} \times \frac{1}{1+0.05} = 0.514 C_{e|nv}$$

因此应该在第1期实施接种计划,净收益为$0.514 C_{e|nv} - 0.367 C_{e|nv} = 0.147 C_{e|nv}$。

7.4 敏感性分析

为了检验净效益估计结果的稳健性,可以进行敏感性分析。敏感性分析是从多个不确定性因素中逐一找出对项目或者政策净效益有重要影响的敏感性因素,并分析、测算其对净效益的影响程度和敏感性程度。若某参数的小幅变化能导致净效益的较大变化,则称此参数为敏感性因素,反之则称其为非敏感性因素。敏感性分析有助于确定哪些风险对项目或者政策净效益具有最大的潜在影响。它把所有其他不确定因素保持在基准值的条件下,考察项目或者政策的每项要素的不确定性对净效益产生多大程度的影响。

敏感性分析按照所分析的不确定因素的数量可以分为单因素敏感性分析和多因素敏感性分析。单因素敏感性分析是指就单个不确定因素的变动对方案净效益的影响所作的分析。多因素敏感性分析是指在假定其他不确定性因素不变条件下,计算分析两种或两种以上不确定性因素同时发生变动,对项目或者政策净效益的影响程度,确定敏感性因素及其极限值。多因素敏感性分析一般是在单因素敏感性分析基础上进行的,分析的基本原理与单因素敏感性分析大体相同,但需要注意的是,多因素敏感性分析须进一步假定同时变动的几个因素都是相互独立的,且各因素发生变化的概率相同。单因素敏感性分析的优点是计算过程相对简单,只需考虑一个因素的变动影响,可操作性强,因此在实际应用过程中被大量使用。单因素敏感性分析的缺点是忽略了变量间的交互作用对结果的影响,当几个变量之间存在相互关系时,使用单因素敏感性分析往往会造成分析结果存在一定的偏差。多因素敏感性分析的优点是考虑了输入变量共同作用对结果的影响,因而能反映几个因素同时变动对项目产生的综合影响,弥补了单因素分析的局限性。但多因素敏感性分析计算过程比较复杂,如果对多个变量之间的关系不明确或者模型建立不恰当也会造成分析结果不准确。

敏感性分析的步骤主要包括:第一,确定敏感性分析指标。比如在第 7.1 节水坝案例中,洪灾发生的概率是影响结果的敏感性指标。在第 7.3 节的疫苗接种案例中,第 1 期和第 2 期流感发生的概率 P_1 和 P_2,疫苗的作用(影响接种疫苗感染流感的成本 $C_{e|v}$ 和不接种疫苗感染流感的成本 $C_{e|uv}$ 之间的差别),疫苗接种的管理成本 C_a,疫苗的副作用成本 C_s 都是敏感性指标。第二,选取不确定因素及其变动范围。在进行敏感性分析时,并不需要对所有的不确定因素都进行考虑和计算,而应视方案的具体情况选取几个变化可能性较大,并对经济效益目标值影响作用较大的因素。第三,计算不确定因素变动时对分析指标的影响程度。若进行单因素敏感性分析,则要在固定其他因素的条件下,变动其中一个不确定因素,再变动另一个因素(仍然保持其他因素不变),以此求出某个不确定因素对项目或

者政策净效益指标目标值的影响程度。多因素敏感性分析是在单因素敏感性分析的基础上,进一步假定同时变动的几个因素都是相互独立的,且各因素发生变化的概率相同,从而得出多个不确定因素对方案效益指标目标值的影响程度。第四,找出敏感性因素,进行分析和采取措施,以提高项目或者方案的抗风险能力。

我们经常对项目或者政策进行局部敏感性分析,也就是改变其中个别变量的取值,看项目或者政策的净社会效益的净现值的变动。如果能够知道变量取值的范围,也可以进行极端情况的敏感性分析。基本分析将最可信的数值赋给未知参数,从而得出最具代表性的净效益估计数。当基本分析的净效益为正时,可以进行最坏情况分析,即给参数赋值取值范围内最不利的值;如果最坏情况下净效益的净现值都能为正,那项目或者政策被推荐采纳的可信度就很高。基准分析的净效益为负的情形相反,可以给参数赋值取值范围内最有利的值,如果最好情况的净社会效益都不能为正,那就应该考虑放弃项目或者政策。

局部敏感性分析和极端情况敏感性分析不能考虑所有事前设定参数的不确定性,因此不能考虑所有的信息,也不能提供对净效益分布的统计特性的描述。而蒙特卡洛模拟可以考虑所有确定性变量的变化,并且可能给出净效益的分布情况。蒙特卡洛模拟的基本步骤如下:第一步,确定每个不确定参数的概率分布,如果没有理论或经验证据表明一种特定的分布,则经常采用均匀分布或者正态分布。第二步,按照每个参数的概率分布随机取值,然后计算净效益。第三步,多次重复第二步,并统计净效益在每个区间上出现的频率,最后得到净效益的频率分布图。

【复习思考题】

1. 某企业开发出某产品,现决定投产。投产规模的大小主要依据市场的销售量好坏而定。经过对市场的考察和分析得出三种可能的方案,即大、中、小三种投产规模相对于三种销售量(好、一般、差),其益损值见下表。试用期望值帮企业决定应该选择多大投产规模。

表　三种项目方案的损益值

（单位：万元）

净效益方案	概率状态		
	好 ($\theta_1=0.3$)	一般 ($\theta_2=0.5$)	差 ($\theta_3=0.2$)
大批量生产（A1）	400	250	−40
中批量生产（A2）	220	340	200
小批量生产（A3）	140	180	220

2. 一个耗资 15 亿元的钻井项目，假设钻探过程施行到一半时，也就是花费 7.5 亿元成本之后，可以对项目的前景有更清晰的判断，核心样品的分析表明有 20% 的可能性发现石油，但核心样品的信息只有 50% 的可靠性。也就是如果核心样本是阳性的，那么有 50% 的可能可以找到石油，这将生产出价值 100 亿元的石油；但如果核心样本是阴性的，那么油井有 98% 的可能是枯井，只有 2% 的可能会找到石油。请使用决策树进行分析。

第 8 章 影子价格

【本章学习目标】
- 理解影子价格的定义。
- 掌握影子价格的一般计算方法。
- 掌握利用间接市场获取影子价格的方法。

有些商品不存在可交易的市场,也有些商品由于市场失灵,表现出的价格不能衡量真实价值,这时我们要寻找商品的影子价格。本章主要介绍了寻找影子价格(或者是和影子价格相关的支付意愿或消费者剩余)的各种方法。影子价格,又称影子定价,指依据一定原则确定的,能够反映投入物和产出物真实经济价值、反映市场供求状况、反映资源稀缺程度,使资源得到合理配置的价格。当市场价格不能准确衡量商品价值时,比如政府提供的廉租房的租金,或者物品无法用市场价值衡量时(比如时间、生命),我们就需要利用影子价格衡量。

8.1 影子价格的定义

影子价格(用 S_g 表示)是指任意商品或生产要素供应量的边际变化导致的社会福利增量。如果用 Y_g 表示商品 g 的投资数量,则

$$S_g = \frac{\Delta 社会福利}{\Delta Y_g} \tag{8-1}$$

影子价格反映了投入或产出的社会价值。这个价值可能等于也可能不等于市场价格,这就是为什么它被称为"影子"价格,它常常被应用于社会价值的评估。由于在政府会计中的作用是评估投入和产出,影子价格也被称为"会计"价格。在许多情况下,针对某种投入或产出计算其影子价格及影子价格相对市场价格的比率是有用的。这一比率称为会计比率(accounting ratio,AR),它的数学表达式如下:

$$\text{会计比率} = \frac{\text{影子价格}}{\text{市场价格}} \tag{8-2}$$

影子价格的另一个计算方法是将市场价格乘以 AR。例如,如果市场价格是 100,AR 是 0.5,那么影子价格就是 50。引入 AR 这个概念似乎增加了一个不必要的步骤,因为一般来说人们需要先知道影子价格才能计算 AR,但它常应用于以下两种情况:① 利用过去的 AR 值确定当前的影子价格。例如我们计算出了电脑现在的影子价格是 4 000 元,而市场价格是 8 000 元,因此 AR=0.5。第二年,由于通货膨胀,电脑的市场价上涨到了 10 000 元,那么我们可以不必重新估算影子价格,而直接用之前的 AR 算出第二年的影子价格是 5 000 元。② 利用一个商品的 AR 计算另一个商品的影子价格。在考虑受同一市场条件制约的一组商品时,该组中一类商品的 AR 很可能对其他所有商品都适用。因此,假设汽车的 AR 为 0.4,并且人们正在考虑如何估算同一公司生产、适用税率也相同的卡车的影子价格,那么就可以简单地将卡车市场价格乘以 0.4 来得到卡车影子价格的粗略估计值。

8.2 计算影子价格的一般方法[①]

在这部分,我们介绍两种计算影子价格的一般方法。

8.2.1 拉格朗日乘数

公共项目或政策变化可以由向量 x 来刻画,向量 x 是各种投入品和产出品的组合,我们用 $F(x)$ 表示目标函数,它达到最大值时对应的向量是 $\bar{x}$,函数的最大值 V 就是对应于最优向量水平的值,即 $V=F(\bar{x})$,约束条件以隐含形式写成 $G(\bar{x})=c$,其中 c 代表可利用资源。现在,我们要解决的问题是如何在 G 的约束下使 F 最大化,用拉格朗日方法解决这个问题,约束条件的系数为 λ,影子价格(V 相对于 c 的导数)就等于这里的拉格朗日乘子 λ,即:

$$\frac{\mathrm{d}V}{\mathrm{d}c}=\lambda \tag{8-3}$$

---

① 这部分内容以及本章的附注改编自 Brent(2006)。

因此，拉格朗日乘数告诉我们，随着一个约束参数的变化，函数最大值的变化率是多少。例如，假设决策者关心两种产出品——牛肉（x_1）和面包（x_2），它们由社会决策者直接规定价格，例如，1单位牛肉值2单位面包。显然目标函数F等于$2x_1+x_2$。约束条件是给定的劳动者人数$\bar{H}$，这些人既能生产牛肉也能生产面包，如果一个工人在给定时间内只能生产1/4单位的牛肉或1/5单位的面包，那么约束条件就是$\bar{H}=4x_1+5x_2$。现在，具体问题在于最大化$2x_1+x_2+\lambda(\bar{H}-4x_1-5x_2)$，当$\bar{H}$被赋予一个特定的数值时，就可以通过线性规划求解$\lambda$、$x_1$和$x_2$的值。假设最后得出$\lambda=2$，那么就意味着，如果要增加1个劳动者，那么社会决策者能得到的产出就会增加2个单位。

这种方法之所以重要，是因为它具有普适性。值函数F可以表示为最大化消费者福利，也可以表示为最大化决策者福利；F可以采取任意形式（线性、二次等）；约束条件可以很简单，比如只考虑劳动这一种资源，也可以很复杂，把许多不同的因素包含在内。总之，该框架只要求做出合理经济决策的两个要素——目标和约束条件。函数的不同形式对应着不同的求解技术（例如，线性/非线性/积分/动态规划等），但是一旦求解得到了λ的值（每个约束都有一个），它们就都有相同的含义，那就是影子价格。

Carrin(1984)中的案例可以用来说明如何用拉格朗日乘数来找到影子价格。应用拉格朗日乘子法推导影子价格，需要两个要素，即优化目标和约束条件。在约束条件下最大化目标的过程中，我们可以得到拉格朗日乘数的值，也就是放松约束的影子价格。在Carrin(1984)的例子中，医疗保健领域众多干预措施的最终目标都是拯救生命（拯救的生命数量用L表示），假设实现这一目标有两种主要方法，即雇用医疗从业者x_1（以每人每年为单位）和提供x_2吨奶粉作为营养补充。从过往调查研究中可以得出，每个医疗从业者一年可以拯救163条生命，而1吨奶粉可以使得100人免于死亡，则目标函数可以表示为：

$$L=163x_1+100x_2 \tag{8-4}$$

其中，L是一组等产量线，它表示的是两种干预措施的所有组合，这些干预措施可以使相同数量的生命得到拯救。注意，这里的向量x由两个变量x_1和x_2组成，向量x分别以163和100的系数与x_1和x_2线性相关。系数反映了决策者的偏好，即函数F具有线性特征。一类干预挽救的一条生命与另一类干预挽救的另一条生命被认为是等价的，那么唯一的问题是每次干预挽救多少条生命。在这个问题中,系数是已经给定的,一名医疗从业者拯救生命的效率是1吨奶粉的1.63倍,这就是医疗从业者的系数高于1吨奶粉的原因。

假定面临预算约束,预算为200个单位,可以用于这两种医疗干预,那么这200个单位能购买多少商品和服务取决于医疗从业者和奶粉的价格。如果x_1的价格为20个单位,x_2的价格为5个单位,则预算约束为:

$$20x_1 + 5x_2 \leqslant 200 \tag{8-5}$$

式(8-5)就是约束条件$G(X)$,同样也是线性函数。在线性目标和线性约束的条件下,我们来处理这个线性规划问题。除了预算约束,还有可得性等其他约束。假设我们知道,可用的医疗从业者的最大数量是5人,可用的奶粉的最大数量是30吨,并且这两种要素投入都不能是负的,那么就还有另一组约束条件:

$$x_1 \leqslant 5, \quad x_2 \leqslant 30; \quad x_1 \geqslant 0, \quad x_2 \geqslant 0 \tag{8-6}$$

优化问题即为在式(8-5)与式(8-6)的条件下最大化式(8-4),并由图8-1进行直观描述。在图8-1中,横轴是医疗从业者的数量,纵轴是奶粉数量。满足所有约束条件的集合(称为可行域)是区域$ABCD$。这一区域满足以下条件:

(1) 横坐标小于5(满足可用性约束);

(2) 纵坐标小于30(满足可用性约束);

(3) 在EF线的上方或下方(满足预算约束);

(4) 在第一象限(满足非负性约束)。

以$ABCD$为可行集时,L能达到的最高等产量线为GH。只有在选择B点时,方可获得该最优解,此时$x_1 = 2.5$,$x_2 = 30$。很容易检验B是唯一解。线性规划问题的解总是角点解,因此,0、A、B、C、D中的任何一个点都是可能的候选方案。首先我们对原点进行检验,因为两种干预要素投入量均为0,故不会额外挽救任何生命。接下来选择A点,将$x_1 = 0$和$x_2 = 30$代入式(8-4),得到$L = 163 \times 0 + 100 \times 30$,即额外拯救了3 000条生命。现在的问题是,是否还有其他角点可以拯救超过3 000条生命。现在选择B点,将$x_1 = 2.5$和$x_2 = 30$代入,$L = 163 \times 2.5 + 100 \times 30 = 3 407.5$,我们大概可以拯救3 408条生命。这是最大的数值,没有其他任何一个角点可以与之匹敌。

现在假设可用奶粉数量为31个单位而非30个单位,那么式(8-6)中的约束条件$x_2 \leqslant 30$将被$x_2 \leqslant 31$所取代。新的解决方案将是$x_1 = 2.25$,$x_2 = 31$,对应于新的可行域$JKBCD$中的K点,进而额外拯救的生命数量约为3 467(163×2.25

+100×31)。

该问题的拉格朗日乘子为 $\lambda=60$(这是由计算机解出的线性规划问题所产生的解的一部分)。因此,我们可以说奶粉的影子价格是 60。式(8-1)中对影子价格的定义告诉我们为什么是这一结果:奶粉的影子价格是 1 单位奶粉的增加所带来的社会福利的变化。如果奶粉数量增加 1 个单位(从 30 到 31),社会福利(以拯救的生命数 L 为代表)就会增加 60 个单位(从 3 407 到 3 467)。用 60 条生命除以 1 单位奶粉,可以得出因增加 1 单位奶粉的供给而拯救的生命的交换率。这样,影子价格告诉了我们由于无法使用该资源的额外单位(由于严格的资源限制)而失去的机会是什么。

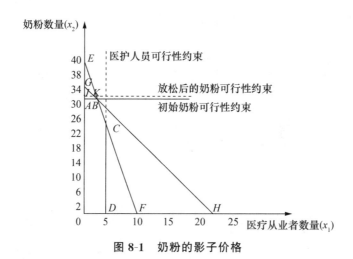

图 8-1　奶粉的影子价格

8.2.2　拉姆齐法则

在完全竞争情形下,企业会把边际成本(MC)定为商品价格,这时 MC 被当作影子价格是合适的。尤其是,当经济体中的其他各方都没有扭曲时,我们也不用考虑分配问题,用 MC 作为影子价格是较好的选择。但如果定价部门存在预算限制,则这种估算影子价格的方法可能不适用。要了解预算限制的存在为什么会导致这一问题,可以考虑国有企业或存在行政垄断的企业(如电力或油气行业的企业),这些企业的平均成本(AC)通常是递减的,如图 8-2 所示。

边际成本定价法是指将边际成本曲线 MC 与需求曲线 D 的交点对应的价格作为商品价格,图 8-2 中的 A 点就对应着我们要使用的商品价格,在 A 点处,P_M 是边际成本,也是边际成本定价法下的商品价格,而商品需求数量是 Q_M。由于

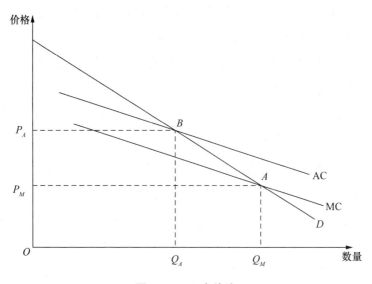

图 8-2　MC 定价法

平均成本曲线 AC 不断下降，边际成本定价法有其必然的结果——平均成本曲线随数量增加而递减意味着边际成本曲线总是低于平均成本曲线，已知 $P=\mathrm{MC}$，$\mathrm{MC}<\mathrm{AC}$，则有 $P<\mathrm{AC}$，价格低于平均成本这种定价法会造成企业亏损。当推荐一个平均成本递减的行业采用边际成本定价法时，就必须给出解决财务赤字的机制（一般是政府补贴）。

由于需要弥补经济损失，我们需要思考如何在预算约束下最大限度地增加消费者剩余。这里的预算约束可以由政府决定，例如，可以设定损失的上限、收支平衡的要求，或者定价部门可能需要对一部分人群进行高收费产生盈余来补贴其他群体的损失。Ramsey（1927）解决了这个问题，他的解决方案被称为拉姆齐法则：

$$\frac{S_i-\mathrm{MC}_i}{S_i}=k\frac{1}{e_{pi}} \tag{8-7}$$

式（8-7）是对任何活动 i 都成立的逆弹性法则：社会价格 S_i 高于边际成本 MC_i 的百分比应该与需求的价格弹性 e_{pi} 成反比，k 是比例因子。因此，当弹性最低时，价格应设定在 MC 之上。接下来我们将解释拉姆齐法则的作用机制。

在图 8-2 中，如果预算约束是企业必须盈亏平衡，那么就应设置 B 点对应的价格（即价格等于平均成本 AC）。在价格等于 P_A 的情况下，企业没有损失；但相对于价格为 P_M 的情况，消费者剩余有相当大的减少。如果是单一产品企业，那么几乎没有回旋余地——为了收支平衡，必须以 P_A 的价格收费；但是，当有多种产品(例如小汽车、公共汽车、卡车)或不同类别的用户(例如电力消费者中有普通住户、商业和工业用电者)时,就有收取不同价格的空间。拉姆齐法则为这些情境提供了定价方案:当弹性较低时,价格可以接近平均成本(甚至超过平均成本);当弹性较高时,价格则应接近边际成本。

Baumol and Bradford(1970)在 Vickrey(1968)的基础上解释了拉姆齐法则背后的原理,如图 8-3 所示。两条需求曲线 D_A 和 D_B(代表两个产品或两类用户)相交于公共点 K。接下来的分析要使用马歇尔消费者剩余来比较价格上涨带来的效用损失和额外收入的收益。首先考虑弹性较小的需求曲线 D_B,价格上涨到 P_1 导致消费者剩余下降 $P_0KE_BP_1$,销售收入变化额为 $(P_0K_BE_BP_1 - Q_BQ_0KK_B)$(收取较高价格 P_1 带来的收入增量减去销售较低数量的 Q_B 造成的收入损失),收入变化为正的部分被消费者剩余损失的矩形部分抵消,使消费者剩余的净损失为三角形面积 K_BKE_B,消费者剩余和收入的总损失为 $Q_BQ_0KE_B(K_BKE_B + Q_BQ_0KK_B)$。对于弹性较大的需求曲线 D_A,总损失为更大的面积 $Q_AQ_0KE_A$。因此,我们得到的结论是,弹性越大,消费者剩余和收入的总损失就越大。因此弹性越大的商品,价格越应该接近边际成本,这样总损失较小。

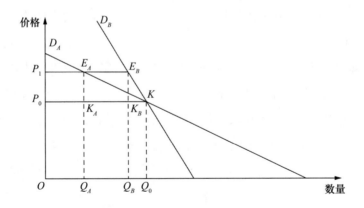

图 8-3　不同弹性下消费者剩余和收入变化比较

8.3　利用间接市场获得影子价格

间接市场的基本原理是寻找我们关注的商品的互补品或替代品,并去找到衡量影子价格、支付意愿或者消费者剩余的方法。

8.3.1 市场类比法

市场类比法(market analogy method)是指使用私人市场上类似的商品来估计公共品的隐含"价格"或需求曲线。一种商品既有政府提供，又有私人部门提供，在这种情况下，可能政府提供的商品有福利性质，价格比实际成本要低。例如在房屋租赁市场上，大部分房屋租赁由私人部门提供，但是政府也会提供一部分(公租房、廉租房等)，而政府提供的房屋租赁价格往往较低，和市场价格之间有较大差距。此时政府提供的价格不能衡量其提供的廉租房、公租房给社会带来的福利。在这种情况下，当政府和私人部门都提供某种商品时，考虑以私人部门提供的价格作为参考。

但通常情况下，政府提供商品常常有一些限制条件，例如政府提供的租赁房对租户的收入有一些限制，申请的流程和手续会增加租户的机会成本。所以当一种商品既有政府提供，又有私人部门提供时，这一商品的真实价值往往高于政府制定的价格，但是又不一定能达到私人部门提供的水平，一般我们认为其价值介于两者之间，私人部门提供商品的价格是政府提供该商品价格的上限。

另一种在计算总收益时需要注意的情形是，假设政府和私人部门都提供游泳池，政府提供了一个免费的游泳池，但是我们并不知道人们对免费游泳池支付意愿的上限，此时可以去寻找一个和政府提供的免费游泳池条件(洗浴环境、泳道环境、水质以及地理位置)相似的由私人部门提供的游泳池，而私人部门提供的游泳池需要付费，可以通过观察统计私人部门游戏池的价格和消费量水平，得出需求曲线。

假设私人部门提供的游泳池和政府提供的相似，如图 8-4 所示，当私人部门游泳池门票为 5 元时，每年有 10 万人次游泳，私人部门游泳池的年收入为 50 万元。考虑人们对政府提供的免费游泳池的支付意愿，一个常见的想法是人们对政府提供的游泳池的支付意愿等于私人部门游泳池的年收入(50 万元)。但因为政府免费提供游泳池，实际上获得的支付意愿的最大值为需求曲线下方的三角形，来游泳的不止 10 万人次，而是 30 万人次，所以人们对免费游泳池支付意愿的上限是三角形的面积 $a0c$，即 112.5 万元，而不是 50 万元。

综上，市场类比法假设私人部门和政府都能提供某商品，使用这一方法需要注意两点：① 私人部门提供的价格是上限；② 当政府免费提供此商品时，总效益

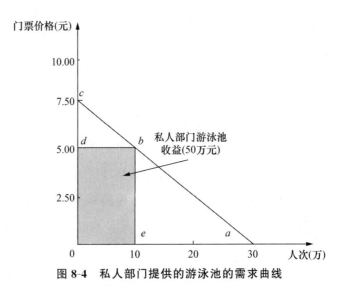

图 8-4　私人部门提供的游泳池的需求曲线

不是私人部门的总收入,而是整个三角形的面积($a0c$),也即价格为 0 时的消费者剩余。

8.3.2　权衡法

权衡法(tradeoff method)是指用机会成本来衡量价值。最常见的应用有两种:① 用工资水平衡量时间价值;② 通过观察人们的购买和求职等行为,用死亡率风险和价格之间的变化估计生命价值,去衡量他们对生命的定价。

8.3.2.1　时间价值的估计

政府的很多项目会使得人们花费的时间产生变化,例如新地铁的开通节约了人们的通勤时间。时间没有直接的交易市场,因此也就没有市场价格。一般使用工资来对工作时间的价值进行估计。但用工资水平衡量时间价值(value of time,VOT)可能有以下不足之处:

(1) 工资可能不包括其他的收益,不能完全衡量时间的价值。例如大学生获得第一份工作的目的不仅仅是获得工资,还有工作技能和经验,这些价值不一定能用工资体现出来。在两份工作之间进行选择时,关注的也不仅仅是工资,可能还要考虑发展机会等因素,这些都是工资无法体现的。因此有些学者提出应该使用税前工资数据(包括员工福利和其他间接成本)来估算时间的价值,因为这对社会来讲是员工时间的完整机会成本(Robinson et al.,2017;Baxter et al.,2017)。

但对个体来说，实际上又需要考虑税收的因素，人们往往用税后工资水平来决策是否去工作。

（2）不同的时间段价值也不一样。例如商务人士在乘坐高铁或者飞机时往往也会工作，并不是完全休闲的状态，但也不是全负荷工作的状态。所以在计算旅途中的时间价值（value of travel time，VTT）时，可能需要使用工资水平的一定比例，不能假设所有时间段的价值都相同。经济学家根据美国、英国、法国等工业化国家中的研究结果认为，合理的 VTT 节省估算应为个人税后工资的 50%（Boardman et al.，2018；Von Wartburg et al.，2004），而由于人们普遍都厌烦等待，等待时间的价值则定为工资的 125%。

（3）用工资水平衡量时间价值的前提是工资曲线有效。但一部分人不在工资曲线上，例如失业；一部分人满负荷运作，即使继续提高工资水平，也不愿意增加工作时间。这两种情况就无法用工资水平衡量时间价值。

（4）工资水平不一定等于社会的边际成本。例如垄断行业的工资水平可能高于社会边际成本。

虽然用工资水平衡量时间价值存在缺陷，但目前无法找到更合适的衡量方法。所以在一般情况下，在进行成本效益分析时，用工资水平衡量时间价值并且视情况对人群在不同状况下的时间作进一步细分是常用的做法。比如，修建一条高速公路会使得公路使用者（包括货车司机、商务人士等）花费的时间减少。虽然商务人士的平均工资比货车司机要高，但是商务人士使用高速公路时并不是满负荷工作状态，可能采用其工资水平的一定百分比衡量其时间价值；而货车司机是工作状态，可以用平均工资衡量其时间价值。

专栏 8-1

时间价值的一些参考

一些国家的指导性文件对成本效益分析中如何确定时间价值给出了具体规定。美国和挪威的两份文件建议将工作中损失的时间价值设定为雇主雇用劳动力的成本（税前工资加福利），将私人时间或休闲时间的损失价值设定为税后工资的 100%。美国卫生与公共服务部（US Department of Health and Human Services，2016，第 26—32 页），挪威财政部（Norwegian Ministry of Finance，2012，第

41—48页)。英国和法国均建议在交通政策的成本效益分析中使用特定价值来衡量节约的时间。英国财政部(HM Treasury,2011,第59—60页)和法国政策规划委员会(Quinet and Baumstark,2013,第33—35页)。在法国,这些价值根据城市和城际交通、出行目的、距离、交通方式(公交/火车/汽车)和活动(步行、等待、换乘)进行区分。世界银行的一份指导文件(Gwilliam,1997)建议将成年人通勤和其他非工作时间的价值设定为每小时收入的30%,而儿童的为15%。

Whittington and Cook(2019)总结了有关发展中国家时间价值的文献,并向正在中低收入国家进行成本效益分析的分析师提供有关他们可以使用哪些方法来估算时间价值的建议。他们建议和工业化国家相似,发展中国家也可以使用税前工资数据(包括员工福利和其他间接成本)来估算员工工作的时间价值。但与美国等工业化国家相比,发展中国家的人们在非正式部门工作且不纳税的现象更为普遍。Whittington and Cook(2019)发现经济学家在估算工业化国家非正式部门时间利用变化价值时的标准建议(即使用税后工资的50%)似乎同样适用于中低收入国家。他们建议分析师用税后工资的25%—75%对正式部门的时间价值进行敏感性分析。

8.3.2.2 统计生命价值的估计

接下来介绍两种衡量生命价值的方法:

第一种方法是用人们剩余生命周期里的收入现值之和衡量(forgone earnings method),生命的价值等于这个人未来收入的贴现。按照这种方法计算生命价值(value of statistics life,VSL)时,高收入人群的生命价值高于低收入人群的。司法判决时常常采用这种方法。

在成本效益分析中我们常常采用支付意愿来衡量人们对某物品或者项目的定价,但未来收入的现值之和并不能反映人们对于死亡风险降低的支付意愿,人们对生命价值的看法可能和收入水平无关。第二种方法是通过了解使用个人为改变死亡概率而愿意付出的数额间接进行估算。例如我们考虑通过观察人们的消费行为来衡量他们对生命的支付意愿(simple consumer purchase studies)。例如当一个消费者在购买汽车时是否愿意多花费一定金额购买安全设备,使万一发生事故时的死亡概率下降,买与不买体现了对生命价值的定价。与不买相比,购买安全设备会使发生事故时的死亡概率下降 ω。当买与不买没有差异时也即意味着两种效用之间没有差别,假设这个消费者的生命价值为 V,需要花费的金额是1 000元,如果这个消费者认为买和不买此安全设备对他无差异,则 $V\times(\rho+\omega)+0\times(1-\rho-\omega)-1\,000=V\times\rho+0\times(1-\rho)$。计算出 $V=\dfrac{1\,000}{\omega}$,用简单的购买行为就可以估算生命价值。当某个人对自己的生命的支付意愿很高时,则会尽量地去提高安全性。

人们对生命价值的估计也可以通过劳动力市场的行为来体现。例如一个人是否愿意为了更高的工资去高风险地区工作,这一选择可以体现出他对生命价值的衡量。如果一个人不愿意为了一份比现在的工作年收入增加3 500元而使自己的死亡概率上升1‰的工作,他会拒绝这份工作,因为他认为自己的生命价值高于 3 500/(1/1 000)=3 500 000 元。

用购买行为或者求职行为来衡量生命价值的好处是可以体现人们对自己生命的支付意愿,但是也存在以下五个问题:

(1) 这一方法假设无论是购买物品还是求职时,消费者或者求职者都可以完全理解风险。这一假设有时很难成立,例如消费者在购买安全设备时无法体会到使死亡概率下降的具体含义,也无法完全明白这一设备的具体用处。

(2) 这一方法假设参与研究的人是人群的代表,但抽样人群可能恰巧是风险偏好者,所以询问不同的人群,得出的结果也可能不同。

(3) 这一方法假设研究人员对风险有准确的测量,但事实上很难做到。

(4) 降低风险的意愿取决于风险的水平。在风险很高的情况下(例如疫情或者战争),人们对安全的支付意愿会很高,因为对安全的需求是边际效用递减的。所以人们对生命的定价实际上取决于他当时所处的风险水平。由于安全边际效用递减,生命价值的估算值随初始风险和人们被要求承担的额外风险水平变化而变化。

(5) 这一方法是单变量法,它假设相关市场是有效的,只有某个因素发生变化,所有其他变量都是不变的,这也是一个非常强的假设。

专栏 8-2

我国统计生命价值的估计

目前我国统计生命价值研究主要应用于两个方面：一是安全经济学领域，用于测算劳动者的生命价值以确定事故赔偿金额；二是环境管理领域，用于测算大气污染对生命健康的影响，为环境质量标准、污染物排放标准提供决策支持。

人力资本法和支付意愿法是对人的生命价值进行定量分析最常用的两类方法。我国已有不少学者借助各类方法对我国生命价值的影子价格进行测算。

人力资本法通过选取合适的贴现率及合适的人力资本替代指标折算出生命的净现值。王玉怀和李祥仪（2004）以河北某国有重点煤矿为样本，采用企业净产值出推算矿工的生命价值为42.5万元。刘帅等（2016）以人均收入代表人力资本，基于北京不同年龄阶段居民人口数据和基期死亡率数据计算工作年限损失，计算出2014年因空气污染所致北京市居民人均生命价值损失的估计结果为55.7万元。

支付意愿法主要可通过工资风险法、条件价值法和消费市场法三种方式获取人们的支付意愿（李文鸿等，2012）。

工资风险法基于"补偿性工资差别"理论构建特征工资模型，利用劳动力市场中死亡风险较高的职业工资高（其他条件相同时）的现象，通过回归分析控制其他变量，将工资与风险的关系分离出来，得到风险系数，从而估算生命价值。秦雪征等（2010）利用2005年全国1%抽样调查数据，依据国际标准的"享乐主义工资模型"，通过回归方程确定工资率与行业死亡风险的关系，计算出我国劳动力生命价值约为181万元。彭小辉等（2014）构建了包含消费的特征工资模型，对2009年和2012年上海市农民工的生命价值进行了估算，结果显示行业的伤亡风险对工资率有显著影响，城镇农民工平均生命价值为936.56万元。

条件价值法是指通过人们为了降低特定数量的死亡风险而愿意支付的货币金额，直接求出人们对风险降低的支付意愿。梅强和陆玉梅（2008）首次使用条件价值法，对江苏省三个高危行业员工的受偿意愿（WTA）进行分析，计算得到员工在受偿意愿条件下的生命价值均值为3729.02万元，调整为支付意愿后，生命价值均值为532.72万元。曾贤刚与蒋妍(2010)基于意愿价值评估法(contingent valuation method,CVM),在上海、南宁、九江三市,采用多阶段分层随机抽样与配额抽样相结合的方法,通过引导受访者选择为改善空气质量而降低死亡风险的支付意愿,搜集到1079份有效样本数据,由此测算出我国代表性城市人口的生命统计价值约为100万元。

消费市场法假设人们作为理性消费者可以通过购买防护用品降低死亡风险,根据购买防护用品的支出费用和所能带来的风险降低程度估算出人们的生命价值。消费市场法和工资风险法具有相同的理论基础,前者考察的是消费和风险之间的关系,后者则考察的是工资和风险之间的关系。但由于消费市场法存在产品在风险与价格之间的补偿关系并不连续、不同风险偏好的消费者对产品的不同选择会影响个体生命价值评估、消费市场的风险和货币数据难以观测等缺点,因此测算出的结果普遍不如工资风险法可靠,因此利用消费市场法测算生命价值的文章相对较少(叶星和杜乐佳,2017)。

2003年《最高人民法院关于审理人身损害赔偿案件适用法律若干问题的解释》(法释〔2003〕20号)规定死亡赔偿金按照城镇居民人均可支配收入或者农村居民人均纯收入标准计算,以定型化赔偿模式来确定死亡赔偿金的赔偿标准和赔偿年限,具体操作为:一次性赔偿20年,受害人是60周岁以上的,年龄每增加1岁减少1年,75周岁以上的,赔偿年限按5年计算。死亡赔偿金赔偿的对象是余命,但又不完全是余命,如果年龄太小,也只赔偿20年,超过60岁的就是年龄每增加1岁就减少1年。该规定是基于当时我国经济社会发展基本国情,在城乡户籍制度和城乡二元结构的背景下制定的。随着我国户籍制度改革的推进以及经济社会的不断发展,城乡差距逐渐缩小,人身损害赔偿标准问题面临着新情况、新形势。《最高人民法院关于修改〈最高人民法院关于审理人身损害赔偿案件适用法律若干问题的解释〉的决定》(法释〔2022〕14号)于2022年5月1日施行。死亡赔偿金由原来按照城镇居民人均可支配收入或者农村居民人均纯收入标准计算修改为按照城镇居民人均可支配收入标准计算,不再对城乡居民分别计算,而是统一按照政府统计部门公布的各省、自治区、直辖市以及经济特区和计划单列市的城镇居民指标计算。

8.3.3 中间品法

公共产品可能是一种中间产品,我们可以用这一产品带来的产出变化去衡量其价值,这就是中间品法(intermediate good method),农田灌溉系统以及教育培训项目就是常见的中间品。一般情况下我们认为灌溉系统本身并不产生效用,但是由于安装了灌溉系统后可能会带来增产,而产量的增加可以被认为是灌溉系统的效益,也即对灌溉系统的支付意愿。另一种就是教育培训项目,一般情况下教育培训会带来收入的增加,收入的增加是教育和培训的效益,也即人们对教育的支付意愿。当研究的商品是其他商品的中间品时,可以用其他商品价值的变化去衡量中间品的价值。

使用中间品法可能有以下问题:

(1) 中间品法常常需要假设其他因素不变。例如在灌溉系统的项目中,假设今年比去年增产完全是因为灌溉系统起了作用,或者 A 块地和 B 块地相比增产也完全是安装了灌溉系统的结果。但实际上今年和去年相比自然环境可能有很大的变化,A 块地和 B 块地也很难保证除灌溉外,害虫等的影响都一样。单变量方法要求把其他因素的影响都剔除,这一要求难以保证。

(2) 中间品法往往假设产出衡量了所有效益,但有些中间品本身可能有价值。例如教育培训项目,一些商务人士参加培训,并不是为了收入的提升,可能教育求学对他而言相当于享受,即使培训无法给他带来收入的提高,他对培训仍有一定的支付意愿。但中间品法假设收入的变化和产出的变化完全可以衡量中间品的效果,也即对中间品的支付意愿。

8.3.4 资产定价法

资产定价法(asset valuation method)分为单变量资产定价法和多变量资产定价法。单变量资产定价法操作较为简单,例如考虑噪声的负外部性问题,假设两栋房子的学区、朝向和户型等其他条件都相同,只是由于在小区的位置不同而受噪声影响不同,这两栋房子价格的差异实际上是对噪声的衡量。但单变量资产定价法估计存在以下问题:

(1) 遗漏变量。我们无法考虑所有的变量,所以总是会存在遗漏变量的问题。我们很难找到除噪声外其他因素完全相同的两栋房子,需要假设所有其他解释变量保持不变,但这在实践中很难保证。

(2)自选择偏差。人们往往会对自己拥有的东西定价更高,"敝帚自珍"可以很好地说明这一问题。风险偏好程度高的人对高风险工作的收入溢价往往要求更低。所以面临同样特征,不同的人会给出不同定价,这都是可能出现的自选择偏差问题,不同的人对特定属性赋予不同的值。

下面我们介绍两种多变量资产定价法,试图从一定程度上规避这两个问题。

8.3.4.1 特征定价法

特征定价法(hedonic price method)也叫享乐定价法,通常用来衡量某个因素的价值。Rosen(1974)就产品包含隐含的特征要素集合提出了供需均衡模型,在市场完全竞争的条件下,舍温·罗森(Sherwin Rosen)将消费者效用最大化和生产者利润最大化作为目标,分析了异质性产品市场的短期均衡和长期均衡。特征价格(hedonic price)方程曲线如图8-5所示。当特征价格曲线与供给曲线、需求曲线相切时就达到了均衡状态,此时的均衡点对应的价格即为均衡价格。特征理论认为消费者对异质性商品的需求并不单是商品本身,而是商品所内含的所有特征要素集合。消费者从购买和使用商品中获得效用,其效用水平的高低依赖于商品所包含的各种特征要素的种类、数量及组合方式。

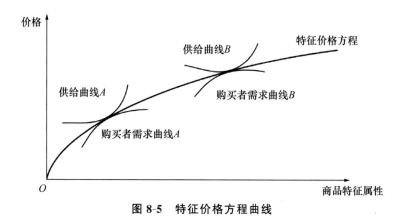

图8-5 特征价格方程曲线

成本效益分析衡量的是大家对某种商品的支付意愿,如果这种商品有明确的市场价格,则可以直接衡量;但有些商品并没有明确的市场价格,例如房屋作为整体有市场价格,但房屋所处楼层、景观等因素并没有市场价格。楼层、景观都是构成房屋价格的要素,我们可以得知商品的整体价格,但并不知道某个要素的价格。特征定价法实际上衡量的是组成这个商品的某个要素的价格。特征定价法用多变量分析法尽量克服遗漏变量和自选择偏差,但是随着计量经济学的发展,更多的因果判别方法被用到成本效益分析领域。

例如,我们在衡量学区的价值时,将小学分为普通小学、二级重点小学和一级重点小学三种类型。特征定价法的第一步是确定资产的总价值,并考虑影响总价值的因素。我们构建一个特征价格函数,在控制影响房价的其他变量的同时,评估学区对房屋价值的影响,我们选择尽可能多的要素以克服遗漏变量的问题,可以假设如式(8-8)的乘法模型。①

$$P = \beta_0 \text{Loc}^{\beta_1} \text{Size}^{\beta_2} \text{Ori}^{\beta_3} \text{Edu}^{\beta_4} \text{Flo}^{\beta_5} e^{\varepsilon} \tag{8-8}$$

由模型可以算出某个因素的变化对资产总价值的影响。在这个模型中假设房屋价格(P)受到位置(Loc)、房屋面积(Size)、朝向(Ori)、学区(Edu)和楼层(Flo)等因素的影响,β_0是常数项,β_1、β_2、β_3、β_4和β_5都是弹性,分别衡量了位置、房屋面积、朝向、学区和楼层变化对房屋价格的影响,e^{ε}是随机误差项。当学区档次上升一个水平时,房屋整体上升的价格是学区特征价格(隐含价格)。特征价格等于房屋价格P对学区取偏导,得出的值实际上代表学区变化一个单位带来的房屋整体价格水平变化量。这个方程称为特征价格函数。由于某一特定属性的单位变化而导致的资产价格变化称为特征价格、隐含价格或该属性的租金差。

$$r_V = \beta_4 \frac{P}{\text{Edu}} \tag{8-9}$$

我们将特征价格函数的图像绘制在图8-6中。图中横轴代表学区水平,显然随着学区的改善,房屋的价格水平也在不断提升,而隐含价格(特征价格)实际上是图8-6中上图曲线的斜率。将斜率的值画在图8-6中下图中,横轴仍然是学区水平,纵轴是学区特征价格。r_V表示对学区房的需求曲线,随着学区等级的不断提升,支付意愿不断下降。图8-6中下图中的需求曲线可以代表市场需求曲线,因为曲线上的点都是图8-6中上图的点对应的斜率,而上图中每一点都是真实市场价格,所以下图为市场需求曲线,是已经在市场上成交的需求曲线。但是对个人而言,他虽然没有在市场中真实交易,但他对学区房仍有支付意愿。如果用

---

① 随着计量经济学的发展,现在的特征定价法的模型形式更加丰富。而乘法模型有助于写出特征价格的具体表达式,所以我们遵循 Boardman et al. (2018)的处理。

图 8-6 中下图计算支付意愿,我们需要假设所有人的偏好都一致,社会全部由有代表性的个体组成,而代表性的个体完全可以由市场交易来反映。此时也可以选择继续深入,考虑人们对学区房的支付意愿实际上不一定都在市场需求曲线上,其中还受到偏好和收入水平的影响。对相同的学区,高收入人群的支付意愿可能会更高,对学区有特别偏好的人群,支付意愿也会更高。在这种情况下我们对人群进行分类,假设社会中并非全是代表性的个体,我们将个体分成高收入、中收入和低收入,重新再拟合出三条曲线(图 8-6 下图中的 W_1、W_2、W_3),这三条曲线代表不同收入水平的人群对学区房的支付意愿。

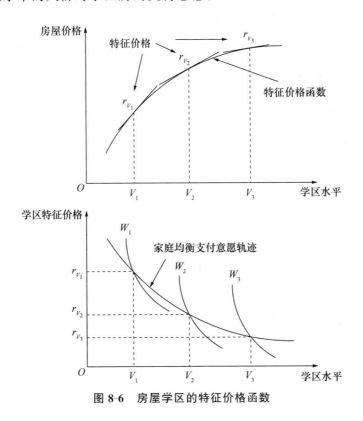

图 8-6 房屋学区的特征价格函数

如果在成本效益分析时没有对人群进行分类,则可以直接假设社会完全由有代表性的个体组成,市场需求曲线即可反映人们对学区的支付价格。在控制了受收入和其他社会经济因素影响的偏好后,评估学区的平均价值。如果对人群进行细分,考虑到不同的收入 Y 和偏好 Z,分析人员应该估计以下对学区的支付意愿函数(逆需求函数):

$$r_V = W(\text{Edu}, Y, Z) \tag{8-10}$$

特征定价法也存在一定的缺陷：

（1）这一方法假设人们对影响资产价格的特征有充分的理解，但是由于信息不对称存在，人们不一定对这些特征有充分了解，例如并不能理解不同区位或者学区的意义。

（2）这一方法仍然存在遗漏变量问题，此外很难保证变量的测量没有误差。

（3）很难确保函数形式正确。

（4）市场必须提供充分的选择，这样才能保证人们可以在曲线上找到最优点，但是，例如房地产市场供应有限，并不一定能满足所有人的个性化需求。

（5）可能存在多重共线性问题或其他计量方法的缺陷。

（6）市场被认为会立即根据属性的变化和所有其他因素进行调整，但是资产价格往往具有一定的刚性，不一定能迅速调整。

专栏 8-3

特征定价法案例——清洁空气的特征定价法

该研究以芝加哥住房市场为模型，根据可吸入颗粒物（PM10）和二氧化硫的浓度来估计人们对清洁的空气的需求，利用二阶段的特征价格回归对边际支付意愿和非边际支付意愿（累计的边际支付意愿）的估计，并分析了减少空气污染的货币收益。

在二阶段特征价格法中，消费者在式（8-11）预算约束下进行效用 $U(x,z)$ 最大化。其中 z 是表征房屋特性的向量，x 是除房屋外所有其他商品，Y 是收入，$P(z)$ 是房屋价格。

$$x + P(z) = Y \tag{8-11}$$

将消费者效用最大化得到方程（8-12），其含义是特征 z_i 的边际价格等于边际支付意愿，也就是 z_i 和 x 之间的边际替代率，等式右边部分就是边际支付意愿，即房屋特征的逆需求函数。

$$\frac{\partial P}{\partial z_i} = \frac{\partial U/z_i}{\partial U/x} \tag{8-12}$$

若给定效用函数的形式，则可以通过对逆需求函数积分得到非边际支付意愿，如式（8-13）所示。非边际支付意愿适用于估计较大幅的空气质量改善带来的效益。

$$\int_{z_i^0}^{z_i^1} \frac{\partial U/z_i}{\partial U/x} \mathrm{d}z_i \tag{8-13}$$

研究将芝加哥主要都市统计区域(PMSA)作为本案例的单一住宅市场,并选择其中的库克县(Cook)和杜佩奇县(DuPage)的个体数据作为样本,因为这些县有足够的空气污染数据且接近 PMSA 中心。住房数据来自联邦住房管理局(FHA)的按揭贷款记录,数据集包括住宅的销售价格;购买家庭的收入、规模、种族、婚姻状况等。空气质量数据来自伊利诺伊州年度空气质量报告,包括 1989 年和 1990 年 PM10 和二氧化硫的水平。社区特征(如收入中位数和白人人口百分比)来自 1990 年美国人口普查局 659 个人口普查区的记录。在财政属性上,财产税会对房价产生很大的影响。除了财产税税率,根据 Tiebout(1956)的理论,消费者会选择财政支出计划最能满足其需求的社区,因此人均市政支出和按学区人均教育支出也应该作为社区属性被纳入回归。房价也取决于交通特征,即到主要就业中心的距离和从住宅所在的街区到商业区的交通时间,本研究将住宅到芝加哥市中心 Loop 区域的距离和住宅到最近高速公路交叉路口的距离作为代理变量。芝加哥市除了商业中心大环区(Loop area),奥黑尔国际机场(O'Hare International Airport)已经成为第二大就业中心,因此引入虚拟变量 OHARE。此外,考虑到不同县之间税收评估方法的差异,引入虚拟变量 COOK。家庭每年的非住房支出这一变量,对第二阶段逆需求函数的参数估计是必要的,由于数据不可得,我们通过按揭利率按公式还原房贷支出,用收入减房贷支出得到非住房支出。一共有 22 个家庭、社区、住房、环境变量被纳入特征定价分析,特征价格方程的因变量是房屋销售价格。

为了得到可靠的特征价格估计,参数识别和住房特征的内生性是两个必须解决的问题。识别问题可以通过函数形式限定来实现。由于住房属性的估值对函数形式的选择很敏感,因此需要分析特征定价模型对函数形式选择的敏感性。作者在六种 Box-Cox 函数形式下分别进行回归,得到的结果较为稳健,基本上所有变量在不同函数形式下估计的平均边际支付意愿的差异都在 10%—20%,特别是我们关注的空气污染指标 PARTICLE 和 SULFUR。为方便阅读,此处仅展示了线性函数形式下的结果,如表 8-1 所示。

表 8-1 线性函数形式下特征的平均边际支付意愿

变量	定义	边际支付意愿的平均数
NROOMS	居室数量	1 325***
LVAREA	居住面积	14***
HAGEEFF	房屋年龄	−205***
LSIZE	停车场面积	0.382***
AIRCON	空调系统情况	1 885***
NBATH	拥有水槽、卫生间、淋浴等设施的房间数量	661***
GARAGE	车库情况	1 488***
PTAXES	购买当年当地财产税率	−3 154***
PCTWHT	区域内白种人占比	258***
MEDINC	区域内收入中位数	0.653***
DFCL	到大环区商业中心距离	−841***
DFNI	到最近高速公路路口距离	−200
PARTICLE	PM10 读数	−328***
SULFUR	二氧化硫读数	−883***
SSPEND	人均教育支出	1.271**
MSPEND	人均市政支出	−16***
COOK	是否属于库克县	3 678***
OHARE	距离奥黑尔商业区（O'Hare business district）是否小于 5 英里	4 171**
R^2		0.49

注：***、**和*分别表示在1%、5%和10%的水平上显著。

第一阶段的估计是确定特征价格函数形式并估计参数，第二阶段的估计是确定逆需求函数，确定效用函数形式并估计其参数，然后得到某一特征的非边际支付意愿。作者模拟了不同函数形式的特征价格方程（线性、半对数、重对数和Box-Cox 线性等）和不同形式的效用函数（Diewert 形式和 Translog 形式）。以线性形式的特征价格方程和 Diewert 形式的效用函数，第二阶段估计的方程如式（8-14）所示。其中 C 是家庭中孩子的数量，R 是房主的种族，α_i、β_{ij}、τ_i 和 δ_i 是效用参数，k 是房屋特征的数量，ε_i 是随机误差项，η_i、λ 和 θ 是特征价格方程的系数。

$$\eta_i P^{1-\theta} z_i^{\lambda-1} = \sqrt{\frac{x}{z_i}} \left(\alpha_i + \delta_i C + \tau_i R + \sum_{j=1}^{k} \beta_{ij} \sqrt{z_j} + \varepsilon_i \right) \tag{8-14}$$

于是，我们得到了效用函数的参数 α_i、β_{ij}、τ_i 和 δ_i，下面通过对逆需求函数积分计算非边际支付意愿。表 8-2 报告的是不同特征价格方程和效用函数形式下边际支付意愿和非边际支付意愿估计情况,其中边际支付意愿基于 0.001 单位的变化,非边际支付意愿基于 25% 的空气污染变量变化。例如,Diewert 形式的效用函数下,减少 25% 的 PM10 污染水平,居民的支付意愿在 2 037—3 350 美元,这意味着其他条件不变的情况下居民愿意多花费 2 037—3 350 美元来购买一套位于大气污染水平比现住区域低 25% 区域的房屋。因此如果政府想要将整体区域的污染水平降低 25%,归于一户的效益是 2 037—3 350 美元。同时,也可以看出在污染防治上,减少 PM10 比减少相同比例的二氧化硫收益更高。

表 8-2　不同特征价格方程和效用函数形式下对大气环境的边际支付意愿与非边际支付意愿

特征价格方程 函数形式	边际支付意愿	非边际支付意愿 (Diewert 形式效用函数)	非边际支付意愿 (Translog 形式效用函数)
PM10			
线性	−328	−3 350	−4 329
半对数	−363	−3 312	−4 651
重对数	−283	−2 282	−2 794
Box-Cox 线性	−268	−2 037	−2 729
二氧化硫			
线性	−883	−1 925	−2 084
半对数	−878	−1 422	−1 873
重对数	−1 036	−1 377	−1 633
Box-Cox 线性	−997	−1 353	−1 649

资料来源:Sudip, Chattopadhyay. Estimating the demand for air quality:New evidence based on the chicago housing market [J]. Land Economics,1999,75:22-38。

8.3.4.2　旅行成本法

旅行成本法(travel cost method,TCM)常被用来评价那些没有市场价格的自然景点或游憩环境的旅游价值。Smith and Kaoru(1990)中提到 1947 年,针对美国国家公园经营中面临的困境,哈罗德·霍特林(Harold Hotelling)指出不能仅以公园门票收入作为评估其价值的依据,而应另辟蹊径采用新的评估方法,否则公园的价值将会被严重低估,霍特林建议管理部门采用的新方法就是现代旅行成本法的雏形。Clawson and Knetsch(1966)利用消费者剩余概念提出以旅行成本来评价森林旅游价值的方法。旅行成本法假设游客到景区游览虽然不必付出高昂的入场费,但是必须支付交通费用以及其他必不可少的费用,同时耗费一定的时间。这些货币支出和时间成本即被视为资源环境的隐含价格。通过收集调查游客在景区的消费情况,依据出游率和旅行费用等数据,利用回归技术确定经典的旅游需求曲线,以此为据计算出的消费者剩余就是旅游景点的非市场价值。旅行成本法衡量土地价值的基本思路是,构建一个函数关系式,观察游客游览这个景区的总成本和次数的关系,再求出对这个景区的需求曲线,从而衡量对这个景区的支付意愿。

旅行成本法大致可以分为两类——分区旅行成本法(zonal TCM)和个人旅行成本法(individual TCM)。分区旅行成本法指游客被分配到一些特定的区域,这决定了他们的"旅行成本"。对于每个区域,分析人员计算每年的平均游览次数和平均总旅行成本,利用这些观察结果,可以估计旅行成本与每人旅行次数之间的关系。分区旅行成本法的成本较低,另外研究人员调查的是实际游客,而不是潜在游客。例如我们需要衡量西双版纳的旅游价值,可以调查1万名实际游客,这些游客中来自全国31个省、自治区和直辖市(不含港澳台地区)的人数分别是多少。不同省份的人旅行成本不一样,云南、贵州相对低一些,而北京、东北三省相对较高,每个区域中人群的旅行成本较为一致。最后可以得到游览西双版纳的次数和成本,以及收入和偏好的函数关系式。根据这个函数关系式找出游览次数和成本的关系,得出需求曲线,并计算出消费者剩余。

个人旅行成本法即用于模型回归的数据以个人样本为基础,而非区域汇总数据。我们预计一个人的旅行需求数量 q 取决于旅行的价格 p,替代品的价格 p_s,个人的收入水平 Y 和反映个人偏好的变量 Z。价格 p 也即成本,在成本效益分析中,成本是总成本的概念,不仅仅是门票成本,还包含通勤成本和时间成本等。我们构造如下函数关系式,用来估计一般的市场需求曲线(成本价格的函数)从而衡量支付意愿。

$$q = f(p, ps, Y, Z) \tag{8-15}$$

个人旅行成本法比分区旅行成本法更多地使用了数据信息,但个人旅行成本法也有不足。旅行成本法往往通过现场问卷调查的方式来收集样本,Shaw(1988)总结了现场问卷调查所获样本的一些特点:① 非负整数性,一定时期内到某地的旅游次数只能是一个非负整数;② 零截断性,只有那些至少去过一次的游客可能被包含在样本中,而那些一次都没去过的游客(non-user)的信息被排除在外;③ 内生性,即那些去景点频率越高的游客越有可能被收集到样本内。随着计量和统计技术的发展,更多的截断模型、离散模型等计量模型被用在旅行成本法中。

旅行成本法与特征定价法是互补的,特征定价法是为了计算对整体中某一特征的支付意愿,而旅行成本法是为了衡量对整个景区的支付意愿,这个景区的价值就是以目前状态存在时大家从中获得的收益或者挪作他用的机会成本。但是旅行成本法存在一定缺陷(以分区旅行成本法为例):

(1) 限定在人们(在区域内)出行成本不同的地点。在总成本没有变化的情况下,要求来自不同地方的人的成本得有区别,则要有足够多的观察点才能够估计需求曲线。

(2) 旅行成本可能是内生的,而不是外生的。

(3) 可能还有其他计量经济学问题,如样本选择问题,只从游客而不是从全体人群中抽取样本,导致结果有偏差。此外,可能会忽略一些变量,例如偏好或替代品在不同区域可能有所差异。

专栏 8-4

旅行成本法案例——拉萨旅游价值估计

近年来,拉萨市旅游业发展迅猛,旅游业逐渐成为当地支柱产业。拉萨市旅游市场比较成熟,知名度较大,游客来源分散,客源地较广,适合用分区旅行成本法模型进行分析。调查问卷的设计基于分区旅行成本法的主要构成要素:一是游客基本信息,如职业、年龄、收入等;二是与游憩价值有重要关系的信息,如客源地省份、旅行时间、旅行费用等,其中旅行费用包括游客从出游到回家整个期间的花费,再加上与旅游直接和间接相关的所有费用支出,旅行时间根据国内大多数研究的做法折合成资金消费计入旅行费用,且一般取游客每天工资的 1/3 作为旅行时间价值。收集问卷的样本点是游客较为集中的主要旅游点,包括布达拉宫、大昭寺、小昭寺、罗布林卡、哲蚌寺,调查时间为 2014 年 10 月至 2015 年 9 月的每周末。经整理,有效问卷为 975 份,结果和分析如表 8-3 所示。

表 8-3 基本信息统计

客源地	样本数 n_i	样本数/样本总数 (n_i/N)	城镇人口 M_i(万人)	旅游率 VR_i	旅行费用 TC_i(万元)	城镇居民人均可支配收入 IN_i(万元)
海南	4	0.41	486	9.52	1.01	2.45
宁夏	8	0.82	355	26.06	0.58	2.33
吉林	8	0.82	1 509	6.13	0.69	2.32
新疆	10	1.03	1 059	10.92	0.58	2.32
广西	12	1.23	2 187	6.35	0.70	2.47
上海	15	1.54	2 173	7.98	1.01	4.88
黑龙江	15	1.54	2 224	7.80	0.69	2.26
天津	16	1.64	1 248	14.83	0.82	3.15
贵州	16	1.64	1 404	13.18	0.90	2.25
安徽	17	1.74	2 990	6.58	0.63	2.48
云南	19	1.95	1 967	11.17	0.66	2.43
福建	20	2.05	2 352	9.83	0.77	3.07
内蒙古	21	2.15	1 491	16.29	0.64	2.83
江西	21	2.15	2 281	10.65	0.65	2.43
甘肃	29	2.97	1 080	31.05	0.64	2.18
山西	29	2.97	1 962	17.09	0.59	2.41
重庆	36	3.69	1 783	23.35	0.61	2.51
河北	37	3.79	3 642	11.75	0.63	2.41
陕西	42	4.31	1 985	24.47	0.64	2.44
辽宁	42	4.31	2 944	16.50	0.74	2.91
湖北	42	4.31	3 238	15.00	0.77	2.49
山东	49	5.03	5 385	10.52	0.68	2.92
河南	52	5.33	4 265	14.10	0.68	2.37
湖南	54	5.54	3 320	18.81	0.62	2.66
浙江	57	5.85	3 573	18.45	0.88	4.04
江苏	58	5.95	5 191	12.92	0.69	3.43
北京	65	6.67	1 858	40.46	0.75	4.85
四川	68	6.97	3 769	20.86	0.59	2.42
广东	113	11.59	7 292	17.92	0.76	3.21

注:调查样本中仅有 1 份问卷的游客来自青海省,样本太少,缺乏代表性,故没有讨论。

客源地旅游率计算如下:

$$\mathrm{VR}_i = \left(\frac{n_i}{N} \times N_{ym}\right) \div M_i \times 1\,000 \tag{8-16}$$

其中,VR_i 表示 i 客源地的旅游率;n_i 表示抽样中 i 客源地的样本人数;N 是样本总数,本次调查中 $N=975$;N_{ym} 为拉萨市年总的旅游人数,单位为万人,这里 $N_{ym}=1\,127.52$ 万人;M_i 为客源地的城镇人口数。旅游率是旅行费用和游客其他社会经济变量的函数,将各客源地游客的旅行费用和城镇人口的人均可支配收入作为变量,假设旅游率 VR_i 是总成本 TC_i 和可支配收入 IN_i 的函数,函数形式如式(8-17)所示。

$$VR_i = b_0 + b_1 TC_i + b_2 IN_i \tag{8-17}$$

进行线性回归,得到 $b_0 = 200.798, b_1 = -0.012, b_2 = 0.005$。

经检验,二元线性回归在5%的稳健性水平上显著,模型成立。

结合式(8-16)和式(8-17)得到式(8-18),其中 Y_i 是 i 客源地的旅游量,b_0、b_1、b_2 与式(8-17)中的系数相同:

$$Y_i = 10(b_0 + b_2 IN_i)M_i + 10 b_1 M_i TC_i \tag{8-18}$$

当门票增加 P 时,需求函数为:

$$Y_i = 10(b_0 + b_2 IN_i)M_i + 10 b_1 M_i (TC_i + P) \tag{8-19}$$

整理得:

$$Y_i' = Y_i + 10 b_1 M_i P \tag{8-20}$$

则可以推出消费者剩余为:

$$CS_i = \int_0^{P_m} (Y_i + 10 b_i M_i P) dP \tag{8-21}$$

即:

$$CS_i = Y_i P_m + 5 b_i M_i b_i P_m^2 \tag{8-22}$$

其中,P_m 是当该地客源地旅游人次接近于0时的门票增加额,也就是当 $Y_i' = 0$ 时,根据式(8-20)可以得到每个客源地的 $P_m = -Y_i / 10 b_i M_i$,再根据式(8-22)计算出每个客源地的消费者剩余,加总得到2014年10月至2015年9月拉萨市主要旅游点总消费者剩余是83.9亿元。

总游憩价值是全体旅游者实际旅行支出与消费者剩余之和。全体旅游者实际支出为:

$$E_{total} = \sum_{i=1}^{n} TC_i \times Y_i \tag{8-23}$$

根据式(8-23)可计算出2014年10月至2015年9月到拉萨市旅游的全体旅游者的实际支出为791.77亿元。故拉萨市2014年10月至2015年9月总游憩价值是875.67亿元,人均游憩价值为 7766 元。

资料来源:赵剑波,杨雪丰,杨雪梅,等,《基于旅行费用法的拉萨市主要旅游点游憩价值评估》,《干旱区资源与环境》,2017年第31卷第8期,第203—208页。

8.3.5 防护支出法

防护支出是人们针对负面事件的防御性支出,防护支出法(defensive expenditures method)是指可以通过人们防护支出的上升来衡量负面事件的影响大小,或者通过项目使得人们防护支出的下降来衡量此项目的收益。防护支出法经常被用于评估环境污染的影响或者评价环境保护项目的收益。因为环境没有市场价格,无法直接衡量,但人们为了避免环境危害而购买的商品和服务具有公允价值,我们可以针对各类污染即各类防护对象,穷举居民可能购买的防护类商品和服务,并获取人们的购买意愿,从而对防护支出进行量化。例如水被污染、人们无法饮用,此时大家为了购买饮用水所花费的成本就是水被污染的成本;如果政府对水质实行改善,防护支出的下降可以用于衡量政府改善水质的效益。如果雾霾天气有所减少,人们擦窗户、洗车和洗鞋等频率下降,这些开支都是防护支出,防护支出的下降可以用于衡量雾霾天气减少的价值。防护支出法存在的问题是:

(1) 利用防护支出的下降衡量政府治理负外部性的收益时可能存在低估。因为我们不可能列全所有的防护支出,政府防治雾霾的好处除了让人们可以少擦窗户、少洗车等,还有很多无法衡量的防护支出。

(2) 可能存在一些无法防护的负外部性,例如 PM2.5 对人们健康的影响可能无法利用口罩等进行防护。这时防护支出法不能采用。

(3) 防护本身有其他收益。例如窗户多擦几遍可能更干净,人的视野更开阔。

(4) 并非所有的防护性支出都在市场中发生。

专栏 8-5

空气污染的防护支出法应用

党的二十大报告指出"必须牢固树立和践行绿水青山就是金山银山的理念,站在人与自然和谐共生的高度谋划发展""深入推进环境污染防治。坚持精准治污、科学治污、依法治污,持续深入打好蓝天、碧水、净土保卫战",十年来,"我们的祖国天更蓝、山更绿、水更清"。下面是一个防护支出法的案例,案例结果可以生动诠释"绿水青山就是金山银山"的理念。

空气污染对健康有负面影响,为了减少在污染中的暴露,个人会采取补偿性的活动,为自己创造更好的环境。在短期内个人可以调整户外活动时间或取消户外活动来主动避免接触污染,从长远来看,城市居民可以根据区域特征和个人偏好来选择空气质量更好的地方。如果接触污染是不可避免的,个人可以使用防护物资减轻对健康的负面影响。这些刻意避免污染的活动反映了个人在预防措施的成本和减少污染接触的收益之间的权衡。因此,研究消费者在避免污染方面的防护支出,有助于揭示空气污染控制政策的福利含义。在空气质量没有市场价格的情况下,防护支出法提供了一种衡量约束空气污染经济成本的方法。2012年2月29日,中国环保部(2018年改为生态环境部——编者注)颁布了环境空气质量标准(GB3095-2012)和空气质量指数(Air Quality Index,AQI)指南。细颗粒物可以进入人体,对呼吸系统和心血管系统造成伤害。佩戴过滤式防颗粒物口罩是一种流行的针对微粒污染的临时性防护活动。

本文通过调查家庭对过滤式防颗粒物口罩的需求与环境空气污染之间的关系,采用固定效应模型,利用空气质量的每日波动来确定其对口罩支出的边际影响。本文研究防颗粒物口罩的网上购买主要是因为网上购物数据具有良好的时空分辨率。作者根据中国互联网络信息中心的数据计算得到,淘宝以97%的份额在中国的C2C电子商务领域独占鳌头;天猫是中国B2C电子商务领域最大的参与者,占据了大约50%的市场份额。由于电子商务在价格、产品多样性、搜索成本、运输效率、网络使用群体与口罩需求群体重合度高等方面的优势,文章认为电子商务可能会在防颗粒物口罩市场中胜过实体商务,这回应了关于外部有效性的质疑。本文采用的是城市和日均水平的数据,涵盖了2013年1月到2014年4月的190个城市的包括空气污染、口罩购买量和天气等变量。其中口罩购买数据来自淘宝和天猫的购买记录。空气污染的数据来自中国环保部网站,AQI是由污染物浓度转化而来的一种标准化指数,范围从0到500,数值越大表示空气质量越差。空气质量指数分为6个等级:优(0—50)、良(51—100)、轻度污染(101—150)、中度污染(151—200)、重度污染(201—300)、严重污染(301—500)。天气数据来自美国国家海洋和大气管理局(NOAA)下属的国家气候数据中心,本文中使用的变量包括能见度、温度、露点、风速和风向。

环境空气污染与口罩之间的关系为量化空气污染政策干预的价值提供了新的思路。由于购买口罩的花费被视为空气污染的成本,这种防护支出法可用于评估空气质量改善的边际效益。具体来说,为空气质量边际变化的支付意愿(WTP)是口罩和污染之间的边际替代率乘以口罩价格。当然由于其他避免污染行为的存在和使用,口罩的支出只能衡量空气污染成本的一部分。根据加入滞后四期空气质量的模型,AQI 值每增加 100 单位,防 PM2.5 口罩支出将增加 70.6%,所有类型口罩支出将增加 54.4%。本文将特定城市的污染成本汇总到全国水平,得到中国一天空气污染的口罩总防护成本(AQI 从 105 上升到 205)为 80 247 美元,其中防 PM2.5 口罩成本为 38 356 美元。如果考虑到个体对空气质量的非线性反应,严重污染相对于空气质量为优的天气,每月口罩指数[①]就会增长 23.4%。利用口罩指数和口罩实际销量之间的关系,估算表明,在中国一天严重污染的成本为 61 万元。本文也使用这些估计结果来模拟假设的空气污染控制政策的效益。2013 年 1 月至 2014 年 4 月的研究期间,中国各城市严重污染城市天数共计 2 934 城市天,重度污染为 933 城市天。如果空气污染控制政策都能减少这两个严重污染日的 10%,那么将为中国共节省 11.46 亿元人民币的防护支出。

本文使用 AQI 对口罩购买边际影响估计空气污染成本可能存在一定的偏差:第一,只能观察消费者购买口罩的时间,而无法观测使用口罩的时间,无法判断购买是为了立即消费还是为了补充库存,并且一些消费者可能会在低污染日订购多个口罩,但在随后的高污染日则不会订购口罩,这种行为的存在很可能会导致低估。第二,大量消费者购买了对 PM2.5 污染防治效果有限的错误口罩,甚至在污染日很多人根本不戴口罩,这也会导致低估。第三,可能低估了口罩的成本,因为佩戴口罩对健康和社会参与的负面影响无法量化。第四,线下购物数据无法观测。如果线下购买对每日污染变化更敏感,估计的 AQI 边际效应将低估整体口罩购买的响应能力。第五,口罩的其他效益如阻碍细菌传播、保暖等没有从支出中扣除。第六,没有关于其他防御行为的信息,因此,应对空气污染的防御总支出无法完整测量。

---

① 口罩指数指将口罩销售量数据标准化的结果。

即使本文估计的只是空气污染成本的一小部分,但这些结果补充了使用防护支出法估计空气污染的成本的文献,从而有助于当前关于中国污染政策干预的讨论。

资料来源:Zhang, J., Mu, Q., "Air pollution and defensive expenditures: Evidence from particulate-filtering facemasks", *Journal of Environmental Economics and Management*, 2018, 92, pp. 517-536。

8.3.6 实验法

如果可以实施试点,我们可以通过对试点项目进行评估得到支付意愿或者影子价格。实验法在中国被广泛采用,这样做的好处在于在大规模应用前就可以大致了解项目的优缺点。尽管实验法有很高的应用价值,但首先要明确的一点是,不是所有项目都适合试点,只有固定成本低、多数成本为可变成本从而沉没成本低的社会项目才适合局部试点,如教育、职业培训、社会保障、住房优惠券等,而基建项目显然不适合。其次,试点的外推也未必是100%有效的,小规模项目与大规模项目的效果不一定相同,例如培训出十个技术成熟的工人,这十个人的工资大概率会提高,然而培训出十万个技术成熟的工人却很可能没有相同的效果,类似地,不同地区实施同一规模的项目也未必会取得相同收益。设计实验应遵循的原则是试点必须具备实际项目的关键特征,并且要保证一旦试点未成功,它的一些指标是可以调整的。最后,试点不是单一的,往往会在多个地点同时实施。

在设计实验的过程中,有两个非常重要的概念——内部有效性(internal validity)和外部有效性(external validity)。内部有效性指的是观察到的指标变化保证是试点项目的结果。例如在一个职业培训项目中,需要设计合理的评价机制,确保培训项目的结果是参与项目者工资水平的提升。外部有效性指的是项目的推广能否达到试点的同等效果,例如初级的职业培训大幅扩大规模时往往缺乏外部有效性,因为市场对初级技术工人的需求有限。外部有效性通常由项目本身的特性决定。而实验评价机制的设计更多会影响内部有效性。下面我们介绍三种评价方案。

评价方案1:随机挑选报名者进入实验组和控制组,例如用电脑抽取随机数的方式,再记录两组报名者进入项目前后的表现。随机实验的优点在于实验组与控制组的差异不是人为造成的,是一种有效的差分方法,在几种方法中内部有效性最高。在这种设计方法下,如果实验组参与项目后的表现明显变好,就基本可以认为是项目的作用。这种评价方案的缺点在于其在三种方案中成本最高,同时也无法保证外部有效性。

评价方案2:有时为了防止报名者提前产生心理暗示,可能会使用双盲法,例如在药物实验中不会让病人知道自己服用的是药物还是安慰剂。报名者进入实验组还是控制组仍然是随机的,但项目观测者不知道人们参加项目前的情况,只能比较两组报名者参加项目后的情况,内部有效性比评价方案1稍低。在观测结果为可以衡量的客观指标例如收入等时,采取评价方案1更好;而在比较主观的项目中(如询问病人的感受),评价方案2或许更合适。

评价方案3:简单比较的方式,将所有报名者全部纳入实验组,然后比较这些人接受项目前后的差别。在这三种设计当中内部有效性最低,因为其他干扰因素太多且难以甄别,如工资水平上升是因为经济形势的好转、而不是实验的效果,但优点在于简单且成本低廉。

除了上述评价方案,还可能有其他评价方案,比如由实验参考者自行决定是否进入实验组,这样就无法保证进入实验组的个体的随机性,会影响评价方案的内部有效性。而评价方案1是目前我们采用较多的分析方法,也即双重差分(Difference-in Difference)法,越来越多的研究采用双重差分法考察某一政策的影响。

专栏 8-6

实验法案例——长期护理保险的成本效益分析

党的二十大报告指出"社会保障体系是人民生活的安全网和社会运行的稳定器。健全覆盖全民、统筹城乡、公平统一、安全规范、可持续的多层次社会保障体系""实施积极应对人口老龄化国家战略,发展养老事业和养老产业,优化孤寡老人服务,推动实现全体老年人享有基本养老服务"。医疗保险方面的重点工作之一为在全国范围内建立长期护理保险制度。长期护理保险(以下简称"长护险")是对个体由于年老、疾病或伤残导致生活不能自理,需要在家中或疗养院由专人陪护所产生的费用进行支付的保险。

上海市自2013年起在全市范围内试点高龄老人医疗护理计划,提供了以居家医疗护理为主的长期护理服务,这是长护险的雏形,其筹资渠道为职工医保统筹基金。2016年,长护险计划启动,这一阶段的长护险不仅提供了居家护理,同时包括了机构护理。理论上,长护险对医疗服务利用的影响方向并不确定,存在正向的收入效应与知识效应,也存在负向的替代效应和健康效应。本研究主要关注第一阶段高龄老人医疗护理计划的试点推行过程,这一试点工作历经三个阶段:2013年7月在浦东新区、杨浦区及闵行区的6个街镇开展试点,2014年11月新增徐汇区、普陀区、长宁区三个试点区,2016年1月将试点范围扩大至全市。

实证研究中使用的数据是上海市基本医疗保险参保人员医疗服务利用调查数据,收集了2013—2017年上海市不同级别医院的医保病人就诊数据,准确记录了患者的就诊费用信息,每一条观测值代表一次就诊记录,且为年度间的混合截面数据,通过爬取上海市医疗机构的经纬度信息,与医保报销数据中医疗机构所在街镇进行匹配。利用高龄护理计划在不同街镇的试点作为"自然实验"构建双重差分模型:第一层差异来自街镇层面,第二层差异来自试点时间层面。参考宋弘和陆毅(2020),双重差分模型构建如下:

$$Y_{it} = \beta_0 + \alpha \text{Treat}_{it} + D_i + X'_{it}\beta + \theta_h + \gamma_t + \delta_{dt} + T + \varepsilon_{it} \tag{8-24}$$

样本期是2013—2015年,根据患者就诊住院的年份和月份,相应地定义就诊期为1—36期,其中Y_{it}是i患者在t期的医保支付费用对数、日均住院费用对数等变量;Treat_{it}代表若i患者居住街镇在t期已经试点了高龄护理计划则取值为1,否则取值为0;D_i是组别虚拟变量,如果患者居住在试点街镇则等于1,否则等于0;X'_{it}是个体特征变量,包括患者年龄、性别及病种;此外,还控制了医院固定效应θ_h、入院年份与月份固定效应γ_t以及行政区和年份固定效应的交乘项δ_{dt}与时间趋势项T,ε_{it}是随机误差项。本研究关注的系数是α,其含义为长护险的推行对住院天数的影响。结果表明,居家护理补贴显著地减少了个体对住院医疗服务的利用,医保支付费用下降了10.3%,这为成本效益分析提供了关键的证据。

长护险的成本效益分析仅以第一阶段作为研究对象,居家护理补贴的成本包括基金的支付和管理成本,收益仅考虑医疗资源使用的减少即医保基金支出的减少(替代效应)。截至2016年6月底,上海市高龄护理计划累计服务人次约15.5万,假设所有的服务均为高档(80元每次),每次由医保基金支付90%,则医保基金共支付1116万元。管理成本按支付总额的5%计算,即55.8万元,故居家护理补贴的成本合计1171.8万元。高龄护理计划的实施使得医保支付费用平均下降约10.3%,考虑到试点期间分为两批,2016年在全市铺开,因此计算收益时需要分别对三类地区进行核算,基本思路为首先计算试点街镇,在未推行该计划这一反事实情况下的平均费用支出,其次计算两批试点街镇在政策实施时间到2016年6月合计医保基金支出,最后计算全市其他地区的医保基金支出降幅。计算得出:上海市2013年6月至2016年6月累计的医保基金降幅为10 097.2万元,故居家护理补贴每投入1元,将节约医保基金支出约8.6元。

成本效益分析结果表明:从医保基金角度看,高龄护理计划的基金投入远远小于其所节约的医疗资源。但该计算过程未考虑居家护理对医护人员的占用使得医疗资源利用效率降低产生一定程度的就医困难所带来的成本。

资料来源:王贞,封进,《长期护理保险对医疗费用的替代效应及不同补偿模式的比较》,《经济学》(季刊),2021年第21卷第2期,第557—576页。

8.3.7 可贸易品和非贸易品的影子价格

20世纪70年代,世界银行提出了可贸易品和非贸易品的分类,并提出相应的影子价格的计算。发展中国家的市场扭曲程度比大多数发达国家要高。例如,发展中国家的劳动力市场是分割的,且劳动力流动受到土地制度的限制;官方公布的汇率并未反映国家货币的价值;商品在国际市场上的贸易因贸易税、进口配额、高关税而被扭曲;信贷市场被分割为正式部门和非正式部门。因此,专家主张在发展中国家的成本效益分析中使用影子价格来取代市场价格。联合国工业发展组织(United Nations Industrial Development Organization,UNIDO),伊恩·利特尔(Ian Little)和詹姆斯·莫里斯(James Mirrlees)于20世纪70年代初改进了很多发展中国家计算影子价格的方法,随后,世界银行的两名员工利恩·斯夸尔(Lyn Squire)和赫尔曼·范德塔克(Herman Vander Tak)将相关方法进行总结并得到了广泛认可。这一方法也被称为LMST方法。

LMST方法将商品分为可贸易品(tradeable goods)和非贸易品(nontradeable goods)。可贸易品包括进出口的消费品和生产要素,以及可能有潜在国际市场的产品,比如,国际贸易商品的近似替代品。因此,可贸易品会影响或潜在地影响一个国家的国际收支平衡。非贸易品包括所有其他消费品和生产要素,例如当地交通、电力服务和(最重要的)当地劳动力。LMST项目评估的关键是使用世界价格,即商品在国际上实际买卖的价格,为可贸易品的投入和支出定价。

使用世界价格的理由是它能够准确地反映一个国家可以利用的机会,并且在评估项目时充分认识到这些机会。例如,如果一个项目的投入物必须进口,那么按进口价格估价是合理的。同样,如果一个项目的产出物需要出口,以出口价格为基础对其进行估值是合理的,因为这表明了它对国家外汇交易的贡献。因此,该方法是基于贸易机会成本的原则。

为了更清楚地了解使用世界价格来评估项目产出和投入的基本原理,我们用一个例子进行说明。考虑一个发展中国家正在对一项利用政府资金建造钢铁厂的提案进行成本效益分析。尽管该国目前对进口钢材征收高额关税,但仍然依赖于其他国家生产的钢材。由于国内钢材的市场价格已包含关税,因此可以将关税看作国内钢材采购商与政府之间的一种转移。然而,世界价格不包括关税,故出口品的世界价格通常远低于其在发展中国家的市场价格。因此,基于国内市场价格进行的成本效益分析可能得出钢厂项目应该继续进行的结论。而实际上,进口钢材的实际资源成本(即扣除关税后的成本)小于在国内生产的资源成本。同样,如果一个项目使用本地生产(但潜在可进口的)的投入品,由于高关税或进口配额而人为抬高了价格,则在确定项目成本时应考虑到在世界市场上以更低的价格购买投入品的潜力,例如人为地压低了一些农作物的国内市场价格。发生这种情况时,如果使用国内市场价格,增加农作物产量和对外销售的项目可能无法通过成本效益测试;但如果分析基于世界价格,则可能通过。因此,LMST 方法认为,世界市场上的进出口价值应该成为国内项目决策的基础。

因此可贸易品的影子价格主要以口岸价格为基础,同时使用影子汇率将外币计算的口岸价格转为本币计算的口岸价格,其具体计算方法如下:

直接进口投入品的影子价格＝到岸价(CIF)×影子汇率＋进口费用

直接出口产出品的影子价格＝离岸价(FOB)×影子汇率－出口费用

其中,到岸价(CIF)是指项目的投入物进口时抵达本国进口口岸的价格,离岸价(FOB)是指项目的产出物出口时在本国出口口岸的价格。进口费用与出口费用是指项目投入物或产出物在国内所发生的所有费用,具体包括运费以及储运、运输保险等费用支出。

LMST 方法认为非贸易品通常使用可贸易品投入生产,以便同样使用世界价格对其进行估价。项目的劳动力也可以从先前生产可贸易品的其他经济部门中抽取,以便再次使用世界价格。一般来说非贸易品的影子价格主要从供求关系出发,按机会成本和消费者支付意愿来确定,通常以国内市场价为基础,在此之上根据该货物在国内的运杂费进行调整来确定,其具体计算公式如下:

非贸易投入品的影子价格＝市场价格＋国内运杂费

非贸易产出品的影子价格＝市场价格－国内运杂费

20世纪六七十年代,国际发展项目分析关注在价格严重扭曲的情况下,如何在基础设施、工业和农业方面进行正确的投资。当时全球私人融资尚未盛行,官方发展援助(Official Development Assistance)成为在发展中国家进行重大固定资产投资的主要方式。与此同时,对国内工业的大力保护(也称为"贸易政策引发的价格扭曲")使得官方发展援助分析师难以确定哪些投资具有经济意义。在这种情形下LMST方法被提出并盛行。随着布雷顿森林体系的终结和私人国际资本流动开始恢复,80年代LMST方法的使用开始逐渐减少,到90年代国际发展投资分析中基本不再适用。

【复习思考题】

1. 假设某城市幼儿园费用较高,平均为9 000元/月,高昂的园费使得有些母亲选择自己在家照顾孩子。现在政府提供了普惠幼儿园,同等档次的普惠幼儿园的费用为2 500元/月。这项服务非常受欢迎,大概有10 000名以前由母亲照料的儿童进入了普惠幼儿园,另有2 000名适龄儿童在登记等待入园。接受孩子进入普惠幼儿园的母亲对这项服务的估价是每月2 500元、9 000元,还是大于2 500元小于9 000元？回答并解释。

2. 政府要出台一个为低技能劳动力提供特定职业培训的政府培训计划。为了评估这个项目,目标人群的成员被随机分配到有资格接受该项目服务的实验组或没有资格接受该项目服务的对照组。研究发现,实验组的成员留驻该项目平均时间为一年,在此期间他们没有任何收入,但该项目为他们支付了4 000元/人的免税津贴,以帮助他们支付生活费用。在项目期间,对照组成员的平均年收入为1万元,缴税1 000元。两组人获得的福利和失业补助几乎相同。项目运营成本(不包括津贴)为每名成员3 000元。在离开该项目后的两年里,实验组成员的平均年收入为20 000元,他们为此缴纳了2 000元的税;而同期,控制组的平均收入为15 000元,缴纳1 500元的税。在离开该项目后的两年里,实验组成员平均每年收到的福利金和失业补助为250元。在同一期间,对照组成员平均每年领取福利金和失业补偿金为 1 250 元。使用 5% 的贴现率和 5 年的时间期限,从参与培训者、非参与者和社会角度计算该计划的净收益(或损失)的现值。忽略项目对休闲的影响,并假定所有的效益和成本在其发生的年度年底累计。

3. 假设你是甲公司的 CFO,当前旗下有中端、高端两款主流手机处理器 A 与 B,而处理器的生产来自半导体制造公司台积电,生产单位产品所需工序时长以及台积电为甲公司分配工时如下表所示:

	A	B	工时上限
工序 1	1	1	300
工序 2	2	1	400
工序 3	0	1	250
单位产品获利	50 万元	100 万元	

乙公司的手机处理器 M 与 N 所需工序时长以及单位产品利润与甲公司旗下同级别产品相同。2021 年以来,在半导体制造公司生产能力的限制下,芯片缺口极其严重,故乙公司一直想租用台积电为甲公司分配的生产工时,什么样的价格会让你动心?而乙公司至多会提出什么样的报价?

附录 8A 影子价格计算的推导

现在,我们推导拉格朗日乘子与影子价格的等价性以及拉姆齐定律。

8A.1 拉格朗日乘子作为影子价格

不失一般性地,我们在只有两类资源 $x=(x_1,x_2)$ 的情况下证明了这一结果。对于这一优化问题,首先给出最大化的值函数:

$$V = F(\bar{x}) \tag{8A-1}$$

考虑某一项目的实施通过影响 x 导致最大化的值函数 V 发生的变化,数学上即为对式(8A-1)取全微分:

$$\mathrm{d}V = \frac{\partial F(\bar{x})}{\partial x_1}\mathrm{d}x_1 + \frac{\partial F(\bar{x})}{\partial x_2}\mathrm{d}x_2 \tag{8A-2}$$

接下来定义拉格朗日函数:

$$L = F(\bar{x}) + \lambda[c - G(\bar{x})] \tag{8A-3}$$

一阶条件为：

$$\begin{cases} \dfrac{\partial L}{\partial x_1} = \dfrac{\partial F}{\partial x_1} - \lambda \dfrac{\partial G}{\partial x_1} \\ \dfrac{\partial L}{\partial x_2} = \dfrac{\partial F}{\partial x_2} - \lambda \dfrac{\partial G}{\partial x_2} \end{cases} \Rightarrow \begin{cases} \dfrac{\partial F}{\partial x_1} = \lambda \dfrac{\partial G}{\partial x_1} \\ \dfrac{\partial F}{\partial x_2} = \lambda \dfrac{\partial G}{\partial x_2} \end{cases} \tag{8A-4}$$

将式(8A-4)中的 $\partial F/\partial \bar{x}$ 代入式(8A-2)得到：

$$dV = \lambda \frac{\partial G}{\partial x_1} dx_1 + \lambda \frac{\partial G}{\partial x_2} dx_2 = \lambda \left(\frac{\partial G}{\partial x_1} dx_1 + \frac{\partial G}{\partial x_2} dx_2 \right) \tag{8A-5}$$

根据定义及全微分法则，括号中的内容等价于 dc，等式(8A-5)变化为：

$$dV = \lambda dc \tag{8A-6}$$

由式(8A-6)可得到本章正文内(8-3)式：$\dfrac{dV}{dc} = \lambda$

因此，拉格朗日乘子的数学含义为值函数最大值相对于约束参数的变化率，在经济学最优化问题的应用场景中与影子价格的含义相同。

8A.2 推导拉姆齐定律

考虑一家生产价格分别为 S_1 和 S_2 的两种产品 Z_1 和 Z_2 的国有企业，政府通过提供转移支付 T（正向转移支付为补贴，负向转移支付为课税）来影响其利润。同时，经济体中存在一个私营企业生产一种价格为 q 的商品。社会间接效用函数 V 有以下形式：

$$V = V(q, S_1, S_2, T) \tag{8A-7}$$

国有企业面临以下预算约束：

$$S_1 Z_1 + S_2 Z_2 - C(Z_1, Z_2) + T = \Pi_0 \tag{8A-8}$$

其中，C 为总成本函数，Z_i 与 S_i 分别代表产品 i ($i=1,2$) 的产量与价格，Π_0 为政府为这一国有企业设定的利润目标。

问题转化为设定最优的产品价格 S_1 和 S_2，即选择 S^* 在满足方程(8A-8)的情况下最大化式(8A-7)。拉格朗日函数为：

$$L = V(q, S_1, S_2, T) + \lambda [S_1 Z_1 + S_2 Z_2 - C(Z_1, Z_2) + T - \Pi_0] \tag{8A-9}$$

其中，λ 为拉格朗日乘子。

关于 Z_1（假定需求独立）的一阶条件为：

$$\frac{\partial V}{\partial S_1} + \lambda \left(S_1 \frac{\partial Z_1}{\partial S_1} + Z_1 - C' \frac{\partial Z_1}{\partial S_1} \right) = 0 \tag{8A-10}$$

注意根据罗伊(Roy)恒等式,间接效用函数相对于价格的偏导数等于产量与收入 a_i 的边际效用乘积的相反数：

$$\frac{\partial V}{\partial S_1} = -a_i Z_1 \tag{8A-11}$$

将其代入方程(8A-10)可得：

$$-a_i Z_1 + \lambda \left[Z_1 + (S_1 - C') \frac{\partial Z_1}{\partial S_1} \right] = 0 \tag{8A-12}$$

方程两端同时除以 Z_1：

$$-a_i + \lambda \left[1 + \frac{(S_1 - C')}{Z_1} \frac{\partial Z_1}{\partial S_1} \right] = 0 \tag{8A-13}$$

两端再同时乘以 S_1 得到：

$$-a_i S_1 + \lambda \left[S_1 + (S_1 - C') \frac{\partial Z_1}{\partial S_1} \frac{S_1}{Z_1} \right] = 0 \tag{8A-14}$$

但是在方程(8A-14)中有：

$$\frac{\partial Z_1}{\partial S_1} \frac{S_1}{Z_1} = -e_{P_1} \tag{8A-15}$$

其中 e_{P_1} 为产品 Z_1 需求的价格弹性,因此方程(8A-14)可以改写为：

$$-a_i S_1 + \lambda [S_1 - (S_1 - C') e_{P_1}] = 0 \tag{8A-16}$$

最终,通过重新排列方程(8A-16)可得：

$$\frac{(S_1 - C')}{S_1} = \left(\frac{\lambda - a_i}{\lambda} \right) \frac{1}{e_{P_1}}$$

因此,价格高于边际成本的百分比与需求价格弹性的倒数成正比,这即正文中式(8-7)给出的拉姆齐法则。

第 9 章 意愿价值评估法

【本章学习目标】
- 掌握询问支付意愿的四种方法。
- 理解意愿价值评估法中可能存在的偏差。

第 8 章介绍了当无法得知供求曲线时，如何用间接市场上的信息获取影子价格或者找到对被评估或者被影响的物品的支付意愿，这种方法也叫作揭示偏好法（revealed preference method）。如果可以获取影子价格或者推断出支付意愿的间接市场也不存在，我们就通过调查来获取人们的支付意愿。

意愿价值评估法（contingent valuation method，CVM），又称条件价值评估法，或者叙述性偏好法（stated preference studies），指利用调查问卷直接引导消费者展示对相关物品或服务的主观价值评价，所得价值依赖于构建（假想或模拟）市场与调查方案所描述的物品和服务属性。这一方法普遍用于无法进行市场定价的公共品。在一些情形中，某项监管政策的效益并不为人类直接享用，但人类决策时依然会考量这些方面的价值，这类价值被称为被动价值（passive use value），又称为存在价值（existence value）或非使用价值（nonuse value）。被动价值某种程度上代表了具有非排他性、非竞争性的纯公共品的价值，无法在市场上量化定价，如环境物品和自然资源的定价。1994 年美国环保署使用意愿价值评估法，发放面向民众的调查问卷，估计《清洁水法案》的收益，着重调查了娱乐价值和被动使用价值。

市场上观察到的人们的行为是支付意愿的真实体现，而意愿价值评估法不需要实际付费，这时可能无法体现人们的真实支付意愿。因此，由于可能存在非承诺偏差（non-commitment bias），意愿价值评估法是最后考虑采用的一种方法。例如美国管理预算办公室（OMB）的 A-4 通函（Circular A-4）的要求就清晰地说明了这一点，机构应尽可能地基于实际行为在市场上显露的偏好估计监管影响的成本和效益。若受政策或者项目影响的商品未参与市场交易，很难用显露在市场上的偏好估计其使用价值和非使用价值，此时转而使用间接的市场研究或叙述偏好分析法，同时机构必须密切关注不确定性的出现。

意愿价值评估法常用于一些保护动物或保护环境的项目，意愿价值评估法实际上询问的是受访者对某件事情的支付意愿，这种方法依赖于分析人员提出正确问题的能力，并要求分析人员对所讨论的策略进行完整的描述。设计恰当的意愿价值调查问卷能够展示政府解决特定问题的有效的政策计划，使受访者相信他们对问卷问题的回复会影响政府对政策的决策，同时相信政策推行后存在一种强制付款机制确保受访者必须支付该政策的费用。问卷内容应便于理解，对受访者的学历无过高要求。

为了得到受访者的支付意愿，意愿价值评估法的第一步是从总体里确定被调查的样本，这一步有两个关键点：① 确定合适的样本规模；② 抽样方式必须是随机抽样（简单随机抽样或者分层随机抽样），以保证没有系统性的偏差。第二步询问受访者对一个项目或者政策的选择，这取决于制定调查问卷的人的能力。第三步利用调查中获得的信息估计受访者的支付意愿。第四步将结果推断到整个社会，用受访者的支付意愿去计算社会的平均支付意愿。问卷的内容主要由以下三部分组成：详述被评估物品以及背景资料；询问受访者对所评估物品的支付意愿；调查受访者的社会经济特征。

9.1 询问支付意愿的方法

意愿价值评估法需要研究者借助调查问卷这个工具，向受访者进行解释说明，引导受访者陈述他们的支付意愿。本章一共介绍了四种询问支付意愿的方法，前三种方法可以直接问支付意愿，第四种需要计算。

(1) 不封顶支付意愿法。

不封顶支付意愿法(open-ended WTP method)是直接询问受访者对某个项目或者政策的支付意愿。例如现在需要保护一个珍贵的物种或者需要防止500年后某个小星球撞向地球，这些都无法找到良好的市场衡量影子价格或者支付意愿，在这种情况下我们考虑采取意愿价值调查的方法，直接询问受访者对这件事的支付意愿特别是最大支付意愿。起初专家们担心这种方法不用实际付费，所以大家可能会反应过度,导致询问结果无限大,但最后发现并非如此,人们的支付意愿接近于0,因为受访者常常认为这类事情无关紧要,这也是在实际操作过程中可能遇到的一个问题。对这个问题我们将在第9.2节更进一步讨论。

(2) 封顶反复询价法。

封顶反复询价法(close-ended iterative bidding)的具体操作过程是:受访者被问及他们是否愿意支付一个特定的金额,例如这笔费用可能会阻止500年后小星球撞上地球,如果受访者回答愿意,则逐渐提高金额再次询问,直到询问者得到一个否定回答,这时得到了受访者的最大支付意愿。如果答案是否定的,那么逐步降低金额再次询问,直到询问者得到一个肯定的回答。这一方法的最大问题是对初始询问值的选择非常敏感,例如最初选择10 000元为起始金额,可能降到8 000元时询问者就没有耐心再继续调查了,受访者可能就表示同意,而当起始金额为500元时,增加到1 000元时受访者可能就接受了项目,所以起始点的选择对调查结果的影响很大。

(3) 意愿价值排序法。

在意愿价值排序法(contingent ranking)中,受访者被要求对被评估的物品和支付金额的具体可行组合进行排序。例如,选择低质量水质和低税收,还是高质量水质和高税收,或者两者之间的组合,给受访者很多种选择,让受访者选择一个。这种方法的优点是受访者较容易回答,因为有相应的排序。但缺点是受访者被询问的是他没有偏好的物品或者项目时,受访者往往对给出的备选方案的顺序很敏感,可能会觉得问卷设计者把最重要的东西放在最前面,结果较容易被引导。此外支付意愿必须从排序中推断,而不能直接得出。

(4) 投票法/两分法/二项选择法。

投票法/两分法/二项选择法(the dichotomous-choice/referendum method)项目可能有预算限制,例如某个项目每个人的成本超过100元可能就没有必要去实施,因此支付意愿存在一个区间,用一定的间隔将这个区间分成许多组。随机抽取受访者,向他们询问所得出的结果也是随机的,当样本量足够大时,可以计算每个被询问价格的接受/拒绝概率。在成本为0时,基本上大家都能理性地判断这一项目是有益的,大致可以认为接近100%的人都会同意。正常情况下随着需要支付的金额的增加,接受概率逐渐下降,将调查数据绘制成柱状图(见图9-1),我们发现支付金额为80元的概率比75元的还大,这可能是因为样本量不够充足或者没有办法保证足够随机性。根据直方图拟合的曲线可以看作随机绘制的样本成员的需求曲线，曲线下方的面积提供了样本成品平均个人支付意愿的估计值。

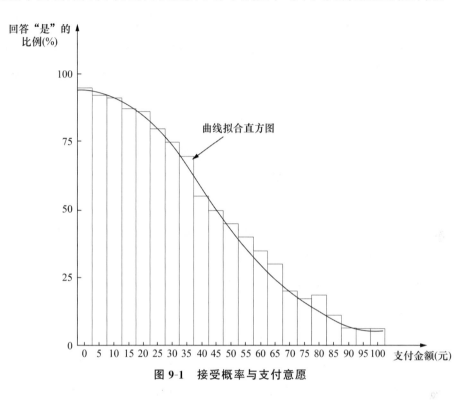

图 9-1　接受概率与支付意愿

式(9-1)给出了二项选择法得到的支付意愿的计算公式，v 指的是组间距，因为间隔相等，所以将公因子横轴间隔 v 提出，括号里指的是要求支付金额是 kv 时接受这一项目的概率，其中 k 是横轴间隔的倍数，在图 9-1 中，k 的取值是 0 到 20 的整数。实际上是所有柱状面积相加，最后可以算出一个人的平均支付意愿，总体人数乘以一个人的平均支付意愿则可得到总体的支付意愿。

$$\text{WTP} = v \sum_{k=0}^{N}（价格为 kv 时接受项目的概率） \qquad (9-1)$$

9.2　意愿价值评估法的一些争议

目前一些学者对意愿价值评估调查结果的可信度存在质疑。经济学家天然地会怀疑从调查问卷中搜集而来的数据，这和经济学领域内其他严重依赖调查收集的数据如收入、偏好和健康状态等遇到的问题是类似的。

第一，存在向上的"假设性偏误"(hypothetical bias)。Hausman(2012)认为，

人们在接受调查时面对的是诸如"为了防止海滩消失你愿意出多少钱"这样的"假设性问题"。很多受访者在时间有限、信息也有限的状态下所给出的回答具有极大随意性,并不是其稳定偏好的真实反映。这样的假设性偏误导致通过意愿价值评估法得到的数据没有什么意义。研究发现假设性偏误常常是向上的偏误,也就是说,如果我们采用显示偏好的方法来看人们的真实估价时(比如控制其他变量不变,考察靠近海滩和远离海滩的房价差异),往往会发现主观估价高于基于真实行为的显示估价。有研究认为,原因之一在于受访者想通过说一个比真实偏好更大的数字来表明自己支持环保的态度,以塑造其良好形象、推动监管政策在政府通过和落实,但当监管措施真正推行时受访者又会倾向于搭便车逃避支出,认为其他人会为之付款。假设性偏误在受访者对于所评估物品不了解时表现得更为明显,比如让受访者评估一种他从没听说过的水鸟,或亚马孙丛林中的某种植物。Hausman(2012)指出在这种情况下的受访者根本不存在一个真实偏好,而是基于受访当时的状况临时创造一个很不稳定的偏好,并说出一个数字,这样的数据无法为研究所用。但 Samuelson(1954)提出为了私人利益的最大化,个人会掩饰自己对某一公共品的真实需求,低估支付意愿,希望公共产品成本由他人承担。Carson(2012)认为如果不了解受访者陈述偏好时的动机,假设性偏误的存在就不能确定;借助实证结果显示,当意愿调查的设计使得每一位受访者相信存在强制支付机制确保每个人支付成本时,调查结果更可能低估支付意愿。此时向上的假设性偏误和表现出的低估支付意愿相冲抵,调查结果更接近真实的意愿水平。

第二,存在"嵌入效应"(embedding effect)。"嵌入效应"这一概念最早由 Kahneman and Knetsch(1992)提出,指受访者面对不同的问题本该给出不同的回答,却给出了大体相同的答案。举例来说,比如面对"你愿意为清洁湖泊 A 支付多少?""你愿意为清洁湖泊 A 和湖泊 B 支付多少?"以及"你愿意为清洁湖泊 A、湖泊 B 和湖泊 C 支付多少?"这三个问题时,支付意愿应该是依次增加的(假设 A、B、C 是情况相似的三个湖),但是实践中发现随机的三组受访者对于三个问题的回答没有太大差异。Hausman(2012)认为这同样是受访者不考虑自身面临的预算约束,或者根本没有稳定偏好的反映。Diamond and Jerry(1994)基于此提出了一个加总检验(adding-up test)规则,以检验人们是否在表达自己的真实稳定偏好:在随机抽取的三组受访者中,第一组受访者报告对于项目 X 的估价,第二组受访者报告对于项目 Y 的估价,第三组受访者报告对于项目 X 和项目 Y

的加总估价,如果第三组的估价减去第二组的估价基本等于第一组的估价,那么就可以认为不存在"嵌入效应"。Diamond and Hausman(1994)认为只有通过了这个加总检验规则,意愿价值评估法才有意义。Carson(2012)表达了不同的观点,认为尽管有时意愿价值评估法的批评者认为支付意愿应该呈线性增长,但在经济学中边际效用递减更容易得到认可;大部分公众认为政府开展大项目的可能性远超过小项目,这一观点会影响他们对大小两个项目价值的评价并使之接近。如在评价保护狼群的政策时,保护适度数量的狼群被视为好事,过度数量的狼群就可能产生负效用。因此当现实中受访者表现出对商品范围变化的不敏感时,需要决策者进一步收集民意,解读结果背后受访者试图传达的信息,不能简单套用加总检验规则。

第三,支付意愿(WTP)与受偿意愿(WTA)存在较大差异。支付意愿和受偿意愿分别衡量受访者愿意支付多少钱买一件商品或者得到一项政策收益和必须得到多少钱才能放弃一件商品或者一项政策收益。Hausman(2012)指出,根据经济理论,支付意愿与受偿意愿至少应该是非常接近的(只相差一个微小的收入效应),但实践中通过意愿价值评估法得到的支付意愿与受偿意愿存在相当大的差异。他认为比较合理的解释是人们的偏好并非新古典经济学定义的偏好,而是行为经济学定义的"风险厌恶"偏好,此时人们相对于得到金钱补偿更厌恶金钱支付,那么对于同一种环境物品,其支付意愿必然小于受偿意愿。这一解释本身或许没有什么问题,但这样的"行为型偏好"导致其难以被统一衡量并加总,从而无法进行社会层面的成本效益分析,也就失去了政策价值。Hausman(2012)本人认为支付意愿与受偿意愿的差异是人们在受访时不稳定偏好的表现,所以无论怎么定义偏好都没有意义,因为得到的答案并不是真实偏好的反映。证据显示受偿意愿是支付意愿的 4—15 倍。在做意愿价值调查时,我们需要询问的是一个人的支付意愿而不是受偿意愿。例如询问一位钓鱼爱好者,以后不让他来这条河里钓鱼,不应问他应该给他补偿多少钱,而应问他愿意付多少钱可以保留继续在这条河里进行钓鱼的权利。

【复习思考题】

讨论:如果政府决定将一个市区内的动物园迁到郊区,在进行意愿价值评估时,应该怎样设计调查问卷?

第10章　成本效果分析和成本效用分析

【本章学习目标】
- 理解成本效果分析的决策规则。
- 掌握严格被占优和被弱占优的概念。
- 理解质量调整寿命年。

本书第10章和第11章主要介绍标准成本效益分析的变形。在标准的成本效益分析里，需要将所有成本和效益进行数量化与货币化，对社会效益净现值大于0的项目则可以考虑实施。如第2章第2.3节中所述，有时标准的成本效益分析无法进行，则需要做成本效果分析、定性的成本效益分析、多目标分析和有分配权重的成本效益分析。第10章和第11章分别介绍成本效果分析和有分配权重的成本效益分析，它们在标准的成本效益分析基础上有一定变化。

成本效果分析（cost-effectiveness analysis，CEA）经常被用于卫生经济学和教育经济学领域，成本效用分析（cost-utility analysis，CUA）是成本效果分析的特殊情形，这里的效果是质量调整寿命年（quality-adjusted life years，QALY）。成本效用分析广泛应用在健康卫生领域，包括疫苗、药物都有大量的临床试验，要对这些临床结果进行评价。在发展中国家，有关对教育和卫生政策进行成本效果分析的文献越来越多（Jamison et al.，1993，2006a，2006b；Miguel and Kremer，2004；Banerjee et al. 2007；McEwan，2012；Dhaliwal et al.，2015）。

党的二十大报告指出我国"建成世界上规模最大的教育体系、社会保障体系、医疗卫生体系，教育普及水平实现历史性跨越，基本养老保险覆盖十亿四千万人，基本医疗保险参保率稳定在百分之九十五""群众在就业、教育、医疗、托育、养老、住房等方面面临不少难题"。我国也陆续有一些学者采用成本效果分析对药物和健康措施进行评价（林曦敏等，1999；任涛等，2001；李新建等，2011；蒋新军等，2018；周双等，2022）。

10.1 成本效果分析的决策规则

10.1.1 成本效果比

在标准的成本效益分析中，要求所有效益全部货币化，最后计算出净现值。当政策影响可以量化，但分析人员无法或不愿将重大政策影响货币化时，通常用成本效果分析代替成本效益分析。成本效果分析是兰德公司20世纪70年代提出的，其在对各种武器进行比较时不愿意把各种武器歼灭敌人的数量货币化，在这种情况下，可以进行量化。之后成本效果分析常常被用于一些特殊情形，例如项目收益涉及人的生命、学生的学习成绩、注射疫苗的数量、成人戒烟的人数……这些情形效益可以量化，但是货币化会比较困难。

当对项目或者政策进行成本效果分析时，卡尔多-希克斯准则不适用，因为收益无法货币化，不能计算出净现值，所以成本效果分析需要解决决策规则的问题。成本效果分析总是涉及至少两个选择之间的比较，无法计算出净效益的绝对值，但可以衡量不同选择之间单位效果下成本的不同。通常情况下，成本效果比（cost effectiveness ratio，CER）的基本公式为式(10-1)。

$$\text{CER}_i = \frac{C_i}{E_i} \tag{10-1}$$

其中，C_i为项目总成本，E_i为项目总效果，假设某个进行成本效果分析的项目收益只有提高孩子的学习成绩，而没有其他的效果，对这一项目的结果进行量化后，由于成本和效果计量单位不一致，所以无法计算净现值，但仍然可以计算比值，可以知道成绩每提高1单位效果需要花多少成本。表10-1总结了肯尼亚部分提高儿童成绩的教育干预方案的成本效果分析（McEwan，2012）。Kremer et al.（2004）评估了给成绩优秀的女生提供奖学金的方案的成本和效果，方案的平均效果为0.12个标准差（学生成绩提高的度量指标），每个学生的增量成本是1.69美元，这意味着每0.1个标准差成绩的提高的成本效果比为1.41美元。和成本效益分析不同，单个方案的成本效果比不能用来判断方案是否可以通过，因为没有将效果货币化从而算出净现值，但的确可以把不同方案的成本效果比进行比较，前提是对效果采用相同的单位进行度量。在表10-1中，还有肯尼亚其他提高学生成绩的干预方案的成本效果评估，包括教师奖励方案、提供教科书方案、驱虫方案、挂图提供方案和儿童助学金方案等。后三种方案的效果在统计学上和0无显著差别,意味着无限的成本效果比,这些方案从提高成绩的角度不应考虑。根据成本效果比,给成绩优秀的女生提供奖学金方案和教师奖励方案的成本效果比相似(每0.1个标准差分别为1.41美元和1.36美元),这比提供教科书方案要好很多(提供教科书方案的成本效果比高达每0.1个标准差5.61美元)。

表 10-1 肯尼亚成绩干预方案的成本效果比

干预方案	效果	成本(美元)	成本效果比	
	平均分增量	每名学生的成本(不含转移支付*)	每名学生每0.1效果的成本(不含转移支付)	每名学生每0.1效果的成本(含转移支付)
给成绩优秀的女生提供奖学金方案	0.12	1.69	1.41	4.94
教师奖励方案	0.07	0.95	1.36	4.77
提供教科书方案	0.04	2.24	5.61	5.61
驱虫方案	≈0	1.46	—	—
挂图提供方案	≈0	1.25	—	—
儿童助学金方案	≈0	7.94	—	—

资料来源:改编自 McEwan(2012)和 Kremer et al.(2004)。教师奖励方案、提供教科书方案、驱虫方案、挂图提供方案和儿童助学金方案的结果分别来自 Glewwe et al.(2003)、Glewwe et al.(2002)、Miguel and Kremer(2004)、Glewwe et al.(2004)和 Kremer et al.(2003)。

注:成本估计不包括转移支付(奖学金)本身,因为奖学金正好被学生的收益抵消,然而,成本确实解释了转移支付所引发的税收增加带来的无谓损失。

10.1.2 增量成本效果比

有时涉及几种可类比的方案之间进行比较,可以考虑采用增量成本效果比。增量成本效果比(incremental cost-effectiveness ratio,ICER)的公式如式(10-2)所示。

$$\text{ICER}_{ij} = \frac{C_i - C_j}{E_i - E_j} \quad (10\text{-}2)$$

其中,C_i 和 C_j 分别是 i 项目和 j 项目的成本,E_i 和 E_j 分别是 i 项目和 j 项目的效果。

表10-2给出了提高学生平均成绩的成本效果分析,可以考虑采用增量成本效果比,对一个项目和另外一个项目进行比较,就要去分别计算成本和效果的增

量,然后算出效果每增加1个单位时成本的增加量。如表10-2所示,假设一共有A、B、C三个方案,A方案花费500万元,学生的平均成绩能提高10分,A方案提高学生平均成绩1分需要花费50万元。B方案和A方案相比多花了1000万元,学生的平均成绩比A方案提高5分,B方案相对于A方案的增量成本比为200万元。同理,C方案相对于B方案的增量成本比为300万元。为了做出决策,决策者需要学生成绩的影子价格,即认为学生成绩到底值得花多少成本。在给出单位效果的影子价格后,分析人员可以给出以下形式的政策建议:如果单位效果(例如平均成绩)影子价格的值在A和B之间,那么执行备选方案A;如果有效性度量值在B和C之间,则执行备选方案B,以此类推。因此,分析人员如果知道决策者对单位效果的阈值,就可以根据增量成本效果比提出政策建议。A项目成本最小,直接和现状进行比较,现状成本为0,B项目和A项目进行比较,C项目和成本比它低的B项目进行比较。选哪个项目取决于决策者对学生成绩的定价,如果决策者认为学生的平均成绩提高1分值30万元,这三个项目都不会被采用,而应选择保持现状;如果决策者认为提高学生的平均成绩提高1分值80万元,介于A和B之间,决策者不会选择B项目,而会选择A项目,因为B项目相对于A项目的增量成本效果比太高;如果决策者认为学生的平均成绩提高1分值230万元,应选择B项目;如果决策者认为学生的平均成绩提高1分值超过300万元,应选择C项目。

表10-2 提高学生平均成绩的成本效果分析

成本和效果	项目		
	方案 A	方案 B	方案 C
成本(万元)	500	1 500	3 000
效果(平均成绩提高,分)	10	15	20
成本效果比	50	100	150
增量成本效果比	50	200	300

10.1.3 有多个项目时的决策规则

当有多个项目进行比较时,应该先剔除一些被占优的项目。严格被占优(strictly dominated)是指这个项目和其他的项目相比,成本相同的情况下效果更差,或者效果相同的情况下成本更高,这种项目可以直接不予考虑。被弱占优

(extended/weakly dominated)的项目是指,计算备选项目的增量成本效果比,再把位于最右下方的项目连成一条线,如图10-1的实线所示,所有在这条线左上方的项目可能就是被弱占优的项目,可能不是和与之比较的项目有完全相同的效果或者成本,但被弱占优的项目的增量成本效果比没有优势。严格被占优项目或者被弱占优项目在一开始就要剔除。

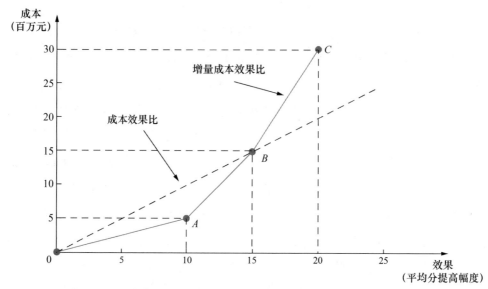

图10-1　成本效果比与增量成本效果比

接下来我们用成本效果比或者增量成本效果比来做决策。我们通常选择成本效果比最低的项目,或者增量成本效果比低于单位效果的影子价格的项目。但如果项目之间的规模差距较大的话,这种决策不一定妥当。如表10-3所示,假设A项目成本为100万元,而B项目成本为1亿元,这时计算成本效果比的意义不大,A项目每救一个人要25万元,B项目每救一个人要50万元,表面上看A项目的成本效果比更低、花的钱也更少,但是A项目能救的人数有限,只有4个,是小规模项目,而B项目可以救200个人。在这种情况下,当项目规模不一样时,无法用严格被占优排除,如果小规模的项目是可以重复的,而且效果不下降,这时应该选择成本效果比最低的项目,比如A项目可以重复100次而且效果还不下降,此时花1亿元可以救400个人。但如果小规模的项目不能多次重复,简单用成本效果比来做决策不一定合适。

表 10-3 项目规模不一样的成本效果分析

成本和效果	项目	
	A	B
成本(万元)	100	10 000
效果(挽救生命的数量,个)	4	200
成本效果比	25	50

当项目规模不同,而且小规模的项目不能多次重复时,可能需要决策者提供其他信息,比如最高预算或者希望达到的最小的效果。成本效益分析人员要跟决策者进行沟通,不同情形下决策者可能给出的信息不一样。即使只有两三个项目,但对决策者而言提供影子价格也非常困难。回到提高学生成绩的例子,决策者可能对学生成绩的价值没有概念,但有些信息比较容易提供,比如效果的最小值,即学生平均成绩至少要提高多少分;或者是成本的最大值,比如今年在这一项上的预算不能超过多少。有了效果下限的约束,我们可以考虑选择成本效果比最低的项目,或者在成本不超过某个上限的基础上选择成本效果比最低的项目。

成本效益分析人员的任务是给决策者提供充足的信息,并进行推荐。根据项目的实际情况,如果项目规模一样,显然严格被占优项目被排除;如果项目规模不一样,则看规模小的项目是否可以多次重复,如果可以,并且不影响效果,应选择成本效果比最低的项目;如果规模不一样,规模小的项目不能多次重复,这些项目之间又相互排斥,就把严格被占优的项目剔除之后看剩下项目的数量,如果项目少,询问决策者影子价格的数值,也即门槛价格,这时便可以做决策;当剔除严格被占优项目后项目仍然很多时,要求决策者提供一定信息,希望达到的效果下限和成本的最大限制,有了这些限制之后才可以进行决策。当然在实际工作中,备选方案经常只有两个,只要备选方案的规模差距不要过大,我们就经常直接采用成本效果比进行决策。

10.1.4 遗漏效益的处理

成本效果分析常常只能衡量单一效果,但是大多数干预方案都追求多重目标。某一方案是提高一种目标的成本效果最好的选择,但对另一种目标却不尽然。例如表 10-1 中驱虫方案对提高学习成绩几乎没有效果,但是它可能是提高学生入学率的成本效果最好的方案(Miguel and Kremer,2004,Dhaliwal et al.,2015)。

当项目有多重效果,而我们最关心的效果无法货币化时,可以考虑尽量将其他效果货币化,并且从社会成本中扣除。例如在药物效果评价中,某种药物除了拯救人的生命,还可以降低非致命事故和损失的发生概率。有些患者可能没有生命危险,但是服药之后生活状况变好了;有些患者可能生活状况没有变好,但是这种药物比起其他药物对他们的副作用下降了。这些都是除主要效果以外的其他社会效益,如果忽略这些收益,相当于低估了这个项目的效益。在这种情况下,主要的效果无法货币化,但是我们希望尽量把其他的效果货币化,例如尽可能货币化其他社会效益,如对副作用下降、生活状况变好、行动不便减少等的支付意愿,将货币化的其他社会效益从总成本中扣除,其他社会效益可以算作负的成本,用得到的新的成本去算成本效果比,计算公式为式(10-3)。

$$\widetilde{\mathrm{CE}} = \frac{社会成本 - 其他社会效益}{效果} \tag{10-3}$$

10.2 成本效用分析

成本效果分析方法在健康领域有一个特殊应用,即成本效用分析(cost-utility analysis,CUA)。成本效用分析中,效果的衡量通常是质量调整寿命年。在评估药物效果时,如果我们假设患者只有两种状态——生存和死亡,可能就无法全面衡量药物效果。因为患者可能有很多种不同的状态,有可能是健康地活着,也有可能是带病生存,带病生存也可能是带各种各样的疾病生存。质量调整寿命年是一种调整的期望寿命,用于评价和比较健康干预。质量调整寿命年在给定人口中的一般公式为:

$$\mathrm{QALY} = \sum_{t=0}^{T} h_t P_t \tag{10-4}$$

其中,T 指这代人的最长寿命,P_t 是这代人在 t 岁时仍然存活的人的平均数量。而 P 实际上有质量调整,主要用 h 来体现,h 是对质量的定义,$h_t=1$ 代表"完美"健康状态,而 $h_t=0$ 代表"死亡"状态,h_t 介于 0 和 1 之间,可以解释为质量调整后的寿命。假设 A 药物可以彻底治愈某种疾病,但有缩短生命年限的可能,B 药物的保守治疗模式大概率可以使患者带病生存很多年。如果只考虑生与死的概率的话,A 药物不如 B 药物;但是如果考虑质量调整 h,有些患者宁愿更健康,哪怕预期寿命有所减少,这时做决策就取决于带病生存的质量也就是 h 值的大小。

使用成本效用分析时非常重要的是如何对不同健康状况下的 h 进行定义，一般情况下 h 可以通过询问患者、医生或者公众得知。一台手术有失败的概率，失败以后这个患者有可能会去世，也有可能部分健康。去世的情况下 h 为 0，完全成功的情况下 h 为 1，部分健康的状况可以问医生，因为医生非常了解具体情况，但也可能医生因为见惯生死，对很多事情的支付意愿比较低。所以惯常的做法是通过询问患者或一般公众而不是医生来获得 h。如果药物治疗是由患者自己付费，就询问患者的支付意愿。但是有很多项目，药物的研发需要纳税人部分出资，这时可以问纳税人，因为如果此时问患者的话，患者对这件事情的支付意愿往往偏高。综合上述情况，我们可以询问患者，也可以询问一般公众，最后将得到的结果进行平均。

在询问 h 的数值时有以下几种方法：

（1）健康评级法（health rating method），患者去世 h 为 0，完全健康为 1，中间可能有几种健康状况，例如截肢、不至于截肢但可能腿部有缺陷，然后去询问大家的健康评级。

（2）时间权衡法（time trade off），患者被问及他们愿意放弃多少时间以获得更好的生活质量。如图 10-2 所示，假设一位患者现在的状况是 H_1（不太健康，腿部有残疾），此时他还可以活 Y_2 年，而允许他进行交换，以 H_2 的健康状况愿意活多少年，H_2 是完全健康的状况（$H_2=1$），此时 H_1 为 Y_1/Y_2。假设这位患者现在 60 岁，假如按照当地的预期寿命他还可以活 20 年，有一种情形可以使他残疾的

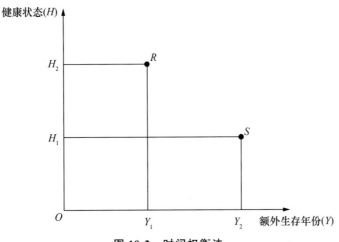

图 10-2 时间权衡法

腿好起来，但是无法活20年之久，去询问他的选择。此时可以衡量这位患者对H_1的评价，对他现在这种不健康状况进行定量分析，但当患者生不如死时（H_1可能是负的状态）不能使用这种方法。

（3）标准博弈法(standard gamble method)，这一方法在实际生活中很常见，如图10-3所示，B选项是以某种不完全健康的状态h生活n年，这时问患者是否愿意接受手术，手术的成功概率为p，失败的概率为$(1-p)$，如果手术成功他还是可以活n年，并且是以完全健康的方式活n年，手术失败可能就立即死亡。实际上他对成功概率p的选择就是他对h状态的定价，如果不完全健康状态h对他的生活没有实际影响，那么他对手术的成功概率就会要求非常高。如果h非常影响他的生活质量，这时对p的要求就会下降，所以通过他选择手术成功的概率可以估算出他对目前h的一个定价。

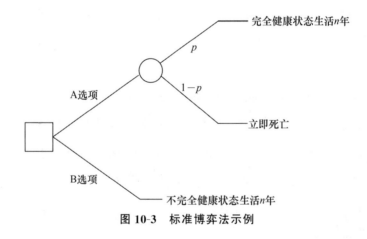

图10-3　标准博弈法示例

【复习思考题】

公共卫生部门正在考虑5个备选方案，以鼓励父母给学龄前儿童接种预防传染病的疫苗。下表显示了每个方案的成本和预计接种疫苗的人数。

方案	成本（元）	接种人数（人）
A	500	20 000
B	900	40 000
C	1 370	60 000
D	1 850	80 000
E	2 500	100 000

a) 忽略规模问题,哪个方案成本效果比最合适?

b) 假设公共卫生部门希望为至少 50 000 名儿童接种疫苗,哪个方案成本效果比最合适?

附录 10A 乳腺癌药物的成本效果分析①

成本效果分析常用于卫生经济学领域对于治疗方案的评估和选择。下面的案例运用成本效果分析方法,对多种乳腺癌治疗方案的治疗效果进行对比。该案例开发了马尔可夫模型预测患者在各种健康状态间的转换概率,用于估计直接成本、预期寿命、质量调整寿命年(QALYS)和增量成本效果。依西美坦组间研究(intergroup exemestane study, IES)②的数据结果表明,早期乳腺癌患者在使用他莫昔芬 2—3 年后改用依西美坦与继续使用他莫昔芬治疗相比,无病生存率、质量调整寿命年和癌症护理的终身贴现净成本均增加了。每增加 1 个质量调整寿命年,依西美坦的增量成本效果比为 20 100 美元,敏感性分析表明,结果对于复发率、成本和效用的合理调整是稳健的。得出的结论是,早期乳腺癌患者在使用他莫昔芬 2—3 年后改用依西美坦,相比使用 5 年他莫昔芬,是一种更好的治疗策略。

一、引言

长期以来,连续使用 5 年疗程的他莫昔芬被视为治疗乳腺癌的标准疗法。临床试验表明,该方案可使乳腺癌年死亡率降低 31%。近年来,一种采用芳香酶抑制剂如依西美坦的乳腺癌治疗新方案开始流行。我们的目标是通过成本效果分析,将持续使用 5 年他莫昔芬方案与使用他莫昔芬 2—3 年后改用依西美坦两种方案进行对比。

二、方法

1. 概述

我们采用决策分析技术,构建和估计早期乳腺癌的管理、结果和成本的马尔

---

① 这部分内容节选翻译自 Thompson et al. (2007)。

② 依西美坦组间研究是第一个重点评估在 5 年他莫昔芬方案中,中途将他莫昔芬换为依西美坦的效果的临床试验。

可夫状态转换模型(见图10A-1)。该模型涉及疾病相关事件(不再复发、局部复发、对侧癌症或远处转移)、与激素治疗相关的其他健康事件(骨质疏松症、子宫内膜癌)和存活率(死于乳腺癌、死于其他原因)等内容,并采用效用和经济成本度量每个健康状态。该模型的估计涉及预测和跟踪患者在健康状态间的转变(为方便起见,每6个月追踪一次),并计算他们的累计无病生存时间、质量调整寿命年、效用和花费的成本。

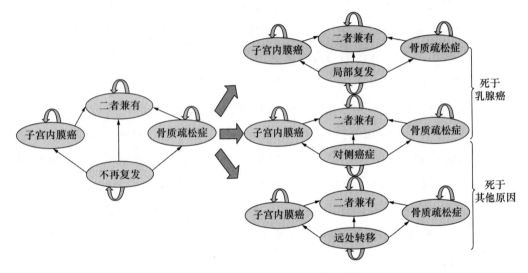

图10A-1 马尔可夫模型中各种转换状态

我们假设IES数据库中的患者与马尔可夫模型测试的受试者在特征上相似(例如,都为乳腺癌患者,平均年龄为64岁)。该模型能够预测他们在决定改用依西美坦或继续使用他莫昔芬后10年内发生疾病相关事件的风险。在基本案例分析中,我们保守地假设两种治疗策略在5—10年的疾病相关事件发生率上没有差异,并且我们估计了超过35年后(从而包括患者的一生)疾病相关事件的后果(包括质量调整寿命年和经济费用)。我们评估了基本情况的替代方案,其中涉及关于依西美坦效应持续时间和模型范围长度的不同假设。

2. 模型参数和数据源

模型参数和相应的数据源汇总如表10A-1所示。

表 10A-1 模型参数和数据源汇总

模型参数	雌性激素受体(ER)状态	
	阳性①或未知	仅阳性
疾病相关事件：前 4 年		
局部复发(6 个月发病概率)	0.0042	0.0040
与依西美坦相关的危险比②	0.7600	0.5958
远处转移(6 个月发病概率)	0.0165	0.0156
与依西美坦相关的危险比	0.7000	0.6518
对侧癌症(6 个月发病概率)	0.0020	0.0022
与依西美坦相关的危险比	0.3200	0.2176
疾病相关事件：5—10 年		
局部复发(6 个月发病概率)	0.0042	0.0040
与依西美坦相关的危险比	1.0000	1.0000
远处转移(6 个月发病概率)	0.0165	0.0156
与依西美坦相关的危险比	1.0000	1.0000
对侧癌症(6 个月发病概率)	0.0020	0.0022
与依西美坦相关的危险比	1.0000	1.0000
治疗相关事件：前 4 年		
骨质疏松症(6 个月发病概率)	0.0068	0.0070
与依西美坦相关的危险比	1.4934	1.5578
子宫内膜癌(6 个月发病概率)	0.0008	0.0008
与依西美坦相关的危险比	1.0000	1.0000
治疗相关事件：5—10 年		
骨质疏松症(6 个月发病概率)	0.0068	0.0070
与依西美坦相关的危险比	1.0000	1.0000
子宫内膜癌(6 个月发病概率)	0.0008	0.0008
与依西美坦相关的危险比	1.0000	1.0000
疾病相关事件后乳腺癌死亡的概率		
局部复发后死亡(6 个月发病概率)		
复发后 30 个月内	0.0861	0.0883
复发 30 多个月	0.0226	0.0238
远处转移后死亡(6 个月发病概率)		
转移后 6 个月内	0.4491	0.4228
转移后 7—30 个月	0.1966	0.2030
转移后 31—60 个月	0.0792	0.0976
转移 60 余个月	0.0138	0.0275
对侧癌症后死亡(6 个月发病概率)	0.0107	0.0114

① 雌性激素受体阳性一般指癌细胞由雌性激素生长而来，一般指乳腺癌患者。

② 危险比(hazard ratio)，主要应用于生存分析中，由 COX 风险比例模型衍生，用于估计因为某种因素的存在导致结局事件风险变化的倍数。若 ER<1(例如 ER=0.75)，且 p 值显著，可解释为相比标准治疗，该方案疗效更好，可降低 25% 的疾病风险。ER=1，可解释为该方案的疗效与标准治疗方案的疗效无显著差异。ER>1(例如 ER=1.25)且 p 值显著，解释为相比标准治疗，该方案的疗效更差，增加了 25% 的疾病风险。

(续表)

模型参数	雌性激素受体(ER)状态	
	阳性或未知	仅阳性
健康相关的生活质量		
60—79 岁女性的基础效用	0.7930	
乳腺癌(无复发)	0.7690	
局部复发		
第一年	0.6110	
此后	0.7690	
远处转移	0.5150	
对侧癌症		
第一年	0.6110	
此后	0.7690	
子宫内膜癌	0.6990	
骨质疏松症	0.7460	
死亡	0.0000	
费用(按 2004 年价格计算)		
他莫昔芬(每日)	2.8400	
依西美坦(每日)	8.0900	
监测激素治疗,依西美坦(每年)	128.23	
治疗:		
局部复发	20 558	20 879
远处转移	11 947	13 627
对侧癌症	19 915	20 839
治疗子宫内膜癌(总费用,美元)	21 254	
治疗骨质疏松症(每年费用,美元)	871	
贴现率	0.0300	

疾病相关事件: 我们采用来自 IES 数据库的 48 个月随访数据对不同疾病相关事件发生时间进行分析。这些分析用于推导出持续使用 5 年他莫昔芬的患者局部复发、远处转移和对侧癌症的 6 个月发病概率,以及使用他莫昔芬 2—3 年后改用用依西美坦患者的相应危险比。假设这些比率在转换决定后的第 4 年之后随着时间的推移保持不变;因此,我们采用指数分布将数据再延长 6 年。假设疾病相关事件仅在模型的前 10 年发生。

治疗相关事件: 在 IES 数据库中,依西美坦与骨质疏松症风险增加有关,而他莫昔芬是子宫内膜癌的已知危险因素。我们使用 IES 的 48 个月数据来生成使用他莫昔芬的患者患上骨质疏松症和子宫内膜癌的卡普兰-迈耶(Kaplan-Meier)生存曲线(和由此产生的 6 个月发病概率),以及使用他莫昔芬 2—3 年后改依西美坦患者的相应危险比。在这些分析中,我们排除了进入 IES 数据库之前就患有骨质疏松症的患者。并且,由于子宫内膜癌的发生非常罕见,且依西美坦的风险比与他莫昔芬无显著差异,因此在基础病例中我们保守地假设两种治疗策略子宫内膜癌 6 个月发病概率方面基本一致。

疾病相关事件后乳腺癌死亡的概率: 局部复发、远处转移以及对侧癌症后的生存数据来自我们对 SEER-Medicare 数据库进行的分析。该数据年份跨度为 1991—2002 年,我们从数据中识别出经历过疾病相关事件的患者。卡普兰-迈耶生存曲线用于计算疾病相关事件后 6 个月内死亡的概率。假设疾病相关事件后存活 10 年的患者与普通人群一样面临死亡风险,则使用已发布生命表中的数据进行估计。

费用: 他莫昔芬和依西美坦的药物购置成本是根据美国公布的最低平均批发价格估算的。假定使用依西美坦的患者每年接受一次双能 X 射线吸收测定(DXA)骨密度扫描以监测骨质疏松症。治疗局部复发、远处转移以及对侧癌症的预期 10 年费用是根据 SEER 医疗保险数据库的分析估算的。在案例的基本分析中计算了这些事件的 10 年贴现成本。在仅限于 10 年随访的情境中,我们根据事件发生时间与 10 年截止时间的接近程度计算治疗费用(例如,发生在第 7 年的事件将仅产生前 3 年的治疗费用)。治疗子宫内膜癌的费用数据来自已发表的文献,并在发病周期中一次性支付。与骨质疏松症相关的费用——包括药物治疗和骨折治疗的数据——也来自已发表的文献,并作为从发病周期贯穿患者剩余生命周期的年度费用进行计算。所有成本均以 2004 年的美元价格表示,并在必要时使用美国消费者价格指数的医疗保健部分进行更新。

健康相关的生活质量: 为了估计与每种治疗相关的质量调整寿命年数量,我们为模型中的各种健康状态分配效用。模型中使用 60—79 岁女性的基础效用作为基准值。效用值(0.7930)来自美国人口的全国代表性值。我们采用已发表的文献中早期乳腺癌女性效用乘以基础效用,得出我们模型中使用的效用值。与子宫内膜癌和骨质疏松症相关的取值来自已发表的文献。骨质疏松症被认为会影响患者终身的生活质量。其中,涉及两种或多种情况(例如,骨质疏松症的局部复发)的健康状况以乘法方式组合。

贴现率: 所有的成本和质量调整寿命年均使用 3% 的贴现率。

3. 分析

基本案例分析: 无病月数、生命年数和质量调整寿命年的累计数是根据患者从决定改用依西美坦或继续使用他莫昔芬开始计算的。这些数据与预期终身成本的估计值一起使用，以分别估计每个无病月节省的成本和获得的质量调整寿命年的增量。主要分析是针对已确诊乳腺癌或情况未知的患者，并对已知为雌性激素受体阳性的患者进行了亚组分析。[①] 所有分析都是从社会角度进行的，并参考美国健康与药品成本效果研究组（US Panel on Cost Effectiveness in Health and Medicine）的定义，假设生产力损失反映在效用权重中，将其从成本计算中排除。我们将患者时间成本和看病交通费用排除在考虑之外，因为我们假设这些费用相对较小，并且两种治疗策略大致相同。

概率的敏感性分析：为了评估成本效果分析中的参数不确定性，我们进行了概率敏感性分析。疾病相关事件、死亡和骨质疏松症的概率分布以及疾病相关事件的成本是通过 IES 数据库和 SEER 数据库中患者人群的非参数推断得出的。推断涉及从各自的治疗组中随机"抽取"（替换）治疗人群，重复进行 1 000 次模型分析。概率分析的结果用于构建增量成本效果比（ICER）的 95% 置信区间，结果显示，在不同的质量调整寿命年成本阈值下，中途改用依西美坦方案比起持续使用 5 年他莫昔芬方案具有更好的成本效果。

单因素敏感性分析：为了评估我们的发现对单个模型参数变化的稳健性，我们通过在合理范围内改变关键模型参数并检查对成本效果比的影响来执行单因素敏感性分析。参数估计的合理范围被确定为在引导分析中计算的基准值±两个标准差，或者基准值 ±25%。贴现率的敏感分析采用 0（不贴现）和 5% 两种情况。此外，为了防止依西美坦带来的骨质疏松症风险，一些医生会给出防治骨质疏松症的建议。我们对此也进行了敏感性分析，假设有一半使用他莫昔芬 2—3 年后改用依西美坦的患者会在治疗期间接受双膦酸盐治疗，其治疗费用为每年 957 美元/人。为了减少单一数据源对预测结果可靠度的影响，我们进行了另一项敏感性分析，利用已发表的乳腺癌复发数据作为推断超过 4 年的 IES 数据的替代方法。有许多试验评估了他莫昔芬 5 年疗程对乳腺癌复发风险的影响，我们使用 5 年和 15 年报告的雌性激素受体阳性或患上其他未知疾病女性的比率（分别为 15.1% 和 33.2%）进行计算，然后将其加入模型中预测 5—10 年的乳腺癌复发风险。与基础案例分析一样，我们保守地假设在此期间使用他莫昔芬和依西美坦患者的乳腺癌复发风险

---

① 亚组分析（subgroup analysis）是指在研究中，按照研究对象的某种特征（如性别、疾病严重程度等）将研究对象分成不同的亚组，然后分别估计不同组别的效应值，并进行亚组间比较。

相等(即使用他莫昔芬2—3年后改用依西美坦在治疗第4年之后没有益处)。

三、结果

根据估计,在使用他莫昔芬2—3年后改用依西美坦与持续使用5年他莫昔芬相比,可额外增加9个无复发月份(181 vs 172),增加0.48个寿命年(16.62 vs 16.14),并增加0.32个质量调整寿命年(12.21 vs 11.89)。贴现后的收益是额外7个无复发月份、0.33个寿命年和0.22个质量调整寿命年。

如表10A-2所示,根据估计,对于某位使用他莫昔芬2—3年后改用依西美坦的患者,乳腺癌预防和相关健康事件的终身贴现总成本要高出4400美元,这反映出该方案带来了更高成本的辅助激素治疗(6731美元 vs 2321美元)、监测(293美元 vs 0美元)和骨质疏松治疗(1115美元 vs 872美元),同时也降低了治疗局部复发和对侧癌症的成本(3735美元 vs 4293美元)。改用依西美坦的增量成本效果比为每增加1个质量调整寿命年成本增加20100美元。据估计,对于已知为雌性激素受体阳性的乳腺癌患者,改用依西美坦的成本效益更高,每增加1个质量调整寿命年增加的成本为16600美元。依西美坦的平均增量成本与平均增量效果之比为每增加1个质量调整寿命年成本增加20100美元(95%的置信区间为12100美元,59000美元)。

表10A-2 某位患者乳腺癌不同治疗策略的成本效益

治疗策略	总成本(美元)	无复发月份(DFM)	生命年(LY)	质量调整寿命年(QALY)	增量成本效果比(美元/DFM)	增量成本效果比(美元/LY)	增量成本效果比(美元/QALY)
阳性和雌激素受体ER未知							
持续使用5年他莫昔芬	7724	127.03	11.88	8.77	—	—	—
使用他莫昔芬2—3年后改用依西美坦	12124	133.53	12.21	8.99	680	13300	20100
仅雌激素受体ER阳性							
持续使用5年他莫昔芬治疗	7853	128.64	11.95	8.83	—	—	—
使用他莫昔芬2—3年后改用依西美坦	12152	136.56	12.34	9.09	540	10900	16600

注:假设年贴现率为3%。对于合并雌激素受体阳性并且雌激素受体未知的患者,持续使用他莫昔芬和改用依西美坦,未贴现的健康结果为171.61和180.81个无复发月,16.14和16.62生命年,以及11.16和11.48个质量调整寿命年,持续使用他莫昔芬和改用依西美坦,对于雌激素受体阳性患者未折现的健康结果,只有174.02和185.24个无复发月、16.24和16.82个生命年,以及11.26和1.64个质量调整寿命年。

模型参数的单因素敏感性分析表明,远处转移时依西美坦的危险比,无复发状态下的患者基础效用和依西美坦每日费用的变化最为敏感；并且对接受他莫昔芬治疗患者中子宫内膜癌的可能性、复发后第一年的患者效用以及对侧癌症发生的可能性的变化最不敏感（见表10A-3）。如果成本和质量调整寿命年未贴现，改用依西美坦治疗方案获得的每个质量调整寿命年的增量成本为14 700美元，如果按5%的年率贴现则为24 100美元。

如果我们假设所有改用依西美坦的患者中有一半接受双膦酸盐治疗作为预防骨质疏松症的成本效益，那么依西美坦的增量比将为25 000美元。使用已发表的他莫昔芬乳腺癌复发率来预测乳腺癌风险时，依西美坦的成本效果比增加了17 800美元。

表10A-3 成本效果模型参数的单因素敏感性分析

参数	基准值	较低值（比基准率低%）	较高值（比基准率高%）	低增量成本效果比（ICER）（美元/质量调整寿命年）	高增量成本效果比（ICER）（美元/质量调整寿命年）	增量成本效果比（ICER）的变化幅度
远处转移						
依西美坦的危险比	0.700	78	122	12 300	44 400	32 100
他莫昔芬复发概率	0.016	87	113	17 700	22 200	4 500
效用[*][†]	0.515	75	125	19 200	21 000	1 300
预期终身治疗费用	11 947美元	63	137	19 000	20 100	1 000
局部复发						
依西美坦的危险比	0.760	58	142	16 400	24 000	7 600
他莫昔芬复发概率	0.004	74	126	19 200	20 100	900
缓解后效用[†]	0.769	75	118	19 500	20 700	700
预期终身治疗费用	20.558美元	81	119	19 500	19 700	200
复发后第一年的效用[†]	0.611	75	125	20 000	20 100	100
对侧癌症						
缓解后效用[†]	0.769	75	100	18 600	21 800	1 300
预期寿命成本	19 915美元	56	144	19 300	19 900	600
依西美坦的危险比	0.32	11	189	19 400	19 800	400
他莫昔芬对侧癌症的概率	0.002	62	138	19 500	19 700	200
复发后第一年的效用[†]	0.611	75	113	19 900	20 200	200
其他参数						
基础效用[*][†]	0.793	75	125	16 000	26 700	19 900
依西美坦的每日费用[*]	8.09美元	75	125	12 100	27 100	15 000
依西美坦对骨质疏松症的危险比	1.493	70	130	162 00	24 200	8 000
他莫昔芬的每日费用[*]	2.84美元	75	125	17 000	22 200	5 200
他莫昔芬骨质疏松的概率	0.007	79	121	18 700	20 600	1 900
依西美坦年度监测费用[*]	128美元	75	125	19 300	19 900	600
依西美坦对子宫内膜癌的危险比[*]	1	75	125	19 400	19 800	400
他莫昔芬患子宫内膜癌的概率	0.001	38	162	19 600	19 600	40

注：[*] 范围估计为模型值的±25%，[†] 由定义或其他模型参数限制的参数范围。除非另有说明，否则参数范围等于在引导分析中计算的±2标准误差。

四、结论

我们的分析结果表明,尽管依西美坦的每日费用几乎是他莫昔芬的三倍,但改用依西美坦对于医疗资源是成本效果比更优的方案。在基本假设下,对于雌性激素受体阳性或状态未知的患者,转换为依西美坦的成本效果增量估计为每个质量调整寿命年 20 100 美元,而对于仅雌性激素受体阳性的患者的成本效益为每个质量调整寿命年 16 600 美元。

即使在最悲观的模型假设下,改用依西美坦的方案下,每个质量调整寿命年的成本效果增量也低于 39 000 美元。将这些成本效果比与其他乳腺癌筛查和管理策略报告的成本效果比进行比较具有重要意义。例如,据报道,在 45—69 岁的女性中,进行乳房 X 光筛查与不进行筛查的成本效益为每个质量调整寿命年 18 000 美元;40—70 岁女性每 1.3 年筛查一次,而 50—70 岁女性每 2 年筛查一次的成本效益为每个质量调整寿命年 140 000 美元。对于 I-II 期乳腺癌女性[①],保乳手术与改良根治术的成本效益为 21 000 美元。对于辅助治疗,据报道,在淋巴结阳性、雌性激素受体阳性乳腺癌的 45 岁绝经前妇女中,他莫昔芬的成本效益为每个质量调整寿命年增加 5 700 美元;在淋巴结阳性、雌性激素受体阳性患者中,每个质量调整寿命年增加 15 000 美元;在淋巴结阴性、雌性激素受体阴性患者中,每个质量调整寿命年增加 280 000 美元,所有这些成本效益比均以 1998 年美元为基准。

这些比较表明,改用依西美坦策略的成本效益与许多常规使用的乳腺癌干预措施(如保乳手术与改良根治术、持续使用他莫昔芬治疗等)相当或更好。

---

① 根据乳腺癌分期,I 期乳腺癌为早期乳腺癌,II 期乳腺癌为中早期乳腺癌。

第 11 章　有分配权重的成本效益分析

【本章学习目标】
- 理解为什么要有分配权重。
- 掌握分配权重取值的方法。
- 理解有分配权重的成本效益分析适应的场景。

在标准的成本效益分析中，我们并没有对人群进行细分，无论富人还是穷人，我们认为他们得到一元钱的效益都相同。实际上这样可能不公平，富人和穷人获得相同收入的边际效用不一样，不同的群体需要区别对待，需要给一些群体更高的权重，这便是有分配权重的成本效益分析（distributionally weighted cost-benefit analysis）。政策和项目对不同群体的影响不同，因此分析师经常将成本和效益按照群体分开。必须强调有分配权重的成本效益分析永远不可能代替标准的成本效益分析，不能认为有分配权重的成本效益能通过，这个项目就一定能通过，任何时候都需要做标准的成本效益分析，有分配权重的成本效益分析只是一个补充。标准的成本效益分析注重效率，证明政府分配的资源是有效的；而有分配权重的成本效益分析注重公平，需要在公平和效率之间进行权衡。

11.1　增加分配权重的原因

通常有分配权重的成本效益分析针对的是一些补贴和帮助穷人的计划。接下来我们用对奢侈品征税来说明标准的成本效益分析的不足。如图 11-1 所示，人们对奢侈品的需求曲线为 D，征税前对奢侈品的供给曲线是 S_1，征税后供给曲线从 S_1 左移到 S_2。征税前市场在 Q_1 的数量上出清，征税后在 Q_2 的数量上出清。对企业而言销量变少，商品价格虽然由 P_1 提高到 P_2，但由于税收 t 被政府获得，企业面临的实际价格从 P_1 降至 P_{2-t}。对奢侈品征税的项目做标准的成本效益分析时无法通过卡尔多-希克斯准则。如表 11-1 所示，对奢侈品征税后消费者剩余下降 $A+B$，生产者剩余下降 $C+D$，政府获益 $A+C$，社会剩余下降 $B+D$（即征税的无谓损失），根据这一结果，政府的选择应该是不征税。虽然标准的成本效益分析无法通过，但政府还经常对奢侈品征税，这一行为的合理性在于政府可以拿 $A+C$ 的收入去进行转移支付，转移支付能够帮助穷人。$A+B$ 经常由富人承受，因为穷人较少消费奢侈品，如果 $A+C$ 的获益用来帮助穷人，$A+C$ 需要乘以一个大于 1 的权重，富人仅仅损失了 $A+B$，但穷人得到 $A+C$ 的效用会放大，所以当 $A+C$ 放大到一定程度时，有分配权重的成本效益分析就有可能通过。

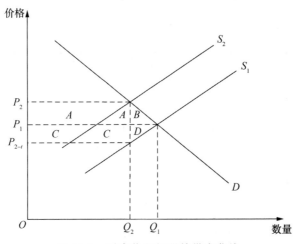

图 11-1　对奢侈品征税的供求曲线

表 11-1　对奢侈品征税的成本效益分析

	效益	成本
生产者		$C+D$
消费者		$A+B$
政府（转移支付接受者）	$A+C$	
社会		$B+D$

把低收入人群和高收入人群进行区分的原因（给低收入人群更高的权重的理由）有以下三点：

（1）收入的边际效用递减。用 Y 表示收入，u 表示边际效用，$\Delta U_l/\Delta Y_l > \Delta U_h/\Delta Y_h$。下标 h 代表高收入人群，l 代表低收入人群，大家都得到一元钱的情况下,富人得到一元钱的边际效用小于穷人得到一元钱的边际效用。因此用一元钱去帮助穷人会比帮助富人使得整个社会的总效用提高更多。

(2) 收入分配应该更加公平。用 SW 表示社会福利,即使富人和穷人得到一元钱的边际效用相同的情况下,我们也会认为穷人得到一元钱的社会福利的增加大于富人得到一元钱的社会福利的增加($\Delta SW/\Delta Y_l > \Delta SW/\Delta Y_h$)。如果收入不平等减少,社会福利就会增加,"社会需要它",这对社会凝聚力而言是必要的,无论是穷人还是富人都会喜欢一个相对公平的世界。大家一般会倾向于一个相对公平的环境,穷人数量太多也会给富人造成负外部性,所以对富人而言,他们会为了自己的利益去帮助穷人。在这种情况下,无论富人还是穷人都更偏好一个更公平的环境,公平是整个社会都需要的。所以即使一元钱给穷人和富人带来的边际效用是一样的,但是这一元钱给穷人的时候,整个社会的福利会增加得更多。所以有些项目可能通不过标准的成本效益分析,但有可能会促进公平,会使社会分配的不平等下降,这时也有可能实施这些项目;有些项目通过了标准的成本效益分析,但会让穷人的状况更恶化,这些项目可能无法通过。

(3) 一人一票。标准的成本效益分析实际上不是一人一票。图 11-2 是标准的成本效益分析,d_l 代表低收入人群,d_h 代表高收入人群。如果一件商品是正常品,高收入人群由于收入比较高,他们对这件商品的需求更大,低收入人群的需求曲线在左边。如果这件商品的价格从 P_1 提高到 P_2,人们的消费者剩余都有所下降,高收入人群的消费者剩余下降了 $A+B$,低收入人群消费者剩余下降了 A,所以在标准的成本效益分析里,高收入人群比低收入人群有更多的话语权。按照标准的成本效益分析,实际上高收入者的权重可能更高。如果我们追求无论收入

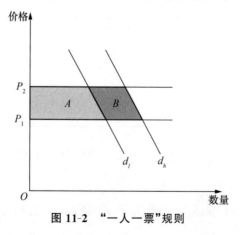

图 11-2 "一人一票"规则

高低都是"一人一票",在这种情况下就必须要给穷人更高的权重,使得他的话语权和富人一样。

11.2 有分配权重的成本效益分析的实施方法

综上所述,进行有分配权重的成本效益分析的三个理由为:人们的收入边际效用递减;人们更倾向于公平的环境;一人一票。

式(11-1)表明了如何实现有分配权重的成本效益分析。有分配权重的成本效益分析的流程和标准的成本效益分析一致,只是需要把人群按照一定标准分开,假设共有 M 个群体,项目期为 N,计算出某一群体 j 每一个时间点 t 的效益 B_{tj} 和成本 C_{tj},再用贴现率 r 进行贴现,关键在于确定权重 W。如果我们把人群分为高收入群体 h 和低收入群体 l,一般情况下,我们往往认为所有权重都等于1,即在标准的成本效益分析中 $W_h = W_l = 1$,但在做有分配权重的成本效益分析时,假设高收入人群的权重等于1,也即 W_h 为1,关键是如何确定低收入人群的权重 W_l。

$$\text{NPV} = \sum_{j=1}^{M} W_j \sum_{t=0}^{N} (1+r)^t (B_{tj} - C_{tj}) \qquad (11-1)$$

表11-2的左半部分是标准的成本效益分析,一共有两个项目:A项目低收入人群净社会效益是10,高收入人群的净社会效益是60,总的净社会效益是70;而B项目低收入人群的净社会效益是30,高收入人群的净社会效益也是30,总净社会效益是60。在标准的成本效益分析里应该选择A项目。在有分配权重的成本效益分析里,高收入人群的分配权重是1[①],如果假设低收入人群的权重为2,无论是A项目还是B项目都将低收入人群的社会效益乘以2,这时我们发现由于低收入人群获得的权重更高,所以在有分配权重的成本效益分析里选择的是B项目,确定低收入人群的分配权重的取值是本方法的核心。

---

① 也可以假设高收入人群的权重是1/2,低收入人群是1。各种可以反映不同人群相对权重的取值方法都可以。本章为了简便,采用 Boardman et al. (2018)的做法,假设高收入人群的分配权重为1。

表 11-2　标准的成本效益分析和有分配权重的成本效益分析

项目	标准成本效益分析			项目	有分配权重的成本效益分析		
	净效益		净社会效益		净效益		净社会效益
	低收入人群	高收入人群			低收入人群	高收入人群	
A	10	60	70	A	10×2=20	60	80
B	30	30	60	B	30×2=60	30	90
权重	1	1	选择项目 A	权重	2	1	选择项目 B

11.3　权重的确定方法

11.3.1　先验法

如 Brent(1984)所述,预先(先验)指定一组合理的假设,并从这些假设中得出权重,这种确定分配权重的方法被称为先验法。第 11.1 节中阐述了低收入人群的分配权重大于 1 的三个理由,我们可以从这三个理由出发去寻找合适的权重。第一个理由是单位收入增量使得高收入人群得到的边际效益比低收入人群得到的边际效益要少,所以当存在效用函数时,我们就可得知低收入人群和高收入人群边际效用的增量。低收入人群得到的边际效用高于高收入人群,第一种方法用低收入人群的边际效用增量除以高收入人群的边际效用增量则可以得到分配权重。由于效用函数可能有多种形式,不同效用函数形式下得到的权重结果可能不同。例如 Squire and Van der Tak(1975)所述,做如下三个假设:

(1) 每个人都有相同的效用函数。

(2) 假定(有代表性的)个人的效用函数存在边际收入效用递减。由于常弹性边际效用函数是满足这一假设的最方便的分析函数之一,因此经常在理论文献中被使用。设任意组别 i 的社会边际效用为:

$$a_i = Y_i^{-\eta} \tag{11-2}$$

其中,Y 是收入水平,η 是一个正的常数,表示社会边际效用函数的弹性。

(3) 最后一步是为 η 设定一个值。我们先考虑极端情况,再考虑中间值。在一种极端情况下——$\eta=0$,由式(11-2)可知,各组的权重都相同且为 1,这是标准成本效益分析隐含的假设。在另一种极端情况下——$\eta=\infty$,只有对社会中最贫穷的个体的影响才重要,这就是 Rawls(1971)提出的最大化原则。如果一个项目使处境最坏的个人受益,而使其他所有人的情况变糟,那么根据加权方案将批准该项目。在极端情况之外,Squire and Van der Tak(1975)建议假定 $\eta=1$(尽管在敏感性分析中 0 和 2 之间的值都被认为是可能的)。在这种情况下,某组人群的分配权重由其收入的倒数决定,即 $a_i = Y_i^{-1}$。这意味着:

$$\frac{a_i}{\bar{a}} = \frac{Y_i^{-1}}{\bar{Y}^{-1}} = \frac{\bar{Y}}{Y_i} \tag{11-3}$$

式(11-3)表明,如果某组人群的收入是平均收入的 1/4,那么其权重将是平均收入群体的四倍。

上述的先验法有三个主要缺点:

(1) η 的值的选择存在主观性。

(2) 权重完全与收入挂钩。通常判断一个人是否属于低收入人群的标准除了收入因素,还有非收入因素。例如,学生收入较低或者没有收入,但这不是需要解决的社会问题;此外年龄往往也是社会需要重点关注的问题。例如,对 65 岁以上的人群应该给予更多关注。

(3) 权重函数给出了所有收入群体权重的完整说明,但并非所有的收入群体都值得社会关注。例如真正重要的是那些收入处于贫困线以下的人(以及那些处于高收入范围的人),在中等收入范围内的再分配通常社会意义不大。

第二种方法,我们可以计算低收入人群和高收入人群收入增加一单位后社会福利的增加,这时需要社会福利函数,社会福利函数比效用函数更复杂,所以第一种和第二种方法理论上可行,实际操作起来都很困难。

第三种方法是一人一票,这种方案操作起来也比较复杂。首先根据收入水平将人群分为两类,按收入水平分类在操作上也存在一定争议,若仅仅分为低收入人群和高收入人群,此时可能有一部分人很难确定究竟是低收入人群还是高收入人群;此外我们还需要知道需求曲线,了解这些信息后才能知道价格发生变化后不同人群社会剩余的变化。在图 11-2 的例子中,高收入人群的社会剩余下降了 $A+B$,低收入人群的社会剩余下降了 A,这时高收入人群社会剩余损失占社会总损失的比重为 $(A+B)/(2A+B)$,而低收入人群的比重是 $A/(2A+B)$。为了做到一人一票,我们要将低收入人群权重扩大到和高收入人群一样,也就是低收入人群的净收益要乘以 $(A+B)/A$ 的权重。这需要先将人群分类,知道需求曲线、消费点和需求弹性,才可以计算出低收入人群的权重。

11.3.2 实用主义的方法

Gramlich(1990)指出:为了进行转移支付需要征税,征税时会出现边际超额负担,而征税的边际超额负担为 0.5—1,即征 1 单位的税时,整个社会的成本是 1.5—2 个单位,所以低收入人群的分配权重一般不能超过 1.5,最多不能超过 2。如果这个项目要给低收入人群 2 以上的分配权重才能通过,这时可以采用其他的征税计划,因为其他征税计划只有 0.5—1 的边际超额负担,直接可用于补贴低收入人群,不需要这个复杂的方案。所以根据 Gramlich(1990)的观点,在有分配权重的成本效益分析中,低收入人群的权重 W_l 的上限在 1.5—2,这是学术角度的分配权重上限。

接下来介绍一种相对实用的确定分配权重的方法。我们以就业培训项目为例,一般我们认为低收入人群是这类培训项目的参与者,纳税人是项目的非参与者,被视为高收入人群。一共有三个步骤:第一步仍然要先做标准的成本效益分析,参与者和非参与者的净社会效益都需要计算,不能用有分配权重的成本效益分析替代标准的成本效益分析;第二步对低收入人群分配权重 W_l 进行敏感性分析,W_l 的取值一般在 1.5—2;第三步是计算内部权重,内部权重是高收入人群的净社会效益除以低收入人群的绝对值。

必须明确并不是所有的项目都需要做有分配权重的成本效益分析。第一种情形是,有些项目的整体净社会效益大于 0,并且参与者和非参与者的净社会效益都大于 0,我们认为这种项目是双赢(win-win)项目,整个社会的净社会效益大于 0 说明满足了效率的要求,参与者的净社会效益大于 0 说明满足了公平的要求,此时不需要做有分配权重的成本效益分析。还有一些项目整体净社会效益小于 0,参与者和非参与者的净社会效益也都小于 0,这种项目也不需要做有分配权重的成本效益分析,因为这种项目是双输(lose-lose)项目,大家都没有得到好处。第二种情形是,整个社会的净社会效益大于 0,并且参与者的净社会效益大于 0,但非参与者的净社会效益小于 0。这种情况实际上也不需要做有分配权重的成本效益分析,整个社会的净社会效益大于 0 说明提高了效率,而低收入的参与者净社会效益也大于 0,说明兼顾了公平,这个项目兼顾了公平和效率,标准的成本效益分析已经通过了,不需要做有分配权重的成本效益分析,这个项目能够通过。

第三种情形是,整个社会的净社会效益小于 0,并且参与者的净社会效益也小于 0,这时非参与者的净社会效益可能大于 0,也不用做有分配权重的成本效益分析了,因为这个项目肯定不能通过。整个社会的净社会效益小于 0 代表有效率损失,参与者净社会效益小于 0,说明没有做到公平,一个项目既没有做到公平,又没有提高效率,因此不予考虑。

所有需要做有分配权重的成本效益分析的项目往往涉及公平和效率的权衡取舍,即整个社会的净社会效益和参与者的净社会效益符号相反。比如说整个社会的净社会效益大于 0,而参与者的净社会效益小于 0,这种情况下有效率但损失了公平,如果决策者倾向于公平就不应采用;还有一些项目整个社会的净社会效益小于 0,但是弱势群体作为参与者,其净社会效益大于 0,这种情况下损失了效率但是做到了公平,标准的成本效益分析下不该选择此项目,但如果处于帮助弱势群体促进公平的角度,也许可以考虑。

表 11-3 给出了八个就业培训项目的结果,高收入人群往往不需要通过政府项目接受培训,这些就业培训项目的参与者往往是低收入人群。第四列是标准成本效益分析的结果;第五列假设参与者分配权重 2,非参与者权重为 1,计算有分配权重的成本效益分析的结果;最后一列是内部权重,相当于盈亏平衡点,它代表使整个社会的净现值等于 0 时权重应该是多少,实际上内部权重的值就等于高收入人群的净社会效益除以低收入人群的净社会效益的绝对值。A 项目是双赢项目,不需要做有分配权重的成本效益分析,在预算允许的情况下推荐施行。B 项目是双输项目,不需要做有分配权重的成本效益分析即可拒绝。C 项目的净社会效益是 494 元,并且参与者的净社会效益是 821 元,这个项目兼顾了公平和效率,不需要做有分配权重的成本效益分析。D 项目中,整个社会的净社会效益是 −1 966 元,并且参与者的净社会效益是 −2 314 元,这个项目既损害了公平,又有效率损失,不需要做有分配权重的成本效益分析即可拒绝。E 和 F 两个项目整个社会的净社会效益都大于 0,但是参与者的净社会效益现值小于 0,这两个项目都提升了效率,但是损失了公平,标准的成本效益分析可以通过,但是从改善公平的角度可能无法通过。考虑项目有损公平的程度,我们可以发现,当权重取 2 时,F 项目的有分配权重的成本效益分析还是能够通过,这个项目的结果仍然没有发生变化,标准的成本效益分析和有分配权重的成本效益分析的结果是一样的;而 E 项目的结果发生了变化,有分配权重的成本效益分析无法通过。也就是如果低收

入者的权重为2时,E项目就没有办法通过,而F项目仍然可以。计算内部分配权重,只有在给低收入人群的权重超过盈亏平衡点值时,标准的成本效益分析的结果才有可能被推翻。若我们想要通过这个项目去兼顾公平,则E项目只要求给低收入人群的分配权重大于1.34,这时发现标准的成本效益分析结果被改变,从原来的通过变成不通过。这个项目的内部权重比1.5还低,说明这个项目的结果很容易被更改,只要给低收入人群超过1.34的权重,标准的成本效益分析结果就会发生改变。内部权重越小,标准的成本效益分析的结果越容易被更改。F项目的内部权重为2.48,只有给低收入人群的权重大于2.48,才能改变原有结果。项目G和H也可以进行类似的分析。这种实用主义的方法比较适合把社会群体分为两类,如果人群被分成两个以上的类别,就很难去计算内部权重。

表11-3 内部权重计算方法

项目	参与者（低收入人群）的净社会效益（元）	非参与者（高收入人群）的净社会效益（元）	没有分配权重的净社会效益（元）	参与者（低收入人群）的权重为2时的净社会效益（元）	内部权重
A	1 342	623	1 965	NA	NA
B	−621	−324	−945	NA	NA
C	821	−327	494	NA	NA
D	−2 314	348	−1 966	NA	NA
E	−1 476	1 983	507	−969	1.34
F	−1 321	4 587	3 266	1 945	3.47
G	231	−574	−343	−112	2.48
H	247	−279	−32	215	1.13

我们只对存在公平和效率的权衡取舍的项目做有分配权重的成本效益分析。标准的成本效益分析是必需的,但是有分配权重的成本效益分析不是必需的,除非这个项目目的是帮助弱势群体,并且这个项目在公平和效率之间有权衡取舍,增进了效率但损害了公平,或者影响了效率但是促进了公平。有分配权重的成本效益分析只是标准的成本效益分析的补充,只针对特殊的为了帮助低收入群体的项目,或者这个项目对低收入群体产生了负面影响时,才需要做补充的有分配权重的成本效益分析。

【复习思考题】

1. 某城市打算建造一个新的环卫工厂。正在考虑两个选址：一个位于富裕社区，另一个位于贫困社区。该城市的环卫工程师认为城市需要新环卫工厂,然而,他并不关心工厂建在哪个社区。因为不管在哪个社区,工厂的成本和效率都一样,而且大概同样多的人将受到该工厂排放的空气污染影响。该市聘请了一位经济学家来研究这两个选址。这位经济学家发现,由于富裕社区当前的房价更高,该工厂将导致富裕社区的平均房地产价值相比贫困社区的平均房地产价值而言下降幅度更大。与此相一致的是,经济学家进行的一项意愿价值调查评估研究表明,为了能不建设环卫工厂,富裕社区的支付意愿要远远高于贫困社区。而贫困社区的居民强烈希望工厂建在富裕社区。试谈谈你对这个问题的看法。

2. 以下分别是六个项目的净社会效益和分组净效益,这些项目不互斥,而且该机构有足够的预算来资助那些将使社会变得更好的项目。成本效益分析师的调查结果如下（单位：百万元）：

项目	净社会效益	低收入组净效益	高收入组净效益
A	20	20	0
B	60	80	−20
C	30	−80	110
D	−20	−45	25
E	−15	−10	−5
F	−30	90	−120

a) 根据净效益原则,哪些项目应该得到资助？

b) 对于哪些项目来说,分配权重可能是一个问题？

c) 计算你在 b) 中选择的项目的内部分配权重。使用这些权重,指出每个项目可能实际施行的情况。

实践篇

案例一　河北省定州市规模化生物天然气示范项目一期工程成本效益分析*

党的二十大报告指出"加快发展方式绿色转型。推动经济社会发展绿色化、低碳化是实现高质量发展的关键环节。加快推动产业结构、能源结构、交通运输结构等调整优化。实施全面节约战略，推进各类资源节约集约利用，加快构建废弃物循环利用体系"。因此，对一些废弃物循环利用项目进行成本效益分析，具有很强的现实意义。

一、项目背景及目的

（一）项目背景

河北省定州市农业种植和畜禽养殖发达，2015 年，全市粮食播种面积达 146.01 万亩，粮食产量 68.24 万吨；全市生猪存栏 59.06 万头，出栏 111 万头，牛存栏 8.03 万头，出栏 6.98 万头。① 大规模的农业种植产生了大量的作物秸秆，养殖业的发展也带来了畜禽粪污的处理问题。定州市部分地区存在的秸秆焚烧和堆积现象对秋冬季节雾霾防治、大气治理、美丽乡村建设带来不利影响；而多数养殖场不能实现粪污的无害化处理，也对空气、土壤和水源造成污染，影响了当地

---

* 财政部政府和社会资本合作中心全国 PPP 综合信息平台项目管理库收录了已经通过物有所值评价和财政承受能力论证的项目，截至 2022 年 7 月 19 日收录项目 10 275 个。虽然 2023 年 PPP 项目库已经终止，但对 PPP 项目的绩效评价工作仍在进行。2022 年的教学中我们组织学生对 PPP 综合信息平台的部分项目进行了成本效益分析，本案例由北京大学经济学院 2019 级本科生林君彦、尤骊可、张延安、刘炼根据管理库的公开数据完成。

① 数据来源：《定州市 2015 年国民经济和社会发展统计公报》，https://www.ahmhxc.com/tongjigongbao/3676.html。

居民的日常生活。① 为实现定州市域内养殖场畜禽粪污的无害化处理和秸秆全量化处理,定州市政府决定采用PPP模式,在定州市高蓬镇钮店村北建设规模化生物天然气示范项目。

(二) PPP项目基本情况

河北省定州市规模化生物天然气示范项目一期工程PPP项目位于定州市高蓬镇钮店村北,占地132亩,属于农业领域项目,由定州市农业农村局实施,已列入农业领域的PPP第一批试点项目。该PPP项目采用TBOT模式②,由四方格林兰定州清洁能源科技有限公司和代表定州市政府的定州市城市投资建设有限公司组成项目公司"定州市华昕清洁能源科技有限公司",分别持股90%和10%。定州市政府以土地入股的方式和社会资本方共同投资2.64亿元,由社会资本方控股经营,定州市政府授予项目公司特许经营权,期限为30年,期满后项目移交政府指定部门。本项目为经营性项目,采用使用者付费回报机制,不需要政府给予可行性缺口补助。

项目自2016年4月动工建设,历经一年时间完成项目建设,2017年5月16日成功进入试运营阶段,2017年年底,项目进入运营阶段。项目建成后,每年可处理玉米秸秆8.28万吨、牛粪污18.25万吨,年生产生物天然气730万标准立方米、沼渣有机肥4.16万吨、沼液有机肥20.54万吨。③

(三) 项目成效

(1) 处理玉米秸秆、养殖场粪污,减少秸秆的随处堆积和露天焚烧,避免对水源、土壤、空气造成污染。

---

① 数据来源:财政部政府和社会资本合作中心《PPP良好实践分享之乡村振兴篇:河北省定州市规模化生物天然气示范项目一期工程PPP项目简介》,https://www.cpppc.org/PPPtjxczx/999723.jhtml。

② TBOT,即"transfer-build-operate-transfer",政府通过股权转让(transfer)向项目公司移交具有明显收益的项目,由项目公司进行建设(build)和运营(operate),一定期限后,项目公司重新将项目移交(transfer)政府。

③ 数据来源:《定州市规模化生物天然气示范项目一期工程可行性研究报告》,https://www.cpppc.org:8082/inforpublic/homepage.html#/preview/001720200118101745519cue0000185ha6i,第55页。

(2) 生产有机肥代替化肥,改善农田土壤结构,促进有机农业发展。

(3) 生产天然气用于农村"气代煤",采暖期可满足 1 300 户居民用气,缓解天然气供应压力;非采暖期除满足农户日常生活用气外,剩余沼气发电调峰并入国家电网,可在一定程度上缓解电力供应短缺局面。

(4) 通过带动农民参与秸秆和粪污的收、储、运等环节及项目日常劳务,实现产业扶贫。

二、项目可行性分析[①]

(一) 项目经济成本与经济效益

本项目计算期为 12 年,其中建设期为 2016 年,共计 1 年,达产期自 2017 年开始,共计 11 年。本项目不收增值税、所得税,项目产品为生物天然气、沼渣有机肥以及沼液有机肥。由于没有政府可行性缺口补助,项目的所有收入来源皆为销售收入。项目正常生产年产品种类、产量及销售收入如表 1 所示。[②]

表 1　项目年经济效益测算

名称	单位	数量	单价	总价(万元)
生物天然气	万 Nm^3	730.00	4.00 元/Nm^3	2 920.00
沼渣有机肥	万吨	4.16	400.00 元/吨	1 664.00
沼液有机肥	万吨	20.54	20.00 元/吨	410.80

资料来源:《定州市规模化生物天然气示范项目一期工程可行性研究报告》,https://www.cp-ppc.org:8082/inforpublic/homepage.html#/preview/00172020011810174 5519cue0000185ha6i,第 89 页。

项目可行性研究报告中所提及的经济成本包括项目的初始投资成本和日常

[①] 《定州市规模化生物天然气示范项目一期工程可行性研究报告》,可行性研究报告中包括了项目的成本和效益评价、工程建设方案、投资筹资、招标方案等内容,在此处,我们主要对其成本效益评价部分进行概括性呈现,可行性研究报告全文发布于财政部政府和社会资本合作中心全国 PPP 综合信息平台项目管理库,https://www.cpppc.org:8082/inforpublic/homepage.html#/preview/00172020011810174 5519cue0000185ha6i。

[②] 表中所示为正常生产年(2018 年及以后)的经济效益测算,2017 年项目主要处在试运营期间内,生物天然气、沼渣有机肥和沼液有机肥产量均为正常年份的 80%,后续年均销售收入计算亦考虑此部分影响。

运营成本(后者在报告中体现为"总成本费用")。

项目初始投资成本包括建设投资和流动资金两部分,其中,建设投资19 259.75 万元,包括工程费用 12 543.05 万元、工程建设其他费用 6 089.55 万元、预备费 627.15 万元;流动资金按分项详细法估算,共 7 140.25 万元;初始投资成本总计 26 400 万元。①

总成本费用包括直接生产成本、固定资产折旧、无形资产及递延资产摊销费、其他费用四个方面。直接生产成本包括生产资料费用、水费、电费、燃料费及工资支出等内容。项目年需玉米秸秆 8.28 万吨,价格为 40 元/吨,共计 331.20 万元;年用电气及燃料 254.72 万元;年工资福利 13.68 万元(福利按照工资的 14% 计算)。固定资产折旧按平均年限法计算,房屋及建构筑物按 30 年计,设备按 15 年计,残值率均为 5%。无形资产及递延资产摊销费按年限平均法计算,不计残值,共计 20 年。其他费用则主要包括维修费用、销售费用、管理费用,其中维修费用按折旧费的 20% 计提,销售费用按销售收入的 5% 计提,管理费用按销售收入的 1% 计提。综合以上计算,年平均总成本费用为 2 427.16 万元。

(二) 不确定性分析

1. 敏感性分析

影响该项目经济效益的主要因素有建设投资、销售收入、经营成本等,故而,分别以全部投资为基础分析建设投资、销售收入、经营成本的变化对项目内部收益率的影响,结果表明,销售收入的变化最敏感,经营成本次之(见表 2 和图 1)。标准情形下,项目的内部收益率为 15.89%。当经营成本、建设投资保持不变而销售收入降低 3% 时,项目内部收益率将会降至 15.11%;当销售收入、建设投资保持不变而经营成本降低 3% 时,项目内部收益率会提高至 16.00%。

---

① 2015 年 12 月《定州市规模化生物天然气示范项目一期工程可行性研究报告》中所测算的初始投资成本为 20 005.16 万元,后于 2016 年 6 月该项目物有所值评价报告中修改为 26 400 万元,物有所值评价报告见 https://www.cpppc.org:8082/inforpublic/homepage.html#/preview/002220200420105759093ek90000qarryo4。

表 2　项目内部收益率敏感性分析

（单位：%）

变动项目	变动幅度						
	−3.0	−2.0	−1.0	0.0	1.0	2.0	3.0
销售收入	15.11	15.37	15.63	15.89	16.15	16.41	16.66
经营成本	16.00	15.96	15.94	15.89	15.85	15.83	15.78
建设投资	16.43	16.25	16.07	15.89	15.72	15.54	15.37

资料来源：《定州市规模化生物天然气示范项目一期工程可行性研究报告》，https://www.cp-ppc.org:8082/inforpublic/homepage.html#/preview/001720200118101745519cue0000185ha6i，第90页。

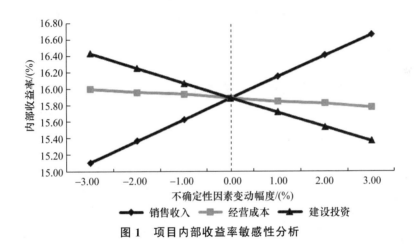

图 1　项目内部收益率敏感性分析

2. 盈亏平衡分析

当项目的年均销售收入等于年均总成本时，可以实现盈亏平衡。而销售收入和总成本又受生产能力利用率（以下简称"产能利用率"）的影响，产能利用率越接近100%，销售收入就越高，与此同时项目总成本也随之上升。以产能利用率计算，盈亏平衡点为42.60%，也即，该项目在正常年份达到设计生产能力的42.60%时，项目销售收入刚好等于总成本（见表3和图2），此时项目就可以保本。

表 3　不同产能利用率下的年均销售收入与成本

产能利用率	0	20%	42.60%	60%	80%	100%
年均销售收入（万元）	0.00	980.81	2089.31	2942.43	3923.24	4904.05
年均固定成本（万元）	1838.54	1838.54	1838.54	1838.54	1838.54	1838.54
年均可变成本（万元）	0.00	117.72	250.77	353.17	470.90	588.62
年均总成本（万元）	1838.54	1956.26	2089.31	2191.71	2309.44	2427.16

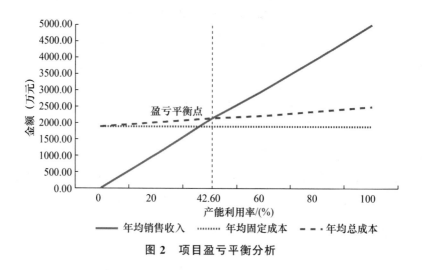

图 2　项目盈亏平衡分析

（三）环境效益分析与社会效益分析

1. 环境效益分析

通过项目的实施,可使养殖场每天减少粪污排放量 500 吨。项目区的环境得到明显的改善,对保护当地水源、改善农业生产环境和局部生活环境具有显著作用。主要环境效益有以下几个方面:减少疾病传播,降低人、畜的发病率和死亡率;减少饮用水的净化费用;减少二氧化碳的排放;减少种植业和水产业的损失;用有机肥替代化肥,降低肥料使用中营养物的流失率,有利于改良土壤、保持生态平衡。

2. 社会效益分析

项目的实施为解决超过一万头牛的养殖场普遍存在的粪尿流失、环境污染等问题找到了一条科学的出路,畜禽场周围的环境卫生也将因此得到显著改善。

沼渣、沼液是优质有机肥料,适当施用可改善土壤颗粒结构,进而增加土壤肥力、显著提高农作物的产量。同时,农作物的产品质量也会大大提高,且受化学污染少,符合可持续发展战略的需要。

项目实施后,养殖场粪污和秸秆经过厌氧发酵变成有机液肥,还田生产农作物,可少施或不施农药和化肥。畜禽粪便经过治理,杀灭了大量有毒害病菌,切断了病疫传播途径,同时,有害有机粪污变为生产绿色无公害有机农副产品的必需肥料,为我国农副产品出口创汇提供了有利条件。

此外,项目的社会效益还体现在对人的环保意识的培养中。项目的实施有利于提高各级政府和养殖行业的环保意识,具有一定的示范效应,能够引导其他养殖企业向环保产业投资,还可以提供清洁能源,打造优美环境。

(四) 原可行性分析框架的不足

综合以上分析可知,项目原有的可行性研究报告将分析的重点放在经济效益与成本的衡量中;对于环境效益和社会效益,主要通过定性分析的方式来呈现。另外,其对于经济成本的衡量我们认为也可进行改进,主要包括以下三个方面:

第一,在建设成本的处理上,针对固定资产部分,该项目采用分期折旧的方式。这样的处理方式可能是出于会计角度下当期成本和当期收益配比的需要,但是站在成本效益分析的角度而言,项目建设所带来的资源占用并没有分期,如果计提折旧,实际上是将建设成本人为地平均分配到后续30年间,这会降低建设成本的净现值(可能也因此更有利于项目的通过)。故而在后续分析和计算中,我们将把建设成本统一放在期初进行计算。

第二,该项目忽略了土地成本。该项目通过政府土地使用权入股的方式取得了建设用地,在初始成本的计算中,忽略了土地成本。但事实上,尽管项目使用土地并没有付出直接的经济成本,也依旧存在机会成本,项目对土地的占用也属于社会资源的真实消耗,机会成本并不为0。故而,在后续分析中,我们将采用当地同类型土地使用权出让交易的平均价格来衡量土地占用的机会成本。

第三,该项目忽略了原料的运输成本。该项目每年需要玉米秸秆8.28万吨,主要通过与周边玉米种植户签订交易合同的方式来取得,故而会产生秸秆收储和运输成本。在后续分析中,我们将结合不同的收储和运输方式做出假设,计算这部分成本。

此外,该项目主要采用内部收益率的方式判断是否应该进行,也主要用这个方式开展敏感性分析。后续分析中,我们将采用NPV方式进行衡量。

三、项目成本效益分析

(一) 成本效益分析的目的、项目集与立场选择

如前文所述,定州市部分地区存在秸秆焚烧和堆积现象,多数养殖场不能实现粪污的无害化处理,对空气、土壤、水源造成了污染,因此生物天然气项目在定州市的实施具有一定的必要性。生物天然气项目一期工程已经在2017年完工投产,故而我们将进行事后成本效益分析,以期更好地为地方政府未来可能的生物天然气项目建设提供借鉴。项目集为是否实施生物天然气项目,以下我们将从定州市全社会的角度进行成本效益分析。

(二) 项目的影响

项目的影响可以分为主要市场影响和次要市场影响两大部分,每部分又包括各自的成本与效益,如表4所示。

表4 项目的主要市场影响与次要市场影响

主要市场影响	成本	土地成本	项目所占用土地的机会成本
		初始投资成本	工程费用(建筑工程费用、设备购置及设备安装费)、工程建设其他费用(前期工作、勘探设计、招标费等)、预备费、流动资金
		运营成本	原材料及主要辅助材料费用、运输费用、水电费用、劳动力成本和其他费用
		税收成本	项目享受优惠政策,不征收增值税、所得税,故税收成本计为0
		环境成本	沼气工程气味、机器运转噪声
	效益	直接经济效益	生物天然气、沼渣有机肥、沼液有机肥的销售收入
		间接经济效益	节省的养牛场粪污处理费用和秸秆处理费用
次要市场影响	成本	环境成本	地面工程建设破坏植被、管网铺设破坏土壤
	效益	节省农药和化肥使用	
		有机肥替代化肥、改善土壤质量,提高农产品产量和质量	
		减少碳排放	
		减少疾病传播	
		减少此前废弃物污染导致的种植业和水产损失	
		提高绿色产品的品牌声誉	

主要市场的成本包括土地成本、初始投资成本、运营成本（包括原材料及主要辅助材料费用、运输费用等）、税收成本以及环境成本（沼气工程气味、机器运转噪声等）。主要市场的效益可以分为直接经济效益和间接经济效益。直接经济效益为出售生物天然气、沼渣有机肥、沼液有机肥带来的收入，间接经济效益为项目建设后所能节省的处理费用，包括养牛场粪污处理费用和秸秆处理费用。

次要市场的成本主要体现在环境方面，包括地面工程建设破坏植被、管网铺设破坏土壤等成本，由于这部分影响较小，且难以量化，故我们将其忽略。次要市场的效益主要包括以下几个方面：节省农药和化肥使用；有机肥替代化肥，改善土壤质量，提高农产品产量和质量；减少碳排放；减少疾病传播；减少此前废弃物污染导致的种植业和水产损失；提高绿色产品的品牌声誉。由于最后两项影响较为微弱，且难以量化，故而在后续的分析中，我们主要对前四个影响进行量化和货币化。

（三）项目影响的量化及货币化

1. 效益的货币化

（1）直接经济效益。

项目的直接经济效益主要来自三类产品的出售：生物天然气、沼渣有机肥和沼液有机肥，其效益可以通过价格乘以销量的方式来计算。我们假定价格与可行性研究报告（以下简称"可研报告"）保持一致。销量方面，由于在项目所在地，建设单位拥有天然气加气站，可保证天然气销售，故而生物天然气销量可以等同于产量。对于沼渣有机肥和沼液有机肥，我们则直接假设销量等于产量。该项目年产生物天然气730万Nm^3，单价4元/Nm^3；年产沼液有机肥20.54万吨，单价20元/吨；年产沼渣有机肥4.16万吨，单价400元/吨。该项目一年的直接经济效益为4994.8万元（暂未考虑用于交换秸秆的沼渣沼液价值扣除）。

（2）节省粪污处理费用。

在项目建设之前，假定养牛场粪污按污水排放处理。按现行国家规定，污水排污费（元）＝0.7元×COD[①] 月平均浓度（毫克/升）×月污水排放量（吨）×10^{-3}

[①] COD（chemical oxygen demand），化学需氧量，是以化学方法测量的水样中需要被氧化的还原性物质的量。水中的还原性物质以有机物为主，故COD又往往作为衡量水中有机物质含量多少的指标。COD越大，说明水体受有机物的污染越严重。

（千克），参考相关文献，牛粪污 COD 平均浓度为 36 000 mg/L[①]，根据可研报告数据，养殖场每天粪污排放量为 500 吨[②]，根据上述公式，我们可以计算在项目建设之前养牛场每年所需的粪污处理费用。在项目建成后，由于粪污直接通过地下管道进入发酵池，故可以认为建成后养牛场的粪污处理费用为 0，这部分处理费用的节省可以视作项目的收益。

（3）节省农药、化肥的使用。

该项目年产沼液有机肥 20.54 万吨、沼渣有机肥 4.16 万吨，根据可研报告，年产沼渣有机肥可代替 4 000 吨化肥的使用。化肥价格受到外部突发事件如俄乌冲突等影响较大，但忽略这些突发事件，化肥的价格相对稳定，在我们的分析中选取 1 800 元/吨[③]，所以每年沼渣有机肥节省化肥使用 720 万元。对于沼液有机肥，参考相关文献[④]，沼液有机肥对化肥的替代取决于其中的化学元素含量。沼液肥中同时含有作物生长所需的铵、钙、钾等营养元素，5 吨沼液肥可以替代 10 千克硫酸铵、8 千克过磷酸钙和 3 千克氰化钾。项目正常年产沼液有机肥 20.54 万吨，每年可以替代 410.8 吨硫酸铵、328.64 吨过磷酸钙和 123.24 吨氰化钾。根据 Wind 数据库信息，2017 年河北地区硫酸铵单价为 609 元/吨，华东地区过磷酸钙平均价格为 930 元/吨，氰化钾市场价为 1 790 元/吨，且价格波动不大，以此计算，年产沼液有机肥节省 77.6 万元。

（4）土壤结构改善，农产品品质提升。

一方面，根据项目可研报告，有机肥施用后蔬菜和玉米产量有较大幅的提升。例如，生菜增产 17%—20%，黄瓜增产 18.8%，西红柿增产 17.9%，西瓜增产 13.6%，夏玉米增产 40%。[⑤] 定州市近年来大力发展辣椒、黄瓜等有机蔬菜种植，同时有大片的玉米种植，故而，这一部分收益不可忽略。另一方面，有机产品本身相对于普通蔬菜而言也存在一定程度的溢价，由于有机农产品市场是有效市场，

[①] 《改进家畜粪尿排泄物管理，实现资源利用良性循环》。https://www.guayunfan.com/baike/302738.html。

[②] 《定州市规模化生物天然气示范项目一期工程可行性研究报告》，https://www.cpppc.org:8082/inforpublic/homepage.html#/preview/001720200118101745519cue0000185ha6i，第 91 页。

[③] 数据来源：Wind 数据库。

[④] 余爱珍等（2007）。

[⑤] 《定州市规模化生物天然气示范项目一期工程可行性研究报告》，https://www.cpppc.org:8082/inforpublic/homepage.html#/preview/001720200118101745519cue0000185ha6i，第 23 页。

因此我们忽略这一价格变化所带来的社会剩余变化。

接下来是农产品产量提升效益的衡量方法。产量提升带来的收益＝沼液沼渣有机肥可覆盖面积(亩)×每亩农产品单产(吨/亩)×增产比例(%)×农产品价格(元/吨)。由于无法得知有机肥具体用于哪种作物以及各自分别使用的数量，所以我们并不细分蔬菜的种类，只简单分为玉米和蔬菜两类农产品来简化考虑。项目年产的4.16万吨沼渣有机肥和20.54万吨沼液有机肥中，有一部分用于和当地农户交换玉米秸秆等原材料，所以我们首先将这一部分按其价值占比剔除，假定这一部分沼渣有机肥和沼液有机肥之后被农户用于玉米种植。对于剩下的沼渣有机肥和沼液有机肥，按照已有文献①中的土地肥力信息，假定1亩地需要5吨沼渣有机肥或25吨沼液有机肥，由此我们得到剩余沼渣有机肥和沼液有机肥可覆盖的土地面积。接下来，我们根据2017年定州市的蔬菜和玉米播种面积比例，将可覆盖面积分摊到玉米和蔬菜上。此外，根据定州市经济发展数据，可以得到2017—2020年蔬菜和玉米的播种面积与产量，根据定州市2021年发展计划，2021—2023年蔬菜面积和产量分别以1.2%和2.5%的速度增长，定州市蔬菜播种面积在之后将保持稳定，所以假定2023年之后保持不变。根据以上数据，可以用总产量除以播种面积得到蔬菜每年每亩地的单产(见表5第2—4列，此处暂未考虑沼渣有机肥和沼液有机肥的增产作用)。② 此外，根据统计数据，当地玉米亩产约600公斤，我们假设其未来仍保持稳定。③ 随后，根据可研报告中预估的产量增长数据，我们假定施用沼渣有机肥和沼液有机肥后，蔬菜单产增加13%，玉米单产增加40%。价格方面，由于蔬菜价格差距较大，如白菜为1000元/吨，辣椒为4000元/吨，基本分析当中选择中间值2000元/吨，玉米价格选择市场上通用2000元/吨。④ 由此我们可以计算每年施用沼渣有机肥和沼液有机肥带来的产量增长收益。

---

① 司海丽等(2022)。

② 数据来源:《定州市2021年国民经济和社会发展统计公报》,http://dzs.gov.cn/col/1598581448890/2022/05/13/1652409305716.html。

③ 同上。

④ 数据来源:Wind数据库。

表 5　农作物产量增长及经济效益测算

年份	蔬菜播种面积(亩)	产量(吨)	单产(吨)	价值(元)
2017	263 634.801	1 192 718.62	4.52413192	11 403 654.7
2018	266 798.419	1 222 536.59	4.58224824	11 550 144.4
2019	270 000.000	1 253 100.00	4.64111111	11 698 515.8
2020	273 240.000	1 284 427.50	4.70073013	11 848 793.2
2021	276 518.880	1 316 538.19	4.76111500	12 001 001.0
2022	279 837.107	1 349 451.64	4.82227557	12 155 164.0
2023	283 195.152	1 383 187.93	4.88422180	12 311 307.4
2024	283 195.152	1 383 187.93	4.88422180	12 311 307.4

（5）替代燃煤,减少碳排放。

在项目建设之前,当地农村居民对玉米秸秆的处理方式主要是就地焚烧,由此造成环境污染和二氧化碳的大量排放。此外,当地农民生活炊事、冬季采暖所用的能源仍以煤炭为主,当改用生物天然气之后,也可以减少大量的碳排放。根据当地政府的测算,每年生物天然气的供给可以替代燃煤 9 500 吨,减少碳排放 12 万吨。[①] 我们针对这部分减排进行测算,以碳排放权的价格衡量减少碳排放的收益。按照世界银行生物碳基金的碳汇交易价格,二氧化碳的排放权价格为 3—4 美元/吨[②],取中间值 3.5 美元/吨计算,汇率按 1 美元＝6.6 元人民币计算,碳排放权价格为 23.1 元/吨,故年减排收益为 277.2 万元。

（6）改善环境,减少疾病传播。

该项目的建设能够有效改善环境,减少原本粪污堆积带来的人畜疾病传播风险。我们采用沼气池改善环境卫生而减少的年医药费开支衡量,参考已有文献研究[③],数值取 21.49 元/人。环境改善的受益范围主要为高蓬镇当地居民,2018 年年底,高蓬镇户籍总人口 48 201 人[④],按 4.8 万人计算,年收益为 103.15 万元。

[①] 《定州市规模化生物天然气示范项目一期工程可行性研究报告》,https://www.cpppc.org:8082/inforpublic/homepage.html#/preview/00172020011810174551 9cue0000185ha6i,第 55 页。

[②] 李长安等(2013)。

[③] 同上。

[④] 国家统计局农村社会经济调查司(2020)。

2. 成本的货币化

(1) 土地成本。

定州市规模化生物天然气示范项目用地位于定州市高蓬镇钮店村,占地132亩。为了衡量该项目的土地成本,我们整理了2010—2020年中国土地市场网公布的土地出让数据,以此进行计算。计算步骤为:

① 根据供地方式进行筛选,仅保留以招牌、拍卖、挂牌方式出让的土地交易,以使得土地价格尽可能接近市场价格;

② 根据地块位置进行筛选,仅保留发生于定州市的土地交易;

③ 将筛选后的交易数据进行成交价格和出让面积的加总,则定州市土地的单位价格约为加总后的成交价格/出让面积,经计算,这一数据为173.9万元/公顷;

④ 根据土地市场单价乘以项目占地面积计算项目土地成本,共计1530.4万元。

用于计算土地市场价格的样本交易数据如表6所示。

表6 河北省定州市高蓬镇土地交易情况一览表①

年份	价格(万元/平方千米)	面积(公顷)	供地方式	土地用途	项目名称	项目位置	土地使用权人
2015	1879.49	11.39	挂牌出让	工业用地	年产2000台电梯建设项目	高蓬镇西牛村村北	河北扬基电梯有限公司
2015	2996.38	18.16	挂牌出让	工业用地	年产120万平方米中高低档节能门窗及门窗配套产品项目	高蓬镇西牛村村北	河北红阳润达窗业有限公司
2015	92.30	0.56	挂牌出让	工业用地	制针流水线整体搬迁改造项目	高蓬镇西牛村村北	定州市冀鲁制针有限公司
2015	194.66	1.18	挂牌出让	工业用地	制针流水线整体搬迁改造项目	高蓬镇西牛村村北	定州市冀鲁制针有限公司
2018	59.24	0.13	挂牌出让	商务金融用地	高蓬信用社	高蓬镇政府东侧	河北定州农村商业银行股份有限公司
2020	846.05	3.47	拍卖出让	工业用地	利用建筑垃圾和煤矸石年产8000万块多孔砖项目	高蓬镇234省道沙河桥东侧	定州市亿隆建材有限公司

---

① 数据来源:中国土地市场网,https://www.landchina.com。

(2) 初始投资成本。

项目初始投资成本包括工程费用(建筑工程费用、设备购置及设备安装费)、工程建设其他费用(前期工作、勘探设计、招标费等)、预备费和流动资金等方面。建筑工程费用、设备购置及设备安装费的计费标准主要依据当地竣工的类似建筑物单位造价及项目建设要求的指标进行估算。其他工程和费用则根据本项目建设的条件和特点、当地政府有关部门的规定和实际发生的费用进行测算。

项目初始总投资共计 26 400 万元,其中工程费用 12 543.05 万元,工程建设其他费用 6 089.55 万元,基本预备费费率按 5% 计,为 627.15 万元,流动资金 7 140.25 万元。工程费用中,沼气工程费用 11 008.05 万元,供气管道 1 535.00 万元。[①]

主要建设内容如下:

- 混合进料系统 2 套。
- 一体化发酵罐 6 座,单体容积 5 952 立方米。
- 灌顶双模储气柜 6 套,单体容积 1 190 立方米。
- 发酵罐内搅拌器 24 台。
- 系统增温保温系统一套,包括锅炉、加热盘管、罐体保温等。
- 沼气净化提纯系统一套,沼气处理量为 1 600 Nm^3/h。
- 公共部分:综合办公楼、技术间、青贮窖等建构筑物以及相应道路、绿化等公共配套工程。

(3) 原辅材料成本。

本项目的运营维护成本包括原材料及主要辅助材料费用、运输费用、水电费用、劳动力成本和其他费用。项目运营期为 2017 年 1 月至 2046 年 12 月。[②] 项目所获取的特许经营权包括定州市域内以畜禽养殖垃圾及家作物秸秆为原料生产经营生物天然气及发电。

项目利用秸秆废弃物和畜禽养殖垃圾生产沼气,通过精华提纯压缩生产压缩

---

① 数据来源:《定州市规模化生物天然气示范项目一期工程可行性研究报告》,https://www.cpppc.org:8082/inforpublic/homepage.html#/preview/001720200118101745519cue0000185ha6i,第 74 页。

② 可行性研究报告中项目计算期为 12 年,但定州市政府授予项目公司特许经营权的期限为 30 年,故在此我们以 30 年计算。

天然气(CNG)、沼渣和沼液生产有机肥。故项目原材料为养牛场粪污,主要辅助材料为黄贮青玉米秸秆。项目生产的三种产品包括生物天然气、沼渣有机肥和沼液有机肥。

项目日处理养牛场粪污500吨,即年处理粪污18.25万吨。由于华昕公司依托定州市高蓬镇养殖企业(主要是首农集团),因此粪污能够免费供应,不计成本。

项目日处理黄贮玉米秸秆226.9吨,即年需玉米秸秆8.28万吨,以40元/吨的市场价格计算,年需331.20万元(运营第一年需要6.62吨,264.80万元)。但是,定州市玉米种植面积达100万亩,公司与周边农户已达成初步协议,秸秆可通过沼渣沼液按比例交换来获取,因此我们在经济效益计算中将这部分用于交易的沼渣沼液扣除,并在此处将辅助材料成本计为0。

(4)原料收储与运输成本。

秸秆原料的收储运模式受秸秆能源化利用企业的规模影响。由于缺乏河北省秸秆收储及运输方式的数据,我们借鉴已有文献,以河南省的秸秆收储运模式进行替代。除运输半径和最终运输成本的计算外,本部分其余内容及图表均来自孙宁等的论文《秸秆收储运成本分析——以河南省为例》。从该文章中可以得知,秸秆收储运模式主要有四种(见图3):

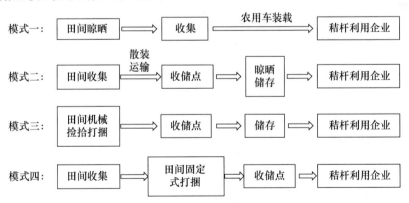

图3 秸秆收储运模式

资料来源:孙宁,王亚静,高春雨,等,《秸秆收储运成本分析——以河南省为例》,《中国农业资源与区划》,2018年第39卷第5期,第91—96页,第230页。

从图中可以看出,秸秆收储运主要包括田间收集、运输、装卸与储存四个部分。秸秆的收储运成本C(元/吨)的计算公式为:

$$C = C_{col} + C_{store} + C_{trans} + C_{ste} \tag{1}$$

其中,C_{col}为秸秆收集成本,C_{store}为秸秆储存成本,C_{trans}为秸秆运输成本,C_{ste}为秸秆装卸成本,单位均为元/吨。在计算秸秆原料收储运成本的过程中,假设:① 在收集半径内,农作物秸秆均匀分布,疏密相同;② 不考虑天气变化等风险因素对秸秆收储运的影响。根据可研报告,定州市规模化生物天然气示范项目占地132亩。将项目占地近似为圆形,由此可以计算得运输半径约为167.4米。

① 秸秆原料收集成本。

秸秆的收集主要有两种方式:一是在秸秆自然散状下人工收集,二是通过捡拾打捆机打包收集。

a. 人工收集。

当进行人工收集秸秆时,秸秆原料的人工收集成本$C_{col(per)}$的计算公式为:

$$C_{col(per)} = \frac{Q_{straw}}{Q_p} \times P_{p(per)} \tag{2}$$

其中,Q_{straw}为秸秆总需求量(吨);Q_p为每人每天可收集并装车的秸秆量(吨);$P_{p(per)}$为人工收集每人每天的工资(元/吨)。

b. 机械收集。

当采用捡拾打捆机进行秸秆收集时,秸秆原料的收集成本包括人工费、燃油费、设备折旧费和维修费等。

$$C_{col(mac)} = N_{mac} \times C_{mac(col)} \tag{3}$$

其中,N_{mac}为所需机械数量,等于机械年需处理秸秆量与机械年处理秸秆量的比值;$C_{mac(col)}$为每台机械的成本,包括前述人工费用等(元)。

② 秸秆原料储存成本。

秸秆原料储存成本主要由场地租赁费用和场地管理、维护费用两个部分构成。秸秆储存成本C_{store}的计算公式为:

$$C_{store} = S_{store} \times P_{store} + C_{store(mai)} \tag{4}$$

其中,S_{store}为秸秆存储有效面积(公顷);P_{store}为收储场地的租赁费用(元/公顷);$C_{store(mai)}$为收储场的管理维护费用,此处设定$C_{store(mai)} = 0.3P_{store}$(元/公顷);0.3为管理维护费用占场地租赁费用的比重。

③ 秸秆原料运输成本。

在计算运输成本时设定如下条件:

- 每完成1次运输都会产生1次满载和1次空载,假设满载与空载的运程比为 1∶1；

• 每完成一次运输，除在路上所用的时间外，还需要装卸、称重等，假设该额外的时间为 0.8 小时；

• 车辆完成一次往返运输时的吨公里运费（应包括燃油费、设备购置费、设备维修费和人工费），单位为元/千米·吨；

• 道路曲折因子 θ 设定为 $\sqrt{2}$；

• 秸秆收集半径 R 根据前述计算结果设定为 167.4 米。

因此，秸秆运输成本的计算公式如下：

$$C_{trans} = \frac{2}{3}\theta \times C_{tr(rou)} \times R \times Q_{straw} \qquad (5)$$

④ 秸秆原料装卸成本。

秸秆装卸有两种方式，即人工装卸和机械装卸。此处假设该项目采用机械装卸。则装卸成本为：

$$C_{ste(mac)} = P_{ste(p)} \times N_{ste(mac)} \qquad (6)$$

其中，$P_{ste(p)}$ 为装卸设备成本；$N_{ste(mac)}$ 为所需装卸设备的数量（单位：台）。

⑤ 相关参数设定。

在项目运输成本计算中涉及的相关参数取值如表 7 至表 9 所示。

表 7 秸秆收储运相关参数取值

参数	取值	单位
秸秆单位面积产量	0.5	千克/米^2
秸秆自然堆积密度	40	千克/米^2
秸秆打包后的密度	200	千克/米^2
人工收集并装车效率	0.8	吨/天
机械收集时间	8	小时/天
秸秆收购价格	20	元/吨
人工费用	200	元/天
燃油价格	6.65	元/吨
电价	0.419	元/千瓦时
收储点租借费用	1.8	万元/百米^2

资料来源：孙宁，王亚静，高春雨，等，《秸秆收储运成本分析——以河南省为例》，《中国农业资源与区划》，2018 年第 39 卷第 5 期，第 91—96 页，第 230 页。

表8 秸秆运输车辆相关参数取值

车辆类型	满载车速（千米/小时）	空载车速（千米/小时）	满载耗油率（千克/千瓦时）	空载耗油率（千克/千瓦时）	公载比（千米/吨）	价格（万元）	装载量（散秆；打捆）（吨）
拖拉机	18	25	0.272	0.245	8.9	5.5	0.66;2.8
货车	34	45	0.401	0.325	6.2	14.46	1.5;6

资料来源：孙宁，王亚静，高春雨，等，《秸秆收储运成本分析——以河南省为例》，《中国农业资源与区划》，2018年第39卷第5期，第91—96页，第230页。

表9 设备参数取值

设备类型	功率（千瓦）	工作效率（吨/小时）	价格（万元）	耗油（电）量
移动式打捆机	36—58	2—3	4.65	2.8（升/吨）
固定式打捆机	18.5	1.6—2	2.98	50（千瓦时/吨）
抓草机	22	散秆:3打捆:5	3.15	2（升/小时）

资料来源：孙宁，王亚静，高春雨，等，《秸秆收储运成本分析——以河南省为例》，《中国农业资源与区划》，2018年第39卷第5期，第91—96页，第230页。

⑥ 四种收储运模式下的成本计算结果（见图4）。

模式一：在该模式中，当运输半径小于5千米时，人工收集费用和货车运输费用占总成本的比重较大；而当运输半径大于5千米时，货车运输费用与机械卸载费用随运输半径的增大而显著增加，该条件下两者占总成本比重最高可达86.4%，是可变成本中最易变化的因素。

模式二：在该模式中，当运输半径小于5千米时，货车运输费用占总成本比重较模式一中有所下降，但货车运输费用与机械卸载费用随运输半径的增加逐渐增大，至运输半径20千米时，货车运输费用与机械卸载费用比运输半径为2千米时分别增加了75.1元/吨和188.4元/吨。

模式三：在该模式中，移动式打捆费用、货车运输费用和机械卸载费用所占比重较大，其中秸秆原料从田间运输至存储点的费用是可变成本中最易变化的因素，运输费用随运输半径的增大而显著增加，因此在该模式下秸秆运输半径不宜过大。

模式四：在该模式中，当运输半径较小时，人工收集费用和固定式打捆费用所占比重较大，运输半径逐渐增加后，货车运输费用与机械卸载费用开始占据较大比重，这主要是因为增加了秸秆原料由田间到收储点的运输和机械堆垛费用。

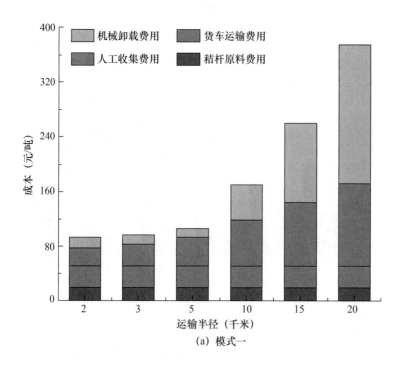

(a) 模式一

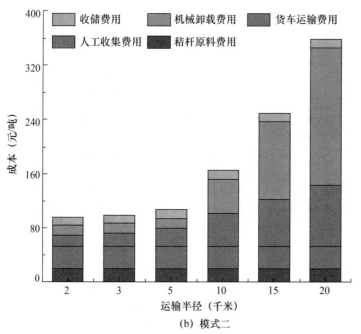

(b) 模式二

图 4　不同模式下的秸秆供应成本

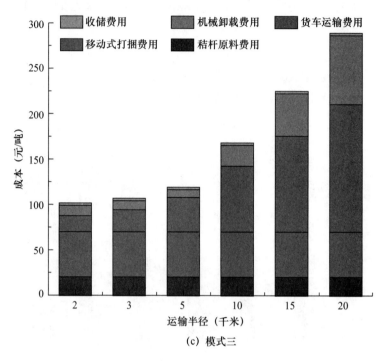

(c) 模式三

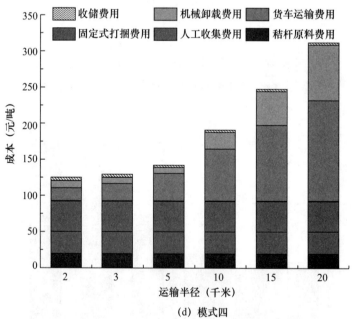

(d) 模式四

图 4　不同模式下的秸秆供应成本(续)

资料来源:孙宁,王亚静,高春雨,等,《秸秆收储运成本分析——以河南省为例》,《中国农业资源与区划》,2018年第39卷第5期,第91—96页,第230页。

由图 4 分析可知,模式一和模式二为秸秆的松散利用方式,适用于收集距离较近、秸秆需求量较小的工厂,如小型秸秆成型燃料厂、气化工程和秸秆沼气工程等。模式三和模式四为秸秆的打捆利用方式,较秸秆松散利用方式更易储存保管、应用方便,适合秸秆用量较大的企业,如大型秸秆成型燃料厂和秸秆直燃发电厂等。

根据不同模式下的曲线拟合得到表 10 及图 5。分析可知:当秸秆运输半径小于 4.4 千米时,模式一的秸秆收储运成本最低;当秸秆运输半径为 4.4—10.9 千米时,秸秆收储运成本由低到高分别为模式二、模式一、模式四和模式三。当秸秆运输半径超过 10.9 千米时,模式四秸秆收储运成本最低。在给定本项目的运输半径为 167 米左右的情况下,以成本最小化为决策原则,假定该项目采用模式

表 10 不同模式下秸秆收储运成本曲线拟合参数

模式	A	B	C	R^2
一	0.606	2.546	83.699	0.9994
二	0.606	1.531	88.154	0.9993
三	0.211	5.919	110.320	0.9995
四	0.211	5.919	87.344	0.9995

注:表中 A、B、C 取自拟合曲线方程 $y=Ax^2+Bx+C$,R^2 拟合曲线的决定系数。

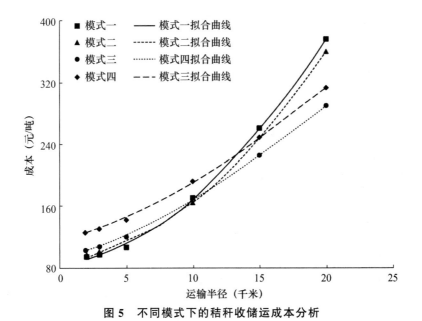

图 5 不同模式下的秸秆收储运成本分析

一进行秸秆收储运,运输成本为(元/吨):

$$C = 0.606r^2 + 2.546r + 83.699$$

根据项目相关报告可知:运营第一年需玉米秸秆 6.62 万吨,此后年需玉米秸秆 8.28 万吨。因此,项目第一年所需的秸秆运输成本为 557.02 万元,第二年后的秸秆运输成本为 696.7 万元。

(5) 水电成本。

项目以外机构提供的水、电、气和道路等配套设施和项目所需的上下游服务,项目公司需按照法律法规和市场通行做法支付相应费用。

由于沼气工程项目所在地基础设施完备,水电路能完全满足项目区所需,项目与奶牛场共同使用电力、水利等基础设施而不需另外建设。

项目水源引自养殖场区内水源,用水量包括生活用水、生产用水、绿化用水,在项目运营期间,用水量日均 25 吨,全年 10 000 吨,河北省定州市工业用水价格为 4.85 元/立方米,则年度用水费用 48.5 万元。

厂区用电设备为生产加工设备、照明电气设备及消防设施等,项目总计算负荷 1 000 千瓦,全年耗电约 424.54 万千瓦时,运营第一年动力费用 203.78 万元,剩余年份每年动力费 254.72 万元[①]。

(6) 劳动力成本。

项目管理与操作人员包括项目管理人员 1 人,技术人员 2 人,工人 1 人,其中工人每年分两班轮倒。运营第一年工资福利共计 10.26 万元,剩余年份每年共计 13.68 万元(福利按照工资的 14%计算)[②]。

(7) 税收成本。

项目符合国家环保、资源及清洁生产等政策,享受纳税等方面的优惠政策支持。项目不征收增值税、所得税,故税收成本计为 0。

(8) 环境成本。

① 植被破坏。

场区大门口处及主要建筑物前种植有树木、花草等,形成了自然景观;场区主

---

① 数据来源:《定州市规模化生物天然气示范项目一期工程可行性研究报告》,https://www.cpppc.org:8082/inforpublic/homepage.html#/preview/00172020011810174 5519cue0000185ha6i,第 89 页。

② 同上。

干道以乔木灌木植物结合,达到防风、防尘和防污染的目的,其他区域内种植了低矮花草植物。种种措施覆盖到了绿化等公共配套工程,故工程建设时对植被等造成破坏所引起的成本可以忽略。

② 扬尘。

项目设置了废渣等物料堆放的专门场所和停车场地,注重车轮清洁并在冬春季节对裸露地表洒水,其对于土地的污染和扬尘危害达到了最小化。

③ 噪声。

项目位于小镇村庄,尽量使用了低噪声的机械,采取了降低噪声的措施,且绿化带也是很好的消声设备,故其建设所产生的噪声等对周边居民生产生活造成的影响较小,成本可忽略不计。

④ 气体。

沼气工程运行过程中会产生一些不良气体。项目在建设过程中采取了相应的处理措施(如采取封闭式进料、种植对不良气体吸收能力强的树种),且项目地点选择在定州市高蓬镇钮店村首农奶牛粪污收集区的旁边,故产生的额外的气体等环境影响可忽略不计。

(9) 其他费用。

其他费用包括维修、销售、管理费用,其中销售费用按销售收入的5%计提,管理费用按销售收入的1%计提。项目第一年其他费用估计为279.76万元,此后运营年份每年费用349.64万元。[①]

(四) 社会贴现率选择

为了确定合适的社会贴现率,我们需要考虑项目资金筹集方式。该项目中,政府以土地使用权入股,其余的资金筹集全部由社会资本方来完成,所以并不存在政府发债或征税的问题。但考虑到项目的公益性,如果以社会资本的投资回报率作为项目投资所要求的回报率,会有所偏高,所以我们考虑用社会资本投资回报率并作适当下调。2016年以来河北省长期债券利息为3%—4%,长期贷款利

---

① 数据来源:《定州市规模化生物天然气示范项目一期工程可行性研究报告》,https://www.cpppc.org:8082/inforpublic/homepage.html#/preview/001720200118101745519cue0000185ha6i,第90页。

率为 4.90% 以上,根据社会资本投资市场的通行管理,投资人通常对项目投资风险要求增加的回报率为 20%—30%。[①] 综合考虑以上情况,我们选 6% 作为项目的贴现率,后续的讨论中,我们也将对贴现率在 6%—8% 的范围内进行敏感性分析。

(五) NPV 计算

根据成本收益量化和贴现率选取部分的数据,将 2016—2046 年间的净收益贴现到项目开始时间 2016 年,得到项目的净现值为 65 090.9552 万元(见表 11)。

表 11 NPV 计算

(单位:万元)

年份	2016	2017	2018	2019	2020	2021	2022	2023	...	2046
	0	1	2	3	4	5	6	7	...	30
收入	0	6 646.652	8 112.826	8 127.626	8 142.626	8 157.926	8 173.326	8 188.926	8 188.926	8 188.926
成本	−27 930	−542	−667	−667	−667	−667	−667	−667	−667	−667
净现值	−27 930	6 104	7 446	7 461	7 476	7 491	7 507	7 522	7 522	7 522

贴现率=6%   NPV=65 090.9552

(六) 敏感性分析

1. 单一变量敏感性分析

在这部分,我们对销售收入、经营成本、建设投资和贴现率四个变量分别进行敏感性分析,考察项目净收益对这些因素的敏感程度(见表 12 至表 15)。我们分别对前三个因素取 −3% 至 3% 的变动幅度,从结果可以看到整个项目的净收益上升或下降的幅度均较小,并不会带来我们对项目态度的变化。在贴现率上,我们在基础分析当中选取 6%,在这里我们考虑 6% 至 8% 的变化空间,可以看到即使在 8% 的贴现率下,项目仍然有 47 926.7708 万元的净收益。

[①] 数据来源:《定州市规模化生物天然气示范项目一期工程 PPP 项目物有所值评价报告》,https://www.cpppc.org:8082/inforpublic/homepage.html#/preview/002220200420105759093ek90000qarryo4,第 90 页。

案例一　河北省定州市规模化生物天然气示范项目一期工程成本效益分析

表12　敏感性分析——销售收入

变动幅度	NPV(万元/6%)
3%	66 990.365
2%	66 357.2284
1%	65 724.0918
0	65 090.9552
−1%	64 457.8185
−2%	63 824.6819
−3%	63 191.5453

表13　敏感性分析——经营成本

变动幅度	NPV(万元/6%)
3%	64 819.6189
2%	64 910.2025
1%	65 000.7862
0	65 090.9552
−1%	65 181.9535
−2%	65 272.5371
−3%	65 363.1208

表14　敏感性分析——建设投资

变动幅度	NPV(万元/6%)
3%	64 253.0427
2%	64 532.3469
1%	64 811.651
0	65 090.9552
−1%	65 370.2593
−2%	65 649.5634
−3%	65 928.8676

表15　敏感性分析——贴现率

贴现率	NPV(万元/6%)
8%	47 926.7708
7%	55 807.5675
6%	65 090.9552

2. 蒙特卡洛模拟

在这部分,我们综合考虑前文分析中变量在2016年以来的波动范围波动(见表16),具体包括:蔬菜价格在1 000—4 000元/吨波动、蔬菜产量的增幅在13%—20%波动、二氧化碳排放权交易价格在3—4美元/吨波动、美元对人民币汇率在6.372 8—6.965 4波动。对这些因素进行1 000次模拟,模拟结果的统计分布情况如表17和图6所示,可以看到,无论贴现率选择6%、7%还是8%,项目的净收益都在53 000万元附近变化,且基本稳定。

表16　蒙特卡洛模拟涉及变量

变量	最小值	最大值
蔬菜价格(元/吨)	1 000	4 000
产量增幅(%)	13	20
二氧化碳排放权交易价格(美元/吨)	3	4
美元对人民币汇率	6.372 8	6.965 4

表17　蒙特卡洛模拟结果

(单位:万元)

净现值(万元)	6%	7%	8%
最小值	52 521.02	44 323.25	36 275.19
最大值	53 910.67	53 763.42	53 589.32
均值	53 185.00	53 039.13	52 854.67
标准差	328.70	426.37	624.02

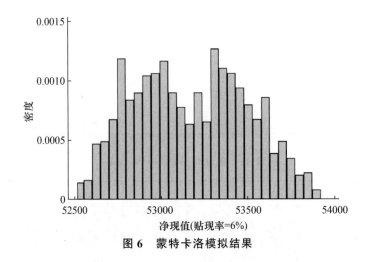

图6　蒙特卡洛模拟结果

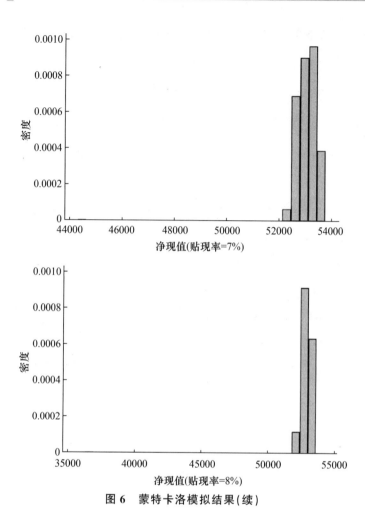

图 6 蒙特卡洛模拟结果(续)

四、结　　论

针对河北省定州市规模化生物天然气一期工程建设项目,我们参考可研报告中的信息并加以修正,在定州市社会整体立场上进行了成本效益分析。可研报告采用内部收益率方法进行计算。成本方面,忽略了土地使用成本、运输成本等;效益方面,只衡量了直接经济效益,并不完善。我们进行了事后成本效益分析,该项目的 NPV 约为 65 090.96 万元,项目收益高于成本,具备实施价值。

当然,我们也可以看到,在本次分析中,新增的效益主要来自社会效益,尤其是减少碳排放和施用有机肥带来的农产品品质提升与产量增长,所以,碳排放权的价格、农产品产量增长的比例等都可能会对我们的评估结果产生显著影响。考虑到各项因素波动带来的风险和不确定性,我们也进行了单一因素的敏感性分析和蒙特卡洛模拟,NPV有所波动,但始终大于0,选择并未发生改变,故而,综合以上分析,我们认为项目可行,具有推广和示范意义。

【参考文献】

[1] 国家统计局农村社会经济调查司编.中国县域统计年鉴.2019(乡镇卷)[M].北京:中国统计出版社,2020.

[2] 李长安,王德刚,李小龙.规模化养猪场沼气工程成本效益典型案例研究[J].浙江农业科学,2013(12):1679—1682.

[3] 司海丽,纪立东,刘菊莲,等.有机肥施用量对玉米产量、土壤养分及生物活性的影响[J].西南农业学报,2022,35(4):740—747.

[4] 孙宁,王亚静,高春雨,等.秸秆收储运成本分析——以河南省为例[J].中国农业资源与区划,2018,39(5):91—96+230.

[5] 余爱珍,汪桂娣,陈幸岗,等.桑树施用沼液增产效果试验[J].中国沼气,2007,25(1):40.

案例二　A省公路项目的成本效益分析*

一、项目介绍及成本效益分析必要性

随着社会经济的发展,我国政府投资项目不断增多,更加需要重视项目支出的经济效益与社会效益,这就需要通过使用成本效益分析方法来对项目进行量化分析,优化政府资源的配置。

我国A省公路项目由一条连接四个主要城市的四车道公路组成,建设分为两阶段:第一阶段为从甲城到乙城路线的建设(2013—2016),第二阶段为从乙城到丙城、从乙城到丁城两条路线的建设(2017—2018)。项目主线建设工程总规模88公里,路基宽度25.50米,建设标准为四车道高速公路,设计速度为80公里/小时。

项目建造过程及建成后的15年内(2019—2033)由特许项目公司负责,其需支付部分建设费用与所有维护费用,同时收取所有通行费收入;2034年政府无偿接手项目,考虑是否继续收取通行费,并持续经营公路至2058年。

本项目完成后将成为连接甲城与乙城最便捷的公路通道,并具有连接A省边境两个州市丙城和丁城的重要作用。对本项目进行全面、科学的成本效益分析,对于了解本项目投入效益状况、充分落实政府资金投资效益情况具有重要意义。

---

* 党的二十大报告指出我国十年来"建成世界最大的高速铁路网、高速公路网,机场港口,水利、能源、信息等基础设施建设取得重大成就"。这十几年的教学中,我们组织学生对公路、地铁、水利等多个基建项目进行了讨论。本案例是依据国内某高速公路改编的虚拟案例,在案例教学和讨论中,我们也参考了昆士兰大学理查德·布朗(Richard Brown)教授提供的什锦岛(Jambalaya Island)公路项目成本效益分析的思路。相似案例由2018级本科生王若霖、贾雯淇、贾宝如、张菲尔、叶舒扬、吕嘉欣和康正怡完成讨论,2018级本科生韩婵媛又以高速公路成本效益分析为题完成了毕业论文,本书出版前由2020级本科生罗弘浩铭和李迎春对案例重新进行了修订和完善。

二、项目立场选择

在本案例中,我们站在 A 省全社会的立场进行分析。本案例采用细化的方式,将涉及的相关利益群体进行分类,各相关利益群体净效益之和应当与站在全社会角度计算出的净效益相等。在本案例中,相关利益群体共由以下七部分组成:

(一) 特许项目公司

特许项目公司是本项目的主要建设者和前期经营者,其付出的成本包括公路和收费站建造成本、经营期内公路和收费站运营维护成本,其获得的效益包括经营期内因公路产生的相关效益,具体表现为公路通行费收入。

(二) A 省政府

特许项目公司经营期内政府付出的成本为政府承担的拆迁成本和高速公路的建设成本,特许项目公司经营期到期后政府的效益和成本为政府接管公路运营和维护而产生的效益和成本,同时效益部分包括项目残值计算。这里完全将政府等同私人部门处理,并不考虑政府对居民的福利改善或自身政绩等问题。

(三) 省内银行

省内银行每一期能获得本项目该期本金偿还额加上利息偿还额的效益,最终项目带来的效益为所有期现金流的贴现和。

(四) 车辆所有者

本项目分析过程中,将车辆所有者与道路使用者区分开,其中车辆所有者涉及的效益为与车产有关的成本,即仅包括路面改善带来的车辆运营成本降低一项。

（五）道路使用者

道路使用者即为所有使用道路的人，因此，道路使用者的成本即为通行费，效益为节约旅途时间用来工作带来的货币价值。

（六）非熟练劳动力

由于熟练劳动力即使没有此项目也能够找到合意工作，在本项目中影子工资价格取值也为市场价格的100%，故不存在额外的成本或者效益。但是非熟练劳动力机会成本较低，因此项目将获得额外的效益计算为劳动力市场价格减去影子价格，在新建成公路的道路建设、设施建设，新建成公路的道路维护、设施维护，以及旧公路节约的道路维护中均涉及其效益的计算。

（七）普通民众

对于普通民众而言，公路项目对其的主要影响在于减少交通事故可能带来的负面影响（包括但不限于自身遭受交通事故的威胁、伤亡给医疗系统造成的负担以及心理阴影负担）。

三、确定可能的成本和效益

项目的影响可以分为主要市场影响和次要市场影响两大部分（见表1）。主要市场的成本主要包括土地成本、建设成本（包括道路系统建设费用和收费系统建设费用）、运营成本（包括道路系统维护成本和收费系统维护成本）。主要市场的效益包括通行费收入、降低汽车运营成本带来的效益、降低事故损失成本带来的效益、节省时间带来的效益以及项目残值收回等。

次要市场的成本主要体现在环境方面，主要包括道路建设可能产生的生态破坏与污染等，由于这部分影响较小且难以量化，本案例选择将其忽略。次要市场的效益主要体现为经济效益与社会效益，经济效益主要为降低现有公路维护费用带来的效益。社会效益具体包括完善城市交通网络布局规划、提升地区交通运输服务水平并促进可持续发展、促进对外经济贸易与合作等。类似地，由于社会影响相对难以量化,本案例也选择将其忽略,但仍应认识到项目本身对社会产生的积极影响。

表 1 项目的主要市场影响和次要市场影响

主要市场影响	成本	土地成本	即土地成本
		建设成本	道路系统建设费用、收费系统建设费用
		运营成本	道路系统维护成本、收费系统维护成本
	效益	经济效益	通行费收入、降低汽车运营成本带来的效益、降低事故损失成本带来的效益、节省时间带来的效益、项目残值收回等
次要市场影响	成本	环境成本	道路建设可能产生的生态破坏与污染等
	效益	经济效益	降低现有公路维护费用带来的效益
		社会效益	完善城市交通网络布局规划
			提升地区交通运输服务水平并促进可持续发展
			促进对外经济贸易与合作

四、成本量化与货币化

(一) 土地

由于我国的土地归国有或者集体所有,没有土地流转市场,因此无市场价格。此外在 A 省修建的高速公路属野外线状工程,占地面积大、工程时限长、复耕困难,难以作他用,因此我们在分析时选择土地的拆迁成本作为土地的影子价格。

根据 A 省《××高速公路工程可行性研究报告》①,该项目的土地拆迁工作分两期完成,总成本共 6 亿元,其中 2013 年完成一期土地拆迁工作,支付 2 亿元拆迁款;2016 年完成全部土地拆迁工作,支付 4 亿元拆迁款。拆迁款都由 A 省政府支付。

(二) 道路系统建设费用

道路系统建设费用构成为劳动力成本、材料费用、设备费用,假设投资成本和

---

① 《××高速公路工程可行性研究报告》是我国西南某省份的高速公路工程可行性研究报告,报告来自财政部政府和社会资本合作中心全国 PPP 综合信息平台项目管理库。

构成如表2所示。

表2 投资成本的构成(以市场价格计算)

(单位:百万元)

年份	合计	特许项目公司	政府	施工成本构成		
				劳动力成本	材料	设备
2013	1 600	800	800	372	420	608
2014	1 600	800	800	416	608	576
2015	1 600	800	800	416	608	576
2016	3 000	1 500	1 500	758	1 084	758
2017	3 000	1 500	1 500	1 125	1 050	825
2018	4 000	/	4 000	1 867	1 600	533

注:劳动力中,有50%为熟练劳动力,50%为非熟练劳动力。

本书理论篇第4.3.2节中对雇用失业工人和农民工的影子工资进行了讨论:雇用失业工人的机会成本一般在政府实际支出的一半和实际支出之间;如果政府项目在城镇开展,需要雇用非熟练工人,机会成本的下限是农村工资水平,上限是城市工资水平,多数情况下机会成本介于两者之间。我们参照国家计委2006年颁布的《建设项目经济评价方法与参数(第三版)》及住房和城乡建设部、交通运输部颁发的《公路建设项目经济评价方法与参数》(建标〔2010〕10号)等有关资料,在一般情况下采取财务工资的20%—80%作为影子工资,即影子工资换算系数取值范围为0.2—0.8。本案例中非熟练劳动力的影子工资按市场价格的50%换算,熟练劳动力的影子工资按市场价格计算。

(三) 道路系统维护费用

根据A省《××高速公路工程可行性研究报告》,高速公路的日常维护费用为15万元/公里·年。项目主线里程数为88公里,2016年道路还未投入使用,维护费用为0;2017年、2018年,该公路的使用量为总交通量的36%,维护费用即为475.2万元;2019—2058年,按公路交通量预测值的100%运营,维护费用为1 320万元。并且,维护费用构成与2013—2018年间基本建设成本相同,即劳动力成本:材料成本:设备成本为35%:38%:27%。[①] 简便起见,我们假设日常维护费用在整个项目期保持不变。

---

① 实际项目建设过程中,各项成本比例应随实际情况发生变动,本案例分析做简化假设。

如上所述，劳动力中非熟练劳动力占比为50%，非熟练劳动力的影子价格为市场价格的50%，我们能够得到2019—2058年的道路系统维护费用的影子价格为：$1320×35\%×50\%×50\%+1320×35\%×50\%+1320×(38\%+27\%)=1204.5$ 万元，2017、2018年道路系统维护成本的影子价格为 $1178.1×36\%=424.1$ 万元。

（四）收费系统建设费用

为了运营高速公路，需要在沿线建设六个收费站。根据施工进度，六个收费站将于2016—2018年依次建设，每年建设两个。六个收费站的成本视为同质无差异。每个收费站的建设成本为600万元，其中80%为材料费用，10%为熟练劳动力的影子工资，10%为非熟练劳动力的影子工资。则每年收费系统建设费用为1200万元，3年共3600万元；每年收费系统建设费用的影子价格为 $1200×10\%×50\%+1200×90\%=1140$ 万元，3年共3420万元。

（五）收费系统维护费用

运营收费系统需要定期维护和定期修复，假设收费系统维护费用相当于收费系统初始建造费用3600万元总额的5%。因此，2019—2033年，收费系统维护每年开销额为180万元。① 简便起见，我们假设收费系统维护费用在整个项目期保持不变。

收费系统维护费用取决于其建造费用，建造费用又包括熟练劳动力的影子工资、非熟练劳动力的影子工资和原材料费用。采用上文所述同样的折算比例，计算得出2019—2033年每年收费系统维护费用的影子价格为 $180×10\%×50\%+180×90\%=171$ 万元。

五、效益量化及货币化

（一）降低汽车运营成本

影响运输成本的主要因素为道路条件及交通条件。项目的实施改善了项目

---

① 实际项目建设过程中，该项成本应随实际情况发生变动，本案例分析做简化假设。

所在地区的道路和交通条件,使组成运输成本的基本消耗减少,从而降低了汽车运输成本。

影响到汽车运营成本的因素主要有路面平整度、纵坡等道路条件,以及速度、拥挤度等交通条件及车辆性能的影响。根据 A 省《××高速公路工程可行性研究报告》,本项目各种车型车辆的平均单位运营成本明细如表 3 所示。

表 3　各车型车辆平均单位运营成本

(单位:元/百车公里)

车型	小型客车	大型客车	小型货车	中型货车	大型货车	集装箱
燃料	21.498	55.62	39.52	56.81	53.56	105.06
润滑油	4.6	5.4	4.9	5.3	5.8	7
汽车修理材料	12	10	2.5	4	9	15
修理人工	1.2	1	1.13	1.17	1.29	1.43
与时间有关的运输成本(折旧、工资、福利、管理费等)	43.87	95.1	55.95	72.24	78.29	89.27
合计	83.168	167.12	104.00	139.52	147.94	217.76

根据交通特征分析调查,小型客车、大型客车、小型货车、中型货车、大型货车和集装箱在交通量构成中所占比例分别为 66.76%、2.26%、18.09%、5.41%、4.35% 和 3.13%。各调查点间车型比例差别不大,总体上客车比例约为 70%,货车比例约为 30%,且客车以小型客车为主、货车以小型货车居多,特大型车辆所占比重较低。

按照客运与货运分类,我们可以得到加权平均下每百客车平均单位运营成本为:$83.168 \times 66.8/(66.8+2.3) + 167.12 \times 2.3/(66.8+2.3) = 85.96$ 元,加权平均下每百货车平均单位运营成本为:$104.00 \times 18.1/(18.1+5.4+4.4+3.1) + 139.52 \times 5.4/(18.1+5.4+4.4+3.1) + 147.94 \times 4.4/(18.1+5.4+4.4+3.1) + 217.76 \times 3.1/(18.1+5.4+4.4+3.1) = 127.8$ 元。

假设高速公路的修建将使得汽车运营成本降低 10%,那么每辆客车每公里运营成本将节省 0.086 元,每辆货车每公里运营成本将节省 0.12787 元。在案例中,我们假设降低汽车运营成本带来的效益按照每年 4% 的比例增加。

(二) 现有公路维护费用的减少

由于新路的分流,现有连接两地的公路的交通量会减少,现有公路的维护费用降低。一方面,较低的交通负荷造成公路的磨损较轻,用于道路修复工程的基本工程开支减少;另一方面,较少的交通量可以减少运营开支。

在没有新公路的情况下,假设从2017年起,现有公路每年的维护费用为2亿元(按2013年价格计算),其中95%为基本工程开支,5%为运营开支。预计交通量减少后,旧公路每年的基本工程开支减少10%,每年的运营开支减少20%。我们能够得到,现有公路每年的基本工程开支为20 000×95%=19 000万元,运营开支为20 000×5%=1 000万元。预计交通量减少后,节省基本工程开支和运营开支共19 000×10%+1 000×20%=2 100万元。

假设旧公路维护费用的劳动、材料、设备费用的构成比例和修新公路的相同,按照劳动力成本:材料成本:设备成本=35%:38%:27%,我们可以得到这三项分别节约的成本,再对劳动力中的非熟练劳动力的工资进行50%的影子价格调整,我们能够得到旧公路节省维护费用的影子价格为2 100×35%×50%×50%+2 100×35%×50%+2 100×65%=1 916.25万元。

(三) 通行费收入

这里忽略外省市居民使用这条路的情况,因此站在A省全社会的立场上,通行费收入并不能算作项目的收入,通行费对A省使用这条路的居民来说是成本,但对收取通行费的特许项目公司或者A省政府来说是收入,从A省全社会的立场来看,只是一个钱款的转移。因此在做整个项目的成本效益分析时并不需要考虑通行费的情况,但做分相关利益群体的成本效益分析时,则需要计算通行费收入。

通行费收入基于行驶里程数的数值,按照载重汽车与客车不同品类分项计算:货车通行流量预测×货车通行费收入+客车通行流量预测×客车通行费收入。

接下来我们先进行货车与客车的通行流量预测:

车辆的通行流量预测计算方法为:公路完成率×公路使用率×车型的公路使用占比×车辆里程数。根据A省的相关数据,该公路的公路完成率在2017年和2018年为36%,2018年之后为100%,公路使用率始终为60%,客车比例约为70%,货车比例约为30%。车辆里程数如表4所示,从2017年开始以4%的速度增长。

我们同时对该条高速公路上的车流量进行了假定,并将结果展示在表4中。

表 4 车辆里程数测算

公路路段	公路长度(公里)	每公里年百万车流量(辆)	百万车辆公里数(公里)
甲城—乙城	32	10	320
乙城—丙城	32	4	128
乙城—丁城	24	2	48
总计			496

以2018年的客车为例,其通行流量为:36％×60％×70％×496×(1+4％)=78(百万人·公里)。因此我们能够得到2017—2038年、2057—2058年客车与货车的通行流量(见表5)。

表 5 客车与货车通行流量预测(2017—2058年)

年份	2017	2018	2019	2020	2021	2022
公路完成率(％)	36.00	36.00	100.00	100.00	100.00	100.00
客车流量(百万人·公里)	75.00	78.00	225.32	234.33	243.70	253.45
货车流量(百万人·公里)	32.14	33.43	96.57	100.43	104.44	108.62
年份	2023	2024	2025	2026	2027	2028
公路完成率(％)	100.00	100.00	100.00	100.00	100.00	100.00
客车流量(百万人·公里)	263.59	274.13	285.10	296.50	308.36	320.70
货车流量(百万人·公里)	112.97	117.49	122.19	127.07	132.16	137.44
年份	2029	2030	2031	2032	2033	2034
公路完成率(％)	100.00	100.00	100.00	100.00	100.00	100.00
客车流量(百万人·公里)	333.53	346.87	360.74	375.17	390.18	405.79
货车流量(百万人·公里)	142.94	148.66	154.60	160.79	167.22	173.91
年份	2035	2036	2037	2038…	2057	2058
公路完成率(％)	100.00	100.00	100.00	100.00…	100.00	100.00
客车流量(百万人·公里)	422.02	438.90	456.45	474.71…	1 000.15	1 040.15
货车流量(百万人·公里)	180.86	188.10	195.62	203.45…	428.64	445.78

根据A省《××高速公路工程可行性研究报告》,不同品类的车辆高速公路通行费标准不同,2吨(含2吨)以下货车、7座以下客车,按0.87元/公里计费。2吨以上至5吨(含5吨)货车、8座以上(含8座)至19座客车,按1.57元/公里计

费。5 吨以上至 10 吨（含 10 吨）货车、20 座以上（含 20 座）至 39 座客车，按 2.18 元/公里计费。10 吨以上至 15 吨（含 15 吨）货车、40 座以上（含 40 座）客车，按 3.05 元/公里计费。结合不同品类车辆比例，我们能够得到客车与货车的加权平均通行费用：

客车加权平均通行费为：$0.87 \times 66.8/(66.8+2.3) + 1.57 \times 2.3/(66.8+2.3) = 0.89$ 元/公里；货车加权平均通行费为：$0.87 \times 18.1/(18.1+5.4+4.4+3.1) + 1.57 \times 5.4/(18.1+5.4+4.4+3.1) + 2.18 \times 4.4/(18.1+5.4+4.4+3.1) + 3.05 \times 3.1/(18.1+5.4+4.4+3.1) = 1.40$ 元/公里。

（四）事故损失的降低

根据 A 省《××高速公路工程可行性研究报告》，我国高速公路事故平均损失费为 16 000 元/次，同时根据孟祥海和刘振博（2020）对于高速公路事故率的分析，对于不同道路类型，平均事故率为 34.26 次/亿车公里。A 省为我国边境某省份，地质条件复杂，事故发生率高于全国平均水平，假定事故率为 60 次/亿车公里。A 省交通运输厅数据显示，2013 年，A 省日均车流量仅为 12 539 辆/公里，全省高速公路总里程数为 3 200 公里，能够得到 A 省年事故总损失为 $12\,539 \times 365 \times 3\,200 \times 60 \times 16\,000/10^{8} = 0.14$ 亿元，也即 140 百万元。

该费用会与车辆里程数成比例增加，即也以 4% 的速度增长。将事故费用分摊到整个地区路网中，根据项目涉及路段在 A 省交通网络中通行流量的比例，我们估计总费用的 10% 会发生在新的路段中。同时预计项目将使得该路段的交通事故减少 40%。因此从 2017 年开始，事故损失降低带来的效益＝年度总损失×公路完成率×事故减少比率。

以 2018 年为例，2018 年在项目设计路段的事故总损失为 $140 \times 10\% \times (1+4\%) = 14.56$ 百万元，由于 2018 年项目建成度为 36%，并且预计该项目将使得该路段的交通事故减少 40%，故 2018 年该项目事故损失降低带来的效益为 $14.56 \times 36\% \times 40\%$，约为 2.1 百万元，即 210 万元。

（五）节省路上时间带来的效益

案例中，假设新公路将使客车的行行时间减少 70%，载重汽车的行驶时间减少 45%;客车在车辆中占比为 70%,载重汽车占比为 30%,每辆客车平均载客 16 人,每辆载重汽车平均载客 1.5 人。其中,客车出行目的为工作的占比 15%,非工作的占比 85%;载重汽车出行目的都为工作。

根据国家统计局数据,2013 年 A 省交通运输行业人员平均工作时薪为 22.4 元,同时,Walker et al.(2010)在与 A 省同处西南地区的四川省成都市进行的研究表明,成都市的非工作时间价值为 7.8—12.9 元/小时,出于简化案例考虑,我们假设工作时薪与非工作时间价值在案例年份均未发生变化,非工作时间价值取平均数 10.35 元每小时。

该公路设计最高时速为 80 公里/小时,我们假设在公路上行驶的平均时速为 60 公里/小时,因此我们可以计算出工作的时间成本为 22.4/60=0.37 元/公里,非工作时间成本为 10.35/60=0.1725 元/公里。再结合车辆里程数测算,我们能够得到节省时间带来的效益预测(见表 6)。

表 6 节省路上时间带来的效益预测(2017—2058 年)

(单位:百万元)

年份	2017	2018	2019	2020	2021	2022
客车的工作时间价值	46.62	48.48	140.06	145.66	151.49	157.55
货车的工作时间价值	8.03	8.35	24.12	25.08	26.09	27.13
工作时间总价值	54.64	56.83	164.18	170.74	177.57	184.68
非工作时间价值	123.16	128.09	370.02	384.82	400.21	416.22
年份	2023	2024	2025	2026	2027	2028
客车的工作时间价值	163.85	170.40	177.22	184.31	191.68	199.35
货车的工作时间价值	28.21	29.34	30.52	31.74	33.01	34.33
工作时间总价值	192.06	199.74	207.73	216.04	224.69	233.67
非工作时间价值	432.87	450.18	468.19	486.92	506.40	526.65
年份	2029	2030	2031	2032	2033	2034
客车的工作时间价值	207.32	215.61	224.24	233.21	242.54	252.24
货车的工作时间价值	35.70	37.13	38.61	40.16	41.76	43.43
工作时间总价值	243.02	252.74	262.85	273.36	284.30	295.67
非工作时间价值	547.72	569.63	592.41	616.11	640.75	666.38

(续表)

年份	2035	2036	2037	2038	2039	2040
客车的工作时间价值	262.33	272.82	283.73	295.08	306.88	319.16
货车的工作时间价值	45.17	46.98	48.86	50.81	52.84	54.96
工作时间总价值	307.50	319.80	332.59	345.89	359.73	374.12
非工作时间价值	693.04	720.76	749.59	779.57	810.76	843.19
年份	2041	2042	2043	2044	2045	2046
客车的工作时间价值	331.93	345.20	359.01	373.37	388.31	403.84
货车的工作时间价值	57.16	59.44	61.82	64.29	66.86	69.54
工作时间总价值	389.08	404.65	420.83	437.66	455.17	473.38
非工作时间价值	876.91	911.99	948.47	986.41	1 025.87	1 066.90
年份	2047	2048	2049	2050	2051	2052
客车的工作时间价值	419.99	436.79	454.26	472.44	491.33	510.99
货车的工作时间价值	72.32	75.21	78.22	81.35	84.60	87.99
工作时间总价值	492.31	512.01	532.49	553.79	575.94	598.97
非工作时间价值	1 109.58	1 153.96	1 200.12	1 248.12	1 298.05	1 349.97
年份	2053	2054	2055	2056	2057	2058
客车的工作时间价值	531.43	552.68	574.79	597.78	621.69	646.56
货车的工作时间价值	91.51	95.17	98.98	102.93	107.05	111.33
工作时间总价值	622.93	647.85	673.76	700.72	728.74	757.89
非工作时间价值	1 403.97	1 460.13	1 518.53	1 579.27	1 642.44	1 708.14

同样以 2018 年为例，2018 年客车通行流量为 78（百万人·公里），客车平均每车有 16 人，乘坐客车的人群中有 15% 是为了去工作，新公路将使客车的行驶时间缩短 70%，工作的时间成本为 22.4/60＝0.37 元/公里，故 2018 年项目带来节省的客车工作时间价值为 78×16×15%×70%×0.37＝48.48 百万元，同理可以计算项目带来节省的货车工作时间价值为 33.43×1.5×45%×0.37＝8.35 百万元，项目带来节省的非工作时间价值为 78×16×85%×70%×0.1725＝128.09 百万元。

（六）利息

利息和通行费类似，在做整个项目的成本效益分析时并不需要考虑，因为项目并没有使A省的净效益有提高,但是在做相关利益群体的成本效益分析时需要计算。

高速公路作为大型公共交通项目,具有高投资和长回收期的特点,运营期间的管养维护要求也较高,目前通常采用BOT模式,即建设-运营-移交(build-operate-transfer)。本项目在BOT模式的基础上,还结合了设计施工总承包(engineering procurement construction, EPC)模式,进一步提高项目全生命周期整合度。项目执行期间,按照PPP合同约定,建设和运营公路的权利由A省交通运输厅授予项目公司执行,为过路车辆提供服务并向其收取费用。待合同期满后,政府方收回项目资产,或由政府将所有权移交给其他指定机构。此外,如果项目经营收入不足,即项目收入低于投资合理回报的情况下,这部分差额将由政府纳入财政预算,结合绩效考核结果向项目公司提供可行性缺口补助。

对于基础建设专项基金和金融机构贷款,参照我国国内各大银行长期贷款利率,取4.75%作为金融贷款利率,假定使用等额本息还款方式。经计算,基础设施专项基金100 000.00万元,每年还款金额为5 630万元,40年还清。

(七) 残值

项目剩余价值确定为项目建设成本的50%,在期末以正值计入项目成本。2058年年底,收费站和高速公路的残值将归A省政府所有。收费设施残值为$600 \times 6 \times 50\% = 1\,800$万元,高速公路残值为$148 \times 50\% = 74$亿元。

(八) 项目社会效益

本项目的实施具有较高的社会效益。从道路规划的完整性来说,本项目符合我国公路网规划,完善了A省内交通网络,有助于进一步将A省打造成连通周边国家和地区的国际通道,发挥A省面向西南开放的桥头堡作用。从区域发展角度而言,本项目改善了A省地区交通运输的服务水平,可以更好地发挥国家高速公路作用,保证我国经济建设可持续发展战略的实施。从对外开放的层面来说,本项目有助于加强我国与周边国家和地区的贸易往来,促进对外经济贸易与合作。总之,本项目具有显著的社会效益,适应所经过地区的环境条件、在当地深受各级人民政府及广大民众的期待,有望为促进A省甲、乙、丙、丁四地经济发展做出卓越贡献。上述社会效益属于本项目建设的间接经济效益且在量化过程中存在较大困难,因此不计入本项目净现值的计算,但本项目的社会效益仍然应当被充分认识到。

六、成本效益分析

(一) 基准假设下的净现值计算

为了确定合适的社会贴现率,我们需要考虑项目资金筹集方式。本项目中,资金筹集主要由社会资本方来完成,但考虑到项目的公益性,如果以社会资本的投资回报率作为项目投资所要求的回报率,会有所偏高,所以我们考虑用社会资本投资回报率并作适当下调。如理论篇第6.2节所述的David and Richard(2011)计算美国的资本机会成本约为5%。中国的社会贴现率可能比该值略高一些,根据《建设项目经济评价方法和参数(第三版)》,中国的社会贴现率为8%。但考虑到近年我国经济增长放缓,可以考虑调低社会贴现率。综合考虑以上情况,我们选6%作为项目的贴现率,后续的讨论中,我们也将对贴现率在6%—12%的范围内进行敏感性分析。

1. 整个项目的净效益分析

对本项目来说,效益包括通行费收入降低汽车运营成本带来的效益、降低现有公路维护费用带来的效益、节省时间带来的效益、降低事故损失成本带来的效益和项目残值收回,成本包括道路和收费站建设成本、道路和收费站的维护运营成本。根据第四部分和第五部分的叙述,项目期内(2013—2058年)各年整个项目的效益和成本如表7和表8所示。在6%的社会贴现率下,对上述可量化的成本及社会经济效益进行贴现,即可得到本项目的净现值为1707.67百万元。经成本效益分析,本项目净现值大于0,认为此建设项目通过成本效益分析,可以施行。

表7 特许项目公司建设及经营期内(2013—2033年)整个项目净效益计算结果

(单位:百万元)

年份	2013	2014	2015	2016	2017	2018	2019
项目总效益	0.00	0.00	0.00	0.00	197.27	205.32	593.70
降低汽车运营成本	0.00	0.00	0.00	0.00	10.55	11.41	34.28
节省工作时间	0.00	0.00	0.00	0.00	54.64	56.83	164.18
节省旅途时间	0.00	0.00	0.00	0.00	123.16	128.08	370.02
减少道路运营维护费用	0.00	0.00	0.00	0.00	6.90	6.90	19.17
事故下降	0.00	0.00	0.00	0.00	2.02	2.10	6.06
项目总成本	1 507.00	1 496.00	1 496.00	2 821.90	2 734.49	3 548.99	13.76
高速公路建设	1 507.00	1 496.00	1 496.00	2 810.50	2 718.75	3 533.25	0.00
收费站建设	0.00	0.00	0.00	11.40	11.40	11.40	0.00
高速公路维护	0.00	0.00	0.00	0.00	4.34	4.34	12.05
收费站维护	0.00	0.00	0.00	0.00	0.00	0.00	1.71
项目净效益	−1 507.00	−1 496.00	−1 496.00	−2 821.90	−2 537.22	−3 343.67	579.94
年份	2020	2021	2022	2023	2024	2025	2026
项目总效益	618.11	643.61	670.26	698.10	727.21	757.65	789.47
降低汽车运营成本	37.08	40.11	43.38	46.92	50.75	54.89	59.37
节省工作时间	170.74	177.57	184.68	192.06	199.74	207.73	216.04
节省旅途时间	384.82	400.21	416.22	432.87	450.18	468.19	486.92
减少道路运营维护费用	19.17	19.17	19.17	19.17	19.17	19.17	19.17
事故下降	6.30	6.55	6.81	7.09	7.37	7.66	7.97
项目总成本	13.76	13.76	13.76	13.76	13.76	13.76	13.76
高速公路建设	0.00	0.00	0.00	0.00	0.00	0.00	0.00
收费站建设	0.00	0.00	0.00	0.00	0.00	0.00	0.00
高速公路维护	12.05	12.05	12.05	12.05	12.05	12.05	12.05
收费站维护	1.71	1.71	1.71	1.71	1.71	1.71	1.71
项目净效益	604.35	629.85	656.50	684.34	713.45	743.89	775.71
年份	2027	2028	2029	2030	2031	2032	2033
项目总效益	822.75	857.56	893.99	932.11	972.00	1 013.77	1 057.51
降低汽车运营成本	64.21	69.45	75.12	81.25	87.88	95.05	102.80
节省工作时间	224.69	233.67	243.02	252.74	262.85	273.36	284.30
节省旅途时间	506.40	526.65	547.72	569.63	592.41	616.11	640.75
减少道路运营维护费用	19.17	19.17	19.17	19.17	19.17	19.17	19.17
事故下降	8.29	8.62	8.97	9.32	9.70	10.09	10.49

(单位:百万元)(续表)

年份	2027	2028	2029	2030	2031	2032	2033
项目总成本	13.76	13.76	13.76	13.76	13.76	13.76	13.76
高速公路建设	0.00	0.00	0.00	0.00	0.00	0.00	0.00
收费站建设	0.00	0.00	0.00	0.00	0.00	0.00	0.00
高速公路维护	12.05	12.05	12.05	12.05	12.05	12.05	12.05
收费站维护	1.71	1.71	1.71	1.71	1.71	1.71	1.71
项目净效益	808.99	843.81	880.23	918.35	958.25	1 000.01	1 043.75

表8 政府经营期内(2034—2058年)整个项目净效益计算结果

(单位:百万元)

年份	2034	2035	2036	2037	2038	2039	2040
项目总效益	1 103.32	1 151.31	1 201.60	1 254.31	1 309.57	1 367.52	1 428.30
降低汽车运营成本	111.19	120.26	130.08	140.69	152.17	164.59	178.02
节省工作时间	295.67	307.50	319.80	332.59	345.89	359.73	374.12
节省旅途时间	666.38	693.04	720.76	749.59	779.57	810.76	843.19
减少道路运营维护费用	19.17	19.17	19.17	19.17	19.17	19.17	19.17
事故下降	10.91	11.34	11.80	12.27	12.76	13.27	13.80
项目总成本	13.76	13.76	13.76	13.76	13.76	13.76	13.76
高速公路维护	12.05	12.05	12.05	12.05	12.05	12.05	12.05
收费站维护	1.71	1.71	1.71	1.71	1.71	1.71	1.71
项目净效益	1 089.56	1 137.55	1 187.84	1 240.55	1 295.81	1 353.76	1 414.54
年份	2041	2042	2043	2044	2045	2046	2047
项目总效益	1 492.07	1 558.99	1 629.25	1 703.02	1 780.51	1 861.93	1 947.50
降低汽车营运成本	192.55	208.26	225.25	243.63	263.51	285.02	308.27
节省工作时间	389.08	404.65	420.83	437.66	455.17	473.38	492.31
节省旅途时间	876.91	911.99	948.47	986.41	1 025.87	1 066.90	1 109.58
减少道路运营维护费用	19.17	19.17	19.17	19.17	19.17	19.17	19.17
事故下降	14.35	14.93	15.53	16.15	16.79	17.46	18.16
项目总成本	13.76	13.76	13.76	13.76	13.76	13.76	13.76
高速公路维护	12.05	12.05	12.05	12.05	12.05	12.05	12.05
收费站维护	1.71	1.71	1.71	1.71	1.71	1.71	1.71
项目净效益	1 478.31	1 545.23	1 615.49	1 689.26	1 766.75	1 848.17	1 933.74

(单位：百万元)(续表)

年份	2048	2049	2050	2051	2052	2053	2054
项目总效益	2 037.45	2 132.05	2 231.57	2 336.30	2 446.53	2 562.61	2 684.88
降低汽车运营成本	333.43	360.64	390.07	421.89	456.32	493.56	533.83
节省工作时间	512.01	532.49	553.79	575.94	598.97	622.93	647.85
节省旅途时间	1 153.96	1 200.12	1 248.12	1 298.05	1 349.97	1 403.97	1 460.13
减少道路运营维护费用	19.17	19.17	19.17	19.17	19.17	19.17	19.17
事故下降	18.89	19.65	20.43	21.25	22.10	22.98	23.90
项目总成本	13.76	13.76	13.76	13.76	13.76	13.76	13.76
高速公路维护	12.05	12.05	12.05	12.05	12.05	12.05	12.05
收费站维护	1.71	1.71	1.71	1.71	1.71	1.71	1.71
项目净效益	2 023.69	2 118.30	2 217.81	2 322.54	2 432.77	2 548.85	2 671.12

年份	2055	2056	2057	2058
项目总效益	2 813.71	2 949.52	3 092.71	3 243.75
降低汽车运营成本	577.39	624.51	675.47	730.58
节省工作时间	673.76	700.72	728.74	757.89
节省旅途时间	1 518.53	1 579.27	1 642.44	1 708.14
减少道路运营维护费用	19.17	19.17	19.17	19.17
事故下降	24.86	25.85	26.89	27.96
高速公路残值	0.00	0.00	0.00	7 400
收费站残值	0.00	0.00	0.00	18
项目总成本	13.76	13.76	13.76	13.76
高速公路维护	12.05	12.05	12.05	12.05
收费站维护	1.71	1.71	1.71	1.71
项目净效益	2 799.96	2 935.76	3 078.95	10 647.99

2. 分群体的净效益分析

我们还计算分析了相关利益群体的净效益，如表9和表10所示。下面对分群体的净效益计算进行简单叙述。

(1) 特许项目公司。

特许项目公司效益主要为通行费收入，成本包括特许项目公司耗费的建设成本、建成后对道路的运营和维护,以及如果项目有利润缴纳的企业所得税等。①

以项目开始建设的第一年(2013年)为例进行分析。② 由于项目建设第一年不产生效益,因此效益部分均以0计算,成本均来自特许项目公司耗费的建设成本,因此有:

$$总效益_{2013|特许项目公司} = 特许项目公司耗费的建设成本 = -800(百万元)$$

(2) A省政府。

项目建设前期,A省政府需要承担拆迁成本和部分建设成本。2034年,特许项目公司经营到期后,本项目将由A省政府接管。因此,A省政府的成本和效益基本同特许项目公司。特别地,考虑A省政府将经营本项目至到期,因此效益中将包含本项目残值效益;A省政府同时负责其他道路运营维护工作,因此本项目带来的其他道路维护费用减少也属于A省政府的效益。其余计算部分同特许项目公司。

以A省政府开始接管项目的第一年(2034年)为例进行分析。此时项目的效益包括减少其他道路运营维护费用的效益和本项目的通行费收入;成本包括运营成本、银行还本付息成本。因此有:

$$\begin{aligned}净效益_{2034|A省政府} &= 效益 - 成本 \\ &= 减少运营维护费用 + 过路费 - 运营成本 - 银行还本付息成本 \\ &= 21.00 + 604.62 - 15 - 56.30 = 554.32(百万元)\end{aligned}$$

(3) 省内银行。

2016年,为使得本项目可以继续完成2017—2018年的建设工作,特许项目公司向银行借款10亿元,并在之后的每年由本项目的经营主体承担还本付息任务。因此,省内银行的成本体现为对本项目经营主体的借贷,效益体现为借贷主体的还本付息效益。

以项目经营主体开始还本付息的第一年(2017年)为例进行分析。省内银行的效益为来自特许项目公司的还本付息金额,因此有:

$$净效益_{2017|省内银行} = 本金 + 利息 = 8.80 + 47.50 = 56.30(百万元)$$

---

① 如果特许项目公司从此项目中获得的利润为负的年份,就假设不用缴纳企业所得税,不考虑可能可以抵扣其他项目的效益的情形。

② 其他年份的分析过程因为篇幅原因舍去,下面其他群体分析也只以数值不为0的第一年计算来示例。

(4) 车辆所有者。

2017年,本项目正式开始运营,车辆所有者因此开始产生效益,主要表现为因新道路路况改善、分散车流量等而降低汽车运营成本带来的效益。

以道路正式运营的第一年(2017年)为例进行分析。车辆所有者净效益如下:

$$净效益_{2017|车辆所有者} = 降低汽车运营成本效益 = 10.55(百万元)$$

(5) 道路使用者。

2017年,新道路正式开始运营后,道路使用者的成本为过路通行费用,效益为因新道路路况改善、分散车流量等带来的时间节约效益。

以道路正式运营的第一年(2017年)为例进行分析。道路使用者的净效益如下:

$$净效益_{2017|道路使用者} = 节省时间效益 - 通行费成本$$
$$= 177.80 - 111.74 = 66.06(百万元)$$

(6) 非熟练劳动力。

如"项目立场分析"中所述,道路建设过程中,因非熟练劳动力所获得工资水平高于其对劳动力的定价,因此可以获得额外效益。当然在项目建设期结束后,由于维护旧道路使用的非熟练劳动力的数量下降,非熟练劳动力的净效益为负。

以项目开始建设的第一年(2013年)为例进行分析。非熟练劳动力的净效益如下:

$$净效益_{2013|非熟练劳动力} = 非熟练劳动力的生产者剩余 = 93(百万元)$$

(7) 普通民众。

2017年,新道路正式开始运营后,普通民众的效益主要体现为降低事故发生概率和产生损失带来的效益。

以道路正式运营的第一年(2017年)为例进行分析。普通民众的净效益如下:

$$净效益_{2017|普通民众} = 事故下降的效益 = 2.02(百万元)$$

表9 特许项目公司建设及经营期内(2013—2033年)净效益计算结果

(单位:百万元)

年份	2013	2014	2015	2016	2017	2018	2019
特许项目公司	−800.00①	−800.00	−800.00	−1 512.00	−1 405.01	99.46	305.68
A省政府	−800.00	−800.00	−800.00	−500.00	−1 548.74	−4 048.74	−20.25
省内银行	0.00	0.00	0.00	−1 000.00	56.30	56.30	56.30
车辆所有者	0.00	0.00	0.00	0.00	10.55	11.41	34.28
道路使用者	0.00	0.00	0.00	0.00	66.06	68.70	198.47
非熟练劳动力	93.00	104.00	104.00	190.10	281.61	467.11	−0.59
普通民众	0.00	0.00	0.00	0.00	2.02	2.10	6.06
分群体净效益加总	−1 507.00	−1 496.00	−1 496.00	−2 821.90	−2 537.22	−3 343.67	579.94

年份	2020	2021	2022	2023	2024	2025	2026
特许项目公司	312.02	318.58	325.37	332.41	339.69	347.23	355.04
A省政府	−13.16	−5.76	1.98	10.05	18.47	27.27	36.45
省内银行	56.30	56.30	56.30	56.30	56.30	56.30	56.30
车辆所有者	37.08	40.11	43.38	46.92	50.75	54.89	59.37
道路使用者	206.41	214.66	223.25	232.18	241.47	251.13	261.17
非熟练劳动力	−0.59	−0.59	−0.59	−0.59	−0.59	−0.59	−0.59
普通民众	6.30	6.55	6.81	7.09	7.37	7.66	7.97
分群体净效益加总	604.35	629.85	656.50	684.34	713.45	743.89	775.71

年份	2027	2028	2029	2030	2031	2032	2033
特许项目公司	363.12	371.49	380.15	389.12	398.40	408.01	424.78
A省政府	46.04	56.05	66.50	77.42	88.81	100.71	106.30
省内银行	56.30	56.30	56.30	56.30	56.30	56.30	56.30
车辆所有者	64.21	69.45	75.12	81.25	87.88	95.05	102.80
道路使用者	271.62	282.48	293.78	305.53	317.76	330.47	343.68
非熟练劳动力	−0.59	−0.59	−0.59	−0.59	−0.59	−0.59	−0.59
普通民众	8.29	8.62	8.97	9.32	9.70	10.09	10.49
分群体净效益加总	808.99	843.81	880.23	918.35	958.25	1 000.01	1 043.75

① 当获得的通行费收入不足以弥补特许项目公司的支出缺口时,实践当中常常由政府部门给予特许项目公司可行性缺口补助。本案例不考虑这个问题,不过本案例计算的特许项目公司的净效益可以作为考虑政府对其进行可行性缺口补助的基础。

表10 政府经营期内(2034—2058年)净效益计算结果

(单位:百万元)

年份	2034	2035	2036	2037	2038	2039	2040
特许项目公司	0.00	0.00	0.00	0.00	0.00	0.00	0.00
A省政府	554.32	578.51	603.66	629.82	657.03	685.32	714.74
省内银行	56.30	56.30	56.30	56.30	56.30	56.30	56.30
车辆所有者	111.19	120.26	130.08	140.69	152.17	164.59	178.02
道路使用者	357.43	371.73	386.60	402.06	418.14	434.87	452.26
非熟练劳动力	−0.59	−0.59	−0.59	−0.59	−0.59	−0.59	−0.59
普通民众	10.91	11.34	11.80	12.27	12.76	13.27	13.80
分群体净效益加总	1 089.56	1 137.55	1 187.84	1 240.55	1 295.81	1 353.76	1 414.54
年份	2041	2042	2043	2044	2045	2046	2047
特许项目公司	0.00	0.00	0.00	0.00	0.00	0.00	0.00
A省政府	745.34	777.17	810.27	844.69	880.49	917.72	956.44
省内银行	56.30	56.30	56.30	56.30	56.30	56.30	56.30
车辆所有者	192.55	208.26	225.25	243.63	263.51	285.02	308.27
道路使用者	470.36	489.17	508.74	529.09	550.25	572.26	595.15
非熟练劳动力	−0.59	−0.59	−0.59	−0.59	−0.59	−0.59	−0.59
普通民众	14.35	14.93	15.53	16.15	16.79	17.46	18.16
分群体净效益加总	1 478.31	1 545.23	1 615.49	1 689.26	1 766.75	1 848.17	1 933.74
年份	2048	2049	2050	2051	2052	2053	2054
特许项目公司	0.00	0.00	0.00	0.00	0.00	0.00	0.00
A省政府	996.71	1 038.59	1 082.15	1 127.45	1 174.56	1 223.55	1 274.50
省内银行	56.30	56.30	56.30	56.30	56.30	56.30	56.30
车辆所有者	333.43	360.64	390.07	421.89	456.32	493.56	533.83
道路使用者	618.96	643.71	669.46	696.24	724.09	753.05	783.18
非熟练劳动力	−0.59	−0.59	−0.59	−0.59	−0.59	−0.59	−0.59
普通民众	18.89	19.65	20.43	21.25	22.10	22.98	23.90
分群体净效益加总	2 023.69	2 118.30	2 217.81	2 322.54	2 432.77	2 548.85	2 671.12
年份	2055	2056	2057	2058			
特许项目公司	0.00	0.00	0.00	0.00			
A省政府	1 327.50	1 382.61	1 496.22	8 973.83			
省内银行	56.30	56.30	0.00	0.00			
车辆所有者	577.39	624.51	675.47	730.58			
道路使用者	814.50	847.08	880.97	916.21			
非熟练劳动力	−0.59	−0.59	−0.59	−0.59			
普通民众	24.86	25.85	26.89	27.96			
分群体净效益加总	2 630.67	2 766.47	2 909.66	12 260.70			

(二) 敏感性分析

1. 对贴现率的敏感性分析

社会贴现率是成本效益分析中极为重要的参数,对结果的影响较大。我们在基础分析当中选取6%,在这里我们考虑6%—12%的变化空间,对应展示6%、9%和12%的社会贴现率下本项目的净现值。不同贴现率水平下,项目净现值水平如表11所示。

表11 不同贴现率水平下净现值计算结果

(单位:百万元)

主体	6%	9%	12%
特许项目公司	−2 039.09	−2 495.65	−2 743.47
A省政府	−2 803.87	−4 630.63	−5 041.73
省内银行	−128.41	−304.55	−381.44
车辆所有者	1 488.66	720.86	394.27
道路使用者	4 057.79	2 276.94	1 416.04
非熟练劳动力	1 008.75	921.69	845.33
普通民众	123.84	69.49	43.22
总和	1 707.67	−3 441.84	−5 467.79

从表11中,我们也可以看出各相关利益群体整个项目期的净效益。在6%的贴现率下,虽然整个项目的净效益为1 707.67百万元,但特许项目公司、A省政府和省内银行[①]整个项目期的净效益为负。实践中,政府部门常常给予特许项目公司可行性缺口补助,省内银行也有可能从政府获得其他收益。因此项目最大的成本承担者往往是政府。而道路使用者和车辆使用者会从项目中获益,另外项目拉动了就业,使得非熟练劳动力能够有工作而获得了效益。

在6%、9%和12%三种贴现率下,可以发现,对几乎所有群体和整个项目而言,随着贴现率的增加,净现值都会减少。这是因为该高速公路项目作为一个长期投资,贴现率增加意味着当下效益的价值会远高于未来效益的价值。因此贴现率越高,长期项目通过的可能性越低。当贴现率为9%时,此项目的净效益为负。

---

① 省内银行净效益为负的原因是借款的利率是4.75%,低于我们这里的贴现率6%。

2. 对变量选择的敏感性分析——以车流量为例

因本项目以及本项目实施以后原有相关公路的交通量属于预测估计值,与实际情况或存在出入,因此有必要对道路交通量进行敏感性分析,研究在不同车流量预测数据的条件下本项目的净效益情况,从而为本项目的成本效益分析提供更加可靠的结论。

表 12 展示了在 6% 的社会贴现率下,本项目及本项目实施后原有相关公路在不同车流量的组合下对应的净现值(百万元),汽车预测的单位以百万计,机动车(包括客车和载重汽车)数量波动剧烈并且会造成交通拥堵,因此高低值分别选取 −20% 和 +20%,其中变化的百分比以基准情况(如表 4 中假设 1 600 万辆)作为参照值。如果车流量低于基准值的 20%,整个项目的净效益就从 1 707.67 百万元降为 −774.44 百万元。因此在高速公路建设前,合理地估计车流量非常重要。

表 12 不同车流量水平下净现值计算结果

分析变量:车流量		贴现率水平 (6%)
情形 1	低车流量(−20%)	−774.44
情形 2	基准车流量	1 707.67
情形 3	高车流量(+20%)	4 189.77

七、讨 论

综上,在基准情形下,整个项目的净效益为正,社会成本效益分析的结果表示该高速公路项目值得投资。如果贴现率增加或者车流量不如预期,都会使得项目的净效益变为负值。尤其是车流量在基准情形下降低 20%,就会使得项目的净效益变为负值。

另外,需要指出的是,由于遗漏了若干成本,本项目的考虑有较不完善之处,或需进行更多的研究和持续的统计数据收集。如:

第一,项目在开工到完工期间的投资成本有上升的可能,本案例作简化假设,未进一步分析成本增长率。

第二,假设在整个项目的生命周期内运营和维护成本保持一定数额不变,但应该会有一定幅度的增长。

第三,道路和收费站的残值可能达不到50%。

【参考文献】

[1] 孟祥海,刘振博.基于Tobit回归的山区高速公路事故率分析模型[J].中外公路,2020,40(2):294—299。

[2] Joan W,Li J P. Travel demand models in the developing world:Correcting for measurement errors[J]. Transportation Letters:The International Journal of Transportation Research,2010(2):231-243.

案例三 支持和责任圈项目的成本效益分析[①]

一、项目背景及目的

(一) 项目概述

支持和责任圈(Circles of Support and Accountability,COSA)项目是成人刑事司法(adult criminal justice)领域内的概念,该项目最初在加拿大发展,通过提供社会支持帮助性侵犯罪刑满释放人员(以下简称"刑释人员")重新进入社会。每个进入 COSA 的刑释人员(以下简称"核心成员")都有对应的内圈志愿者和外圈志愿者。一个核心圈子由社区的 4—6 名志愿者组成。一名核心圈子志愿者作为主要志愿者,在最初的 2—3 个月每天与核心成员见面,其他志愿者每周与核心成员见面。外圈志愿者由社区专业人士(如社工、警察)组成,他们自愿抽出时间来支持内圈志愿者,项目持续时间约为 12 个月。后来美国的一些州(例如明尼苏达州)采用了这种做法,华盛顿州目前要决策是否在本州开展 COSA 项目,需要通过成本效益分析来给决策者提供建议。

一名刑释人员被释放时,往往伴有媒体的密集报道,这最终迫使许多刑释人员躲藏起来或进入另一个社区,甚至在新社区中由于社区成员对其不熟悉,更容易重新开始新一轮的性侵。这种状况对刑释人员在社会中的融合和社区安全都

[①] 美国华盛顿州公共政策研究所(Washington State Institute for Public Policy,WSIPP) 1997 年建立了华盛顿州第一个效益-成本模型,以确定已被证明能减少犯罪的青少年司法项目能否也通过经济测试。在随后的几年里,随着 WSIPP 接受了华盛顿州立法机构的新研究任务,效益-成本模型被修订并扩大到包括其他公共政策主题。目前 WSIPP 的效益-成本模型已涉及青少年司法、成人刑事司法、儿童福利、学前至 12 年级教育、儿童心理健康、卫生保健、物质滥用障碍、成人心理健康、公共卫生与预防、就业和劳动力培训和高等教育等领域(相关网站 http://www.wsipp.wa.gov/BenefitCost)。这些案例按照成本效益分析的标准程序完成,并且给出了很多计量社会效益的方法,这些案例的研究和分析对掌握这一方法也有帮助。2019 年和 2020 年的教学中我们将学生分组对网站上的案例进行分析和评价。本案例由 2017 级本科生姜雅轩、焦阳、李偲媛和袁陈如翻译整理,由 2020 级博士生郑恺进行完善和润色。

是不利的。保密是性侵犯的一个关键因素，强迫刑释人员隐藏并不能使得社区更加安全。

例如，1994年夏天，一名低技能的、多次猥亵儿童者服刑期满后被从加拿大安大略省中南部的汉密尔顿市释放。这次释放引起了媒体的广泛关注和公众的强烈抗议。汉密尔顿警察部门实施了24小时的监视，据报道花费了数千美元，社区团队在刑释人员住所周边设置了警戒线。一个来自城市教会的门诺派牧师哈里愿意向这位刑释人员提供帮助。哈里牧师在他的教堂里召集了一小群人，请他们自愿抽出一些时间来帮助这名刑释人员在社区立足。这就是互助圈的雏形。这确实是帮助刑释人员重新融入社会的一种特别的方法。几个月后，邻近的多伦多市释放了一名类似的刑释人员，牧师柯克加德决定尝试同样的方法。不久之后，安大略省门诺派中央委员会（Mennonite Central Committee of Ontario，MCCO）接受了加拿大惩教署（Correctional Service of Canada，CSC）的一份合同，建立了一个试验项目，以研究这一方法是否具有可行性和可推广性。与此同时，MCCO还制定了一项研究方案，以确定COSA的效果，推广社区安全的问责制。

（二）COSA项目介绍

1. COSA项目使命宣言

通过协助和支持刑释人员融入社区并过上富裕和自身更有责任心的生活，大幅降低社区成员未来遭受性侵犯的风险。

——加拿大惩教署（2002）

2. COSA项目目标人群

COSA项目最初被设想为填补政府政策留下的服务缺口的一种手段。那些最有可能再次犯罪的人往往很难获得减刑，经常会被拘留到他们的刑期结束。但是，他们被释放后没有一个正式的后续处理程序。正因为如此，COSA项目一般都将目光放在未获减刑的刑释人员身上，这些人被认定有再次犯罪的高风险。事实上，一般的经验法则是针对将目标锁定在社区中缺乏社会支持的人，他们往往更有可能再次犯罪。这些人也更可能吸引大量媒体关注。

3. COSA 项目目标

COSA 项目的目标是通过提供支持、倡导和一种有意义的问责方式来促进刑释人员成功地融入社区。这样做可以提高社区的安全性，特别是在一些偏僻的妇女、儿童或其他易受伤害的人面临危险的地方。简单地说，COSA 项目通过确认受害者对生理和心理康复以及今后持续安全的需求，同时坚持要求刑释人员为其行为负责，从而保证潜在受害者的安全。作为回报，刑释人员作为公民的正当权利得到保护。

4. COSA 项目成员

COSA 项目最初的设想是一个核心圈子由一名核心成员和七名社区志愿者组成，但由于志愿者招募困难，实际的圈子只有五名志愿者。每个 COSA 至少有一名主要志愿者，在项目的初始阶段（通常为 60—90 天），主要志愿者几乎每天都会与核心成员见面。这一阶段，其他志愿人员至少每周与核心成员接触一次。核心成员开始在社区内生活后，这种增强的覆盖程度为他提供了支持，因为这种接触满足了核心成员的沟通、社交和其他需求。除了这些个别见面，核心圈子每周还会开一次会。COSA 是一个基于友谊和行为责任的关系计划，在任何友好关系中，开放都是关键，"没有秘密"这句话被所有相关人员牢记在心。

COSA 项目预期核心成员的生命还可能持续数年甚至数十年。此外，随着核心成员逐渐适应其在社区中的个人责任，社区对他的要求也会减少。然而，人们似乎严重错误地低估了 COSA 可以（或将会）成为什么。实际上，COSA 已经成为许多核心成员的代理家庭。在刑事司法系统中，对刑释人员的管理本应是一种权宜之计，但现在却成了一种生活方式。

除了核心成员和他的志愿者组成的核心圈子，还有一个外部圈子，里面有以社区为基础的支持性专业人员，通常是心理学家、执法官员、惩教官员或社会服务工作者。这些专业人士也自愿贡献时间，以支持核心圈子的工作。因为有时核心成员会需要专业人员提供建议或服务，志愿者不需要代替心理学家治疗或其他法律人士给出正式建议，所以拥有一群知识渊博和具有支持性的专业人员也是项目成功的关键。

5. 志愿者招募

COSA 项目面临的最大挑战是招募志愿者。由于这一倡议完全依赖于社区志愿成员的参与,这个问题占用了项目组织者很多时间,其中部分困难在于确保潜在志愿人员的动机和能力适合为社区中的高危刑释人员提供支持和问责的任务。截至目前,参与这项计划的志愿者绝大多数来自宗教团体,几乎所有教派都有各自的代表。这一人群被一些人描述为"具有志愿精神的感召者""天生的志愿者"。然而,从这些积极参与的人群中招募大量志愿者也非常困难。同时,获得专业人士(例如家庭医生)的支持也很困难,问题主要集中于如何让专业人士理解和接受 COSA 项目所需要进行的工作。

6. 志愿者培训

COSA 项目培训志愿者不是为了在社区中为高风险或高需求的刑释人员提供专业护理,而是旨在确保志愿者对刑释人员的动态有足够的了解,从而有效地发挥志愿者的作用。通过接受如何识别有复发犯罪迹象的教育,志愿者对于在管理过程中何时需要专业协助有更加深刻的了解。培训计划的核心部分是在具体的志愿服务之前进行的,并通过与当地专业人员的合作继续进行培训,这实际上提供了筛选潜在志愿者的机会。培训一般为半天,有两种模式:一种提供给潜在的志愿者,另一种提供给愿意为项目提供专业知识的专业人士。志愿者被筛选出来后,将参加一个四阶段的培训课程,包括核心工作坊、技能培训、创建一个圈子、与核心成员散步。

7. 资金来源

COSA 项目的运作依靠与政府签署的合同,是一种独特的获得款项的方式,政府没有技术权力来监督或资助对刑释人员的管理。政府提供资金并不是基于法律责任,而是对社区和刑释人员的道德责任。合同所获得的资金主要用于雇用非全时项目协调员和项目辅助人员,同时包括租用办公场地、差旅费,以及购买办公室其他用品及与核心成员保持联络的通信工具。资金稳定是确保项目长期运转的重要基础之一。

二、项目立场与主体

现在需要考虑在华盛顿州开展 COSA 项目能否通过成本效益分析。在本项目的成本效益分析中,分析立场为华盛顿州范围内全部公民的利益。所要考虑的因素包括对项目参与者、华盛顿州纳税人利益的直接影响,间接影响(税收的边际超额负担)和其他影响(犯罪率的降低)。

三、成本与效益的估计和货币化

(一) 成本的估计和货币化

本项目的主要成本为项目员工的薪酬、招聘及培训志愿者的费用。据 Duwe and King(2012)估计,明尼苏达州每位参与者的平均成本为 3 881 美元/年(2008 年结果)。参照该文的计算方式和华盛顿州 2016 年州工资调查,计算出华盛顿州(2016 年)项目人均总成本为 3 908 美元/年。而不参与这一项目的人所花费成本为 0 美元(对照组成本)。因此,该项目在 2016 年的人均总成本为 3 908 美元/年。若以 2018 年美元进行计价,项目实施成本的净现值为 4 060 美元/年(见表1)。

表1 每个参与者详细的年度成本估算

	年度成本(美元)	基年	总结	
项目实施成本	3 908	2016	项目实施成本以 2018 年美元计价的净现值	4 060 美元
对照组成本	0	2016	费用范围(+或-)	10%

(二) 效益的估计和货币化

本项目的直接效益为性侵犯罪及其他犯罪行为的减少对纳税人和潜在受害者的价值,以及刑事司法资源的节省。根据计算,本项目施行所带来的税收边际超额负担的减少,超过了为项目筹资所造成的边际超额负担的增加,这一社会无谓损失的净变化是项目的间接效益。

为了避免重复计算,在项目分析时遵循一定的规则:第一,在对同一结果有直接、间接多种分析路径时,只对直接结果进行货币化分析;第二,在产生多种可替代的有利结果时,选择预期效益现值最大的有利结果;第三,在有利与不利结果并存时,选择预期效益现值最大的有利结果与预期损失现值最大的不利结果相加,忽略其他;第四,在产生多种可替代的不利结果时,选择具有最大幅现值损失的不利结果。

表 2 显示,本项目的总效益为 29 658 美元,其中,纳税人效益 7 199 美元、其他人群的效益 20 890 美元、间接效益 1 569 美元。

表 2 不同群体详细的经济效益估计

(单位:美元)

效益来源	不同群体效益				
	参与者	纳税人	其他人群	间接效益	合计
犯罪减少	0	7 199	20 890	3 599	31 688
项目无谓成本	0	0	0	(-2 030)	(-2 030)
合计	0	7 199	20 890	1 569	29 658

1. 再次犯罪率下降的效益

下面描述 WSIPP 的效益-成本模型,该模型估计了减少犯罪对纳税人和潜在受害者的货币价值。现有的 WSIPP 模型从两个角度探讨了犯罪评估问题:第一,如果犯罪得以避免,计算纳税人的价值;第二,如果犯罪得以避免,估计犯罪对潜在受害者的价值。

从这两个角度出发,项目估计了避免 7 种主要类型的犯罪——从最严重到最不严重的相互排斥的类别是谋杀(murder)、严重性侵犯(felony sex crimes)、抢劫(robbery)、故意伤害(aggravated assault)、严重财产犯罪(felony property)、严重毒品犯罪/其他(felony drug/other)和轻罪(misdemeanor),以及 11 种因犯罪而需要的司法资源——警察(police)、法庭(courts)、少年地方拘留(juvenile local detention)、少年地方监管(juvenile local supervision)、少年州立机构(juvenile state institution)、少年州级监管(juvenile state supervision)、成人监狱(adult jail)、成人当地监管(adult local supervision)、技术违规监禁(technical violation-local supervision)、成人州立监狱(adult state prison)、成人监狱释后监管(adult post-prison supervision)以及技术违规监禁(州级监管)。除了计算避免犯罪的货币价值,该模型还估计了犯罪率下降时减少的监狱床位和受害人数。为了将犯罪货币化,WSIPP 计算了以下四项:

第一，不同人群的犯罪模式。如果一个项目被证明能够改变犯罪结果，这些犯罪模式将作为估计预期成本或成本节约的时间的分布和规模的基础。

第二，消耗刑事司法系统资源的概率和时长。项目估计刑事司法系统资源（如法庭或监狱）在犯罪发生时将被使用的可能性和该资源将被使用的时间。

第三，每次犯罪的受害者人数。为了计算犯罪受害者的成本，项目估计与刑事司法系统的一次犯罪有关的已报告和未报告的犯罪的总数量。

第四，刑事司法系统和受害人的单位成本。项目估计刑事司法系统内每项资源的使用成本和给受害人造成的成本。

计算再次犯罪率下降的效益的过程如下：

(1) 计算不同人群的犯罪模式及性侵犯罪刑释人员再犯的概率。

WSIPP 的犯罪人口参数来自对犯罪历史数据库的分析，该数据库结合了来自惩教部门和法院行政办公室的数据。为了确定在通常情况下一个人犯罪的可能性和犯罪发生的时间，需要计算至少有过一次犯罪记录的人和没有过犯罪记录的人在项目的后续行动期间平均犯罪的次数和时间。对于前者，WSIPP 使用 15 年的再犯概率；对于后者，估计在其整个生命周期（50 年）内获得定罪的概率。WSIPP 还估计了贫困对入狱的影响，并且把性别、年龄和婚姻状况作为控制变量，并专门用女性的数据进行了模拟，结果如表3和表4所示。从全样本来看，贫困、男性及未婚是显著提高所有类型犯罪概率的人口特征变量；对于女性而言，贫困和未婚仍然会显著提高犯罪概率。

表3　贫困对入狱的影响

	全部犯罪类型	暴力犯罪	财产犯罪	毒品犯罪	其他犯罪
截距项	−4.717	−6.457	−7.024	−7.062	−5.111
贫困	0.803	1.013	1.126	0.630	0.653
男性	1.148	1.213	0.726	1.039	1.196
年龄 12—13	−1.095	−0.269	0.623	0.08	−2.160
年龄 14—15	0.157	0.734	1.606	0.769	−0.667
年龄 16—17	0.598	0.850	1.847	1.525	−0.160
年龄 18—20	1.058	0.864	1.904	1.827	0.700
年龄 21—25	0.978	0.772	1.277	1.908	0.733
年龄 26—34	0.676	0.645	1.498	0.880	0.517
已婚	−1.019	−1.172	−1.027	−1.291	−0.990
模型拟合度	0.750	0.752	0.734	0.778	0.746

注：模型中全部变量均在 1% 的水平上显著。

表 4　贫困对入狱的影响（女性）

	全部犯罪类型	暴力犯罪	财产犯罪	毒品犯罪	其他犯罪
截距项	−5.030	−7.076	−7.943	−7.101	−5.309
贫困	1.062	1.223	0.986	1.191	0.980
年龄 12—13	−0.242	1.239	1.775	1.124	−2.821
年龄 14—15	0.886	1.658	3.007	1.316	−0.319
年龄 16—17	1.199	1.522	3.187	0.872	0.515
年龄 18—20	1.400	1.604	3.015	1.457	0.891
年龄 21—25	1.234	1.587	2.346	1.565	0.839
年龄 26—34	1.171	1.150	2.882	1.140	0.841
已婚	−0.848	−1.762	−0.629	−0.746	−0.844
模型拟合度	0.725	0.747	0.727	0.684	0.714

注：模型中除太平洋岛民外所有变量均在 1% 的水平上显著。

同时，参照明尼苏达州进行的 COSA（MnCOSA）随机对照实验的方法，主要衡量性侵犯罪刑释人员的再犯情况，再犯情况又主要分为三类：再次逮捕、再次定罪以及再次监禁。通过查询这些刑释人员的二次逮捕数据（轻罪、较重罪、重罪），定罪数据（轻罪、较重罪、重罪）以及监禁数据，来确定这些刑释人员的再犯率。逮捕数据和定罪数据从州刑事侦查局（Bureau of Criminal Apprehension）获得，监禁数据来自州惩教业务系统（Correctional Operation Management System）数据库。表 5 展示了明尼苏达州实验的性侵犯罪再犯率下降情况。可以看到在 MnCOSA 组，少数族裔的占比为 87.10%，被释放时的平均年龄为 38.2 岁，多次性侵犯罪前科的占比为 32.30%。而 MnCOSA 组的再次犯罪率相对对照组大幅下降，尤其由于性侵再次逮捕的比例降为 0。

表 5　MnCOSA 组与对照组的协变量及再犯罪比较

变量	MnCOSA 组	对照组	t 检验结果
少数族裔	87.10%	80.60%	490
被释放时年龄（岁）	38.2	36.8	544
多次性侵犯罪前科	32.30%	9.70%	0.029*
再次犯罪情况			
再次逮捕	38.70%	64.50%	0.043*
其中性侵再次逮捕	0.00%	3.20%	0.321
再次定罪	25.80%	45.20%	0.115
再次判刑	9.70%	25.80%	0.1
因技术违规监禁撤销而重返监狱	48.10%	68%	0.154
其他再次监禁	48.40%	61.30%	0.315
N	31	31	62

资料来源：Duwe G. Can circles of support and accountability (COSA) work in the united states? Preliminary results from a randomized experiment in Minnesota. Sex Abuse, 2013, 25(2), 143-165.

注：* 代表在 1% 的水平上显著。

（2）计算各种犯罪类型对刑事司法资源消耗的概率和时长。

并非所有犯罪行为都会占用司法资源，只有犯罪行为发生并由刑事司法系统知悉，才会带来警力抓捕、审判等方面资源的使用，这部分的成本由纳税人负担。一旦一个人被判有罪，华盛顿州的量刑政策和实践就会影响不同地方和州刑事司法资源的使用。WSIPP 估计在犯罪发生时使用刑事司法系统资源（比如法庭或监狱）的可能性，以及该资源被占用的时长。表 6 显示了华盛顿州的刑事司法资源如何用于应对犯罪，这些信息是基于每次犯罪的，这意味着它是一个人每次犯罪使用的资源的概率和数量。在可能的情况下，项目对七种犯罪类型分别进行估算。

表 6 按犯罪类型使用司法资源分布

犯罪类型	谋杀	严重性侵犯	抢劫	故意伤害	严重财产犯罪	严重毒品犯罪	轻罪
给定犯罪（按犯罪类型）资源使用的概率							
警察	1.00	1.00	1.00	1.00	1.00	1.00	1.00
法庭	1.00	1.00	1.00	1.00	1.00	1.00	1.00
少年地方拘留	0.14	0.54	0.32	0.66	0.85	0.86	0.98
少年地方监管	1.00	1.00	1.00	1.00	1.00	1.00	1.00
少年州立机构	0.86	0.46	0.68	0.34	0.15	0.14	0.02
少年州级监管	1.00	1.00	1.00	1.00	1.00	1.00	0.00
成人监狱	0.02	0.40	0.24	0.54	0.59	0.63	0.00
成人当地监管	0.81	0.84	0.79	0.68	0.26	0.62	0.00
技术违规监禁（地方监管）	0.31	0.31	0.31	0.31	0.31	0.31	0.00
成人州立监狱	0.98	0.60	0.76	0.46	0.41	0.37	0.00
成人监狱释后监管	0.91	0.66	0.88	0.67	0.38	0.59	0.00
技术违规监禁（州级监管）	0.31	0.31	0.31	0.31	0.31	0.31	0.00
如果资源被使用，使用年数（按犯罪类型）							
警察	1.00	1.00	1.00	1.00	1.00	1.00	1.00
法庭	1.00	1.00	1.00	1.00	1.00	1.00	1.00
少年地方拘留（地方判决）	0.03	0.03	0.03	0.03	0.03	0.03	0.03

(续表)

犯罪类型	谋杀	严重性侵犯	抢劫	故意伤害	严重财产犯罪	严重毒品犯罪	轻罪
少年地方拘留（州级判决）	0.03	0.03	0.03	0.03	0.03	0.03	0.03
少年地方监管	0.57	0.57	0.57	0.57	0.57	0.57	0.57
少年州立机构	1.65	0.9	0.96	0.67	0.53	0.63	0.19
少年州级监管	0.47	1.49	0.44	0.45	0.48	0.55	0.47
成人监狱（地方判决）	0.46	0.58	0.50	0.34	0.24	0.23	0.00
成人监狱（有期徒刑）	0.80	0.48	0.46	0.46	0.38	0.32	0.00
成人当地监管-判刑入狱	1.18	2.25	1.07	1.09	1.24	1.12	0
技术违规监禁（地方监管）	0.03	0.03	0.03	0.03	0.03	0.03	0
成人州立监狱	16.46	4.44	3.98	2.78	1.81	1.53	0
成人监狱释后监管	2.48	6.33	1.53	1.46	1.16	1.18	0
技术违规监禁（州级监管）	0.03	0.03	0.03	0.03	0.03	0.03	0
未成年人第一次在成人法庭受审的年龄							
年龄	16	16	16	18	18	18	18

(3) 计算每一类犯罪行为的受害者人数。

除了刑事司法系统的费用，WSIPP还估计了受害者的数量和相关受害成本。为了估计这些成本，WSIPP使用来自华盛顿州和美国全国的数据来估计一场犯罪行为带来的受害者的数量和相关受害成本。除去数据揭示的"已知受害者"之外，每场犯罪都还有未被统计到的受害者，使得统计到的受害者数量小于实际受害者数量。WSIPP认为这些可观察到的与某一场犯罪有关的受害者是"已知受害者"，未观察到的是"额外受害者"。

① 已知受害者。WSIPP使用犯罪历史数据库中的定罪信息来估计每次犯罪行为的已知受害者人数（见表7）。在一次严重性侵犯中，可以观察到平均有1.64个受害者是性侵犯受害者，0.03个受害者受到抢劫，0.08个受害者受到恶性恐吓，0.03个受害者受到严重财产侵害。

案例三 支持和责任圈项目的成本效益分析

表 7 按案件类型的已知受害者数量

（单位：人）

		案件类型：与此案件相关的最严重犯罪				
		谋杀	严重性侵犯	抢劫	故意伤害	严重财产犯罪
受害者数量	谋杀	1.20				
	严重性侵犯	0.01	1.64			
	抢劫	0.09	0.03	1.26		
	故意伤害	0.51	0.08	0.36	1.24	
	严重财产犯罪	0.05	0.03	0.20	0.20	1.71

② 额外受害者。根据全国犯罪受害者调查（National Crime Victim Survey，NCVS）的报告，每场犯罪中被刑事司法系统知悉的受害者人数比华盛顿州的"真实"受害者人数要少。这些额外的受害者可能不会受到刑事司法系统的追踪。WSIPP认为，在通过刑事司法系统处理的犯罪案件中没有被发现的受害者里，有一部分是源于未被发现的犯罪行为。为了估计一场犯罪的受害者总人数（包括已知受害者和额外受害者），WSIPP计算每种类型的犯罪在一年内发生的总数和这些犯罪中有多少是在刑事司法系统数据中观察到的，并将一些未观察到的犯罪分配给已报告的案件，得到额外受害者的情况如表8所示。

表 8 按案件类型的额外受害者数量

（单位：人）

		案件类型：与此案件相关的最严重犯罪				
		谋杀	严重性侵犯	抢劫	故意伤害	严重财产犯罪
受害者数量	谋杀	0.00				
	严重性侵犯	0.01	2.50			
	抢劫	0.09	0.03	1.29		
	故意伤害	0.11	0.02	0.08	0.26	
	严重财产犯罪	0.08	0.05	0.35	0.36	2.99

将已知受害者和额外受害者的数量相加，就得出了表9展示的每场犯罪行为的潜在受害者数量。

表 9　按案件类型的总受害者数量

（单位：人）

		案件类型：与此案件相关的最严重犯罪				
		谋杀	严重性侵犯	抢劫	故意伤害	严重财产犯罪
受害者数量	谋杀	1.20				
	严重性侵犯	0.02	4.14			
	抢劫	0.18	0.06	2.55		
	故意伤害	0.61	0.10	0.43	1.51	
	严重财产犯罪	0.13	0.08	0.55	0.56	4.70

（4）计算刑事司法系统的单位成本。

在 WSIPP 的效益-成本模型中，纳税人支付的刑事司法系统的成本基于对华盛顿公共财政系统的每一个重要部门的成本的估计。模型中司法系统的成本部分包括不同司法资源的使用，如警察、法庭、少年地方拘留、少年地方监管、少年州立机构、少年州级监管、成人监狱等。在计算刑事司法系统资源的成本时，WSIPP 将资源的边际运营成本和资本成本结合起来，并考虑增长率。边际运营成本是指在几年内由于犯罪工作量指标的变化而发生变化的费用，当边际运营成本无法有效估计时，将使用平均成本来代替。

① 边际运营成本和增长率：WSIPP 对华盛顿州 39 个县的每个刑事司法系统的资源面板数据或全州年度数据进行了时间序列分析，通过测试每种资源的不同模型参数来改进成本估算，然后进行平均，得到点估计作为每个刑事司法系统资源的成本估计值，并通过估计每个数据序列的线性趋势，计算出成本的年平均实际增长率。

$$\text{Rate} = (FV/PV)^{1/N} \tag{1}$$

在式（1）中，FV 为数据最后一年的估计成本，PV 为数据最早年份的估计成本，N 为两者之间的年数。

每种刑事犯罪行为适用不同司法资源的边际运营成本和增长率数据如表 10 所示。

案例三 支持和责任圈项目的成本效益分析

表10 按犯罪类型的边际运营成本

(单位:美元)

	谋杀	严重性侵犯	抢劫	故意伤害	严重财产犯罪	严重毒品犯罪/其他	轻罪	美元基年	年度实际增长率	单位成本变动
警察	1 120	1 120	1 120	1 120	1 120	1 120	1 120	2015	0.000	0.19
少年地方拘留	51 147	51 147	51 147	51 147	51 147	51 147	51 147	2015	0.043	1.05
少年地方监管	2 262	2 262	2 262	2 262	2 262	2 262	2 262	2015	0.075	0.83
少年州立机构	44 558	44 558	44 558	44 558	44 558	44 558	44 558	2015	0.014	0.17
少年州级监管	9 645	9 645	9 645	9 645	9 645	9 645	9 645	2015	0.032	0.41
成人监狱	16 776	16 776	16 776	16 776	16 776	16 776	16 776	2015	0.020	0.73
成人当地监管	3 296	3 296	3 296	3 296	3 296	3 296	3 296	2015	0.075	0.41
成人州立监狱	13 553	13 553	13 553	13 553	13 553	13 553	13 553	2015	0.001	0.10
成人监狱释后监管	3 296	3 296	3 296	3 296	3 296	3 296	3 296	2015	0.075	0.41
法庭	152 378	18 770	9 865	4 877	201	201	201	2009	0.020	0.10

② 资本成本。在以上使用司法资源的边际成本计算中,没有考虑抓捕入狱人数过多需要扩充监狱床位数的情况,这就涉及新建监狱设施的资本成本。在 WSIPP 的犯罪模型中,设融资期限 n 为 25 年,债券融资利率为 i,使用式(2)将每张床的总资本成本 PV 转换为年化资本成本 PMT。其中,PV 是基年货币单位表示的监狱每张床位的总资本成本。

$$\text{PMT} = \frac{i\text{PV}}{1-(1+i)^{-n}} \quad (2)$$

由于警力、庭审等不涉及上文所讨论的资本使用,因此不考虑其资本使用成本。只有拘留、监禁等司法资源的使用涉及资本成本的考量,测算结果如表 11 所示,以 2007 年的美元基年表示。表 12 展示了华盛顿州边际刑事习法成本的资金来源情况。

表11 司法资源的资本成本

(单位:美元)

	总资本成本	基年	支持年限	年化资本成本
警察	N/A	N/A	N/A	N/A
法院和检察院	N/A	N/A	N/A	N/A
少年地方拘留	200 000	2 009	25	15 997
少年地方监管	N/A	N/A	N/A	N/A
少年州立机构	150 000	2 009	25	11 998
少年州级监管	N/A	N/A	N/A	N/A
成人监狱	120 948	2 009	25	9 674
成人当地监管	N/A	N/A	N/A	N/A
成人州立监狱	113 339	2 007	25	9 329
成人监狱释后监管	N/A	N/A	N/A	N/A

表 12　按资金来源划分的边际刑事司法成本比例

（单位：%）

	运营部分			资本部分		
	州	地方政府	联邦政府	州	地方政府	联邦政府
警察	14	86	0	N/A	N/A	N/A
法院和检察院	16	84	0	N/A	N/A	N/A
少年地方拘留	15	85	0	0	100	0
少年地方监管	15	85	0	N/A	N/A	N/A
少年州立机构	100	0	0	100	0	0
少年州级监管	100	0	0	N/A	N/A	N/A
成人监狱	25	75	0	0	100	0
成人当地监管	100	0	0	N/A	N/A	N/A
成人州立监狱	100	0	0	100	0	0
成人监狱释后监管	100	0	0	100	0	0

（5）计算受害者的成本。

相较于由纳税人承担的司法资源成本，很多成本是由受害者直接承担的。他们可能失去生命，或遭受其他不同程度的人身和财产损失。此外，他们还可能会对社会产生不信任和不安全感，这些成本往往是很难评估和量化的。在对文献进行回顾之后，WSIPP 的成本收益模型使用了两篇论文——McCollister et al.（2010）和 Cohen and Piquero（2009）——对受害者成本估计的平均值，并进行了一些修改。WSIPP 将受害者成本分为两类：

① 有形成本。有形成本包括医疗费用、精神卫生健康费用、财产损失、受害者未来收入的减少。

② 无形成本。无形成本指以美元计算的犯罪受害者的精神损失，由陪审团对受害者遭受的痛苦和生活质量下降赔偿的计算得出。

表 13 给出了 WSIPP 做的犯罪受害者成本估算结果。

表 13　受害者成本

（单位：美元）

来源	谋杀	严重性侵犯	抢劫	故意伤害	严重财产犯罪	基年
有形成本	567 639	4 745	5 950	12 023	2 027	2 010
无形成本	6 497 488	169 294	8 975	18 567	—	2 010

(6) 估计刑事司法系统和受害者总成本的程序。

根据上述分析,项目得知犯罪行为的主要成本有两项:① 司法资源的使用;② 受害者的损失。前一项由纳税人承担,而后一项主要由受害者自己承担。

司法资源总成本 $CjsResource\$_{rb}$ 计算公式如下:

$$CjsResource\$_{rb} = \sum_{c=1}^{C}\sum_{f=1}^{F}[CjsEvent_{bcf} \times CjsResourcePr_{rc}$$
$$\times CjsResourceCost_{rc}(1+CjsResourceCostEsc_{r})^{(b-1)}$$
$$\times TotalTrips \times TripTiming_{f} \times TripTypePr_{c} \times Uint\Delta_{f}] \quad (3)$$

变量含义:

C——犯罪类型的数量,一共 7 类;

F——累犯随访年限(犯罪行为发生后的年数);

B——在犯罪行为进行处置之后的 50 年(在此期间的基础上计算犯罪的影响);

r——司法资源的类型,一共 10 类,见表 6;

$CjsEvent_{bcf}$——犯罪行为发生后多少司法资源被使用(考虑司法资源使用的时长);

$CjsResourcePr_{rc}$——某种司法资源使用的概率;

$CjsResourceCost_{rc}$——某种司法资源使用的边际成本;

$CjsResourceCostEsc_{r}$——某种司法资源使用的边际成本的增长率;

$TotalTrips$——计算年限中进入司法系统的平均案件量;

$TripTiming_{f}$——计算年限内在第 f 年发生刑事犯罪的概率;

$TripTypePr_{c}$——在所有刑事发罪案件中,至少一项是 c 种类型犯罪的概率;

$Uint\Delta_{f}$——刑事犯罪发生与不发生的概率比的变动。

受害者成本 $Victim\$_{b}$ 计算如式(4)。

$$Victim\$_{b} = \sum_{c=1}^{C}\sum_{f=1}^{F}[CjsEvent_{bcf} \times VictimVolume_{c} \times VictimCost_{rc}$$
$$\times TotalTrips \times TripTiming_{f} \times TripTypePr_{c} \times Uint\Delta_{f}] \quad (4)$$

$$VictimVolume_{c} = \sum_{v=1}^{V}(observed\ victims_{v} + unobserved\ victims_{v})$$

变量含义:

$VictimVolume_c$——受害者人数,包括"已知受害者"($observed\ victims_v$)和"额外受害者($observed\ victims_v$),其中 v 是表 6 中的犯罪类型。

$VictimCost_{rc}$——受害者单位成本

总成本计算如式(5)所示,加总刑事司法系统资源使用成本 $CjsResource\$_{ry}$ 和受害者成本 $Victim\$_y$ 并进行贴现,得到总犯罪成本的现值 $Crime$,dis 是贴现率,$tage$ 是每一种犯罪被接受 COSA 干预的平均年龄,r 是司法资源的类型,y 表示年份。

$$Crime = \sum_{b=tage}^{B+tage} \sum_{r=1}^{10} \frac{(CjsResource\$_{ry} + Victim\$_y)}{(1+dis)^{(b-tage+1)}} \tag{5}$$

(7) 联系:犯罪和其他后果。

WSIPP 的效益-成本模型将犯罪下降带来的福利提升进行货币化,部分原因是犯罪与可以估算货币价值的其他结果之间的联系。这些联系的参数是通过相关研究文献的荟萃分析得出的。例如,项目通过荟萃分析最可信的研究来估计青少年犯罪和是否高中毕业之间的关系,这些研究已经解决了这个问题。元分析过程既提供了给定证据权重的期望值效应,也提供了对估计效应误差的估计。当进行蒙特卡洛模拟时,预期效应大小和估计误差都被输入效益-成本模型中。

2. 征税的边际超额负担

该项目的实施依赖税收的投入,征税会产生超额负担,从而造成社会的无谓损失,这是项目的间接成本之一。无谓损失率(DWL%)衡量了每征收一单位的税造成的社会福利的减少,项目需要用实施该项目对纳税人产生的税收负担净减少额(减少的税收负担减去该项目实施需要付出的税收成本)与无谓损失率相乘,再进行折现,得到项目总的税收边际超额负担。

$$DWL_{age} = \sum_{y=age}^{N} \frac{(B_y - C_y) \times DWL\%}{(1+dis)^y} \tag{6}$$

在非仿真模式下运行模型时,通常使用模式值的无谓损失率(实践中采用 50%)。在蒙特卡洛模拟的模式中,无谓损失率用三角形概率密度分布的方法进行估计,包括低(0%)、中(50%)、高(100%)三种取值情况。

四、计算项目净现值

该模型使用一系列贴现率来计算净现值(NPV)。贴现率适用于所有的年度效益和成本现金流,并按项目的时间长度进行估值。式(7)展示了一个计划的净现值是在每一年的效益折现总和 $\sum_{y=year}^{N}\frac{B_y}{(1+dis)^y}$ 减去计划在每一年的成本折现总和 $\sum_{y=year}^{N}\frac{C_y}{(1+dis)^y}$。

$$\text{NPV}_{year} = \sum_{y=year}^{N}\frac{B_y - C_y}{(1+dis)^y} \tag{7}$$

其中,B_y 和 C_y 分别是 y 年的效益和成本,dis 是贴现率。在本项目中,对于主要结果,考虑到自身项目周期较短,项目选用了较低的贴现率即经济顾问委员会 2017 年建议的贴现率 2%。但项目也使用了中等贴现率(3.5%)和更高的贴现率(5%)来测试结果对于贴现率的敏感性,试图给出更合理的估计范围。

五、结论与评价

(一) 结论

经过贴现和计算,得出结果如表 14 所示,其中纳税人效益为 7 199 美元,参与者效益为 0 美元,其他效益为 20 890 美元,间接效益为 1 569 美元,总计项目效益为 29 658 美元。项目净成本为 4 060 美元,所以该项目的净效益为 25 597 美元,效益成本比为 7.30。

表 14 按参与者计算的效益成本统计摘要

受益人			
纳税人	7 199 美元	效益成本比	7.30
参与者	0 美元	效益减成本	25 597 美元
其他	20 890 美元		
间接效益	1 569 美元	该项目产生的效益大于成本的机会	92%
总效益	29 658 美元		
项目总成本	4 060 美元		

综上所述,该项目可行。

(二) 评价与讨论

1. 社区成员安全感上升

受到性侵犯的受害者会产生的一项心理损失就是安全感的丧失,而本项目可以使得性侵犯罪刑释人员再犯概率下降,间接改善社区安全状况,给社区成员带来更大的安全感。这是一项非常重要的效益,但由于这些效益很难货币化,因此都没有计算进本项目的效益中。

2. 罪犯负面情绪减少

根据 Wilson et al. (2005) 研究发现,COSA 项目的实施对刑释人员负面情绪的减少有较大帮助,其中恐惧感减少 20%,愤怒情绪减少 10%,信心增加 10%,有助于增强自我接纳和自我价值感,显著增加刑释人员重新融入社会的机会,同时满足自身社会价值,提高刑释人员的个人效能和福祉,帮助抵消与性侵犯罪再犯相关的社会孤立、孤独感和排斥感。但在这一项目的分析中认为刑释人员作为项目参与者的效益为 0 美元,即并未计算参与者的效益,这样很大一部分项目效益被忽视,导致了效益计算出现疏漏。

3. 志愿者正面情绪提高

此项目评估过程忽略了志愿者收获的正向反馈与积极情绪。在 Wilson et al. (2005) 为评估安大略中南部的 COSA 项目成效所进行的问卷调查中,参与调查的志愿者中有约 70% 的人认为这一项目让他们更有社会责任感和归属感,38% 的人认为他们提高了自我意识,也正视了自我价值,约 30% 的人认为与参加项目者的情感纽带让他们收获了友谊,这是一笔弥足珍贵的财富。而华盛顿州所估算的成本效益中没有衡量这部分情感效益。

【参考文献】

[1] Cohen M A, Piquero A R. New evidence on the monetary value of saving a high-risk youth [J]. Journal of Quantitative Criminology, 2009, 25(1): 25-49.

[2] Duwe G, King M. Can faith-based correctional programs work? An outcome evaluation of the inner change freedom initiative in Minnesota[J]. International Journal of Offender Therapy and Comparative Criminology, 2012, 57(7): 813-841.

[3] McCollister K E, French M T, Fang H. The cost of crime to society: New crime-specific estimates for policy and program evaluation [J]. Drug and Alcohol Dependence, 2010, 108(1): 98-109.

[4] State of Washington 2016 STATE SALARY SURVEY, Segal Waters Consulting, 2016, 4.

[5] Wilson R J, Cortoni F, Mcwhinnie A J. Circles of support & accountability: A canadian national replication of outcome findings[J]. Sexual Abuse A Journal of Research & Treatment, 2019, 21(4): 412.

[6] Wilson R J, Picheca J E, Prinzo M. Circles of Support & Accountability: An evaluation of the pilot project in South-Central Ontario[R]. Research Report R-168 Ottawa, ON: Correctional Service of Canada, 2005.

参考文献

1. Abelson P. A partial review of seven official guidelines for cost-benefit analysis[J]. Journal of Benefit-Cost Analysis, 2020, 11: 272-293.

2. Arnold C H. The Discount Rate in Public Investment Evaluation[M]//Conference Proceedings of the Committee on the Economics of Water Resource Development Denver, CO: Western Agricultural Economics Research Council, Report No. 17, 1969.

3. Asian Development Bank. Cost-Benefit Analysis For Development: A Practical Guide [R]. ADB, Philippines, 2013.

4. Atkinson A B, Stern N H. Pigou, taxation and public goods[J]. The Review of Economic Studies, 1974, 41(1): 119-128.

5. Banerjee A V, Cole S, Duflo E, et al. Remedying education: Evidence from two randomized experiments in India[J]. The Quarterly Journal of Economics 2007, 122(3): 1235-1264.

6. Baumol W J, Bradford D F. Optimal departures from marginal cost pricing[J]. American Economic Review, 1970, (60): 265-283.

7. Baxter J R, Lisa A R, James K H. Valuing time in U.S. department of health and human services regulatory impact analyses: Conceptual framework and best practices[R]. Final Report, Industrial Economics, Incorporated. GSA Contract Number: GS-10F-0061N, 2017, 6.

8. Bickel P, Rainer F, Arnaud B, et al. Proposal for Harmonised Guidelines. Developing Harmonised European Approaches for Transport Costing and Project Assessment, deliverable 5, EC-project HEATCO, 2006.

9. Boardman A E, Greenberg D H, Vining A R, et al. Cost-Benefit Analysis: Concepts and Practice[M]. 4th ed. Upper Saddle River: Prentice Hall, 2011.

10. Boardman A E, Greenberg D H, Vining A R, et al. Cost-Benefit Analysis: Concepts and Practice[M]. 3rd ed. London: Pearson Press, 2006.

11. Boardman A E, Greenberg D H, Vining A R, et al. Cost-Benefit Analysis: Concepts And Practice[M]. 5th edition. Cambridge: Cambridge University Press, 2018.

12. Bos F, van der P T, Romijn G. Should benefit-cost analysis include a correction for the marginal excess burden of taxation? [J]. Journal of Benefit-Cost Analysis, 2019, 10, (3): 379-403.

13. Brent R J. Applied Cost-Benefit Analysis[M]. Edward Elgar Publishing, 2006.

14. Brent R J. Use of distributional weights in cost-benefit analysis: A survey of schools

[J]. Public Finance Quarterly,1984,12(2):213-230.

15. Camm F. Consumer Surplus,Demand Functions,and Policy Analysis[M]. Rand corporation,1983.

16. Campbell H F,Brown R P. Benefit-Cost Analysis:Financial and Economic Appraisal Using Spreadsheets[M]. Cambridge:Cambridge University Press,2003.

17. Carrin G. Economic Evaluation in Health Care in Developing Countries[M]. New York: St Martin's Press,1984.

18. Carson R T. Contingent valuation:A practical alternative when prices aren't available [J]. Journal of Economic Perspectives,2012,26(4):27-42.

19. Clawson M,Knetsch J. The Economics of Outdoor Recreation[M]. Baltimore:Johns Hopkins University Press,1966.

20. Currie J,Gruber J. Saving babies:The efficacy and cost of recent changes in the medicaid eligibility of pregnant women[J]. Journal of Political Economy,1996,104(6),1263-1296.

21. Cutler,D M,Gruber J. Does public insurance crowd out private insurance? [J]. The Quarterly Journal of Economics,1996,111(2),391-430.

22. Dave D,Decker S L,Kaestner R,et al. The effect of medicaid expansions in the late 1980s and early 1990s on the labor supply of pregnant women[J]. American Journal of Health Economics,2015,1(2):165-193.

23. David F B,Richard O Z. Appropriate discounting for benefit-cost analysis[J]. Journal of Benefit-Cost Analysis,2011,2(2),article 2.

24. Department of Justice. Final regulatory impact analysis of the final revised regulations implementing titles II and III of the ADA,including revised ADA standards for accessible design [S]. Federal Register,2010.

25. Dhaliwal I,Duflo E,Glennerster R,et al. Comparative cost-effectiveness to inform policy in developing countries[M]//Education Policy in Developing Countries Paul Glewwe. Chicago:University of Chicago Press,2015,285-338.

26. Diamond P A, Jerry A H. Contingent valuation: Is some number better than no number? [J]. Journal of Economic Perspectives,1994,8(4): 45-64.

27. Diamond P A,Mirrlees J A. Optimal taxation and public production I:Production efficiency[J]. The American Economic Review,1971,61(1):8-27.

28. Diamond P A,Jerry A H. Contingent valuation: Is some number better than no number? [J]. Journal of Economic Perspectives,1994,8(4):45-64.

29. Dynarski S. Hope for whom? Financial aid for the middle class and its impact on college attendance[J]. National Tax Journal,2000,53(3):629-661.

30. Eckstein O. Water resource development:The economics of project evaluation[J]. Journal of Farm Economics,1958,41(3):668.

31. European Commission. Guide to Benefit-Cost Analysis of Investment Projects[R].

Brussels, Belgium: Directorate-General for Urban and Regional Policy, 2014.

32. Finkelstein A, Hendren N. Welfare analysis meets causal inference[J]. Journal of Economic Perspectives, 2020, 34(4):146-167.

33. Glewwe P, Ilias N, Kremer M. Teacher incentives[J]. American Economic Journal: Applied Economics, 2010, 2(3):205-227.

34. Glewwe P, Ilias N, Kremer M. Teacher incentives[D]. Cambridge, MA: National Bureau of Economic Research, Working Paper, 2003, No. 9671.

35. Glewwe P, Kremer M, Moulin S, et al. Retrospective vs. prospective analyses of school inputs: The case of flip charts in Kenya[J]. Journal of Development Economics, 2004, 74(1): 251-268.

36. Glewwe P, Kremer M, Moulin S. Textbooks and test scores: Evidence from a prospective evaluation in Kenya[C]. BREAD Working Paper, Cambridge, 2002.

37. Gramlich E M. A Guide to Benefit-Cost Analysis[M]. 2nd ed. Upper Saddle Rive: Prentice Hall, 1990.

38. Guess G M, Farnham P G. Cases in Public Policy Analysis[R]. Georgetown University, 2011.

39. Gwilliam K M. The Value Of Time In Economic Evaluation Of Transport Projects: Lessons From Recent Research[R]. Washington DC: The World Bank, 1997.

40. Harris J R, Todaro M P. Migration unemployment and development: A two-sector analysis[J]. The American Economic Review, 1970, 60(1):126-142.

41. Hausman J. Contingent valuation: From dubious to hopeless[J]. Journal of Economic Perspectives, 2012, 26(4):43-56.

42. Heckman J J, Moon S H, Pinto R, et al. The rate of return to the High Scope Perry Preschool Program[J]. Journal of Public Economics, 2010, 94(1-2):114-128.

43. Hendren N, Sprung-Keyser B. A unified welfare analysis of government policies[J]. The Quarterly Journal of Economics, 2020, 135(3):1209-1318.

44. Hendren N. The policy elasticity[J]. Tax Policy and the Economy, 2016(30):51-89.

45. HM Treasury. The Green Book: Appraisal and Evaluation in Central Government[R]. 2011.

46. Hicks J R. A Revision of Demand Theory[M]. Oxford: Oxford University Press, 1956.

47. Infrastructure Australia. Section D3, Conducting Economic Appraisals (Economic Appraisals are Identified as CBA Studies. "The Form of Economic Appraisal Required in an Australian Business Case for an Infrastructure Project is Typically a CBA". p. 88). In Assessment Framework. Sydney, Australia: Infrastructure Australia (IA), 2018, 79-120.

48. Jack K, Sinden J S. Willingness to pay and compensation demanded: Experimental evidence of an unexpected disparity in measures of value[J]. Quarterly Journal of Economics, 1984, 99(3):507-521.

49. Jacobs B. The marginal cost of public funds is one at the optimal tax system[J]. International Tax and Public Finance,2018(25):883-912.

50. Jamison D T, et al. Priorities in Health[M]. Washington,D. C. :World Bank,2006b.

51. Jamison D T,et al. Disease Control Priorities In Developing Countries[M]. Oxford:Oxford University Press,1993.

52. Jamison D T,et al. Disease Control Priorities in Developing Countries[M]. 2nd ed. New York:The World Bank and Oxford University Press,2006a.

53. Kahneman D,Knetsch J. Valuing public goods:The purchase of moral satisfaction[J]. Journal of Environmental Economics and Management,1992,22(1):57-70.

54. Kane T J. College entry by blacks since 1970:The role of college costs,family background,and the returns to education[J]. Journal of Political Economy,1994,102(5):878-911.

55. Kaplow L. On the irrelevance of distribution and labor supply distortion to government policy:Response[J]. Journal of Economic Perspectives,2005,19(4):233-234.

56. Kaplow L. The optimal supply of public goods and the distortionary cost of taxation[J]. National Tax Journal,1996,49(4):513-533.

57. Kelven H J,Kreiner C T. The marginal cost of public funds:Hours of work versus labor force participation[J]. Journal of Public Economics,2006,90(10-11):1955-1973.

58. Kleven H J, Kreiner C T. The marginal cost of public funds:Hours of work versus labor force participation[J]. Journal of Public Economics, 2006,1955-1973.

59. Kneese A V. The Economics of Regional Water Quality Management[M]. Baltimore:Johns Hopkins Press,1964.

60. Knight F H. Risk, Uncertainty, and Profit [M]. New York:Hart Schaffner & Mary, 1921.

61. Kotchen M,Levinson A. When can benefit cost analyses ignore secondary markets?[J]. Journal of Benefit-Cost Analysis,2022,13(1):1-27.

62. Kremer M,Moulin S,Namunyu R. Decentralization:A Cautionary Tale[D]. Unpublished Working Paper,Harvard University,2003.

63. Kremer M,Miguel E,Thornton R. Incentives to Learn[D]. National Bureau of Economic Research,Working Paper No. 10971,2004.

64. Krutilla J V. Conservation reconsidered[J]. American Economic Review,1967,57(4):777-786.

65. Livermore M A,Revesz R L. The Globalization of Cost-Benefit Analysis in Environmental Policy[M]. Oxford:Oxford University Press,2013.

66. Mayshar J. On measures of excess burden and their application[J]. Journal of Public Economics,1990,43(3):263-289.

67. McEwan P J. Cost-effectiveness analysis of education and health interventions in developing countries[J]. Journal of Development Effectiveness,2012,4(2):189-213.

68. Miguel E, Kremer M. Worms: Identifying impacts on education and health in the presence of treatment externalities[J]. Econometrica, 2004, 72(1): 159-217.

69. Miller S, Wherry L R. The long-term effects of early life medicaid coverage[J]. The Journal of Human Resources, 2019, 54(3): 785-824.

70. Mishan E J, Euston Q. Cost-Benefit Analysis[M]. 6th ed. London: Routledge, 2020.

71. Nathaniel B S, Vernon H J, Matthew A T, et al. Does investment in national highways help or hurt hinterland city growth?[J]. Journal of Urban Economics, 2020(115): 103-124.

72. New Zealand Treasury. Guide to Social Cost-Benefit Analysis[M]. Wellington: New Zealand Treasury, 2015.

73. Norwegian Ministry of Finance. Official Norwegian Reports: Cost-Benefit Analysis[R]. 2012.

74. NSW Treasury. Guide to Cost-Benefit Analysis, TPP17-03[R]. Occasional Papers, No. 11, Washington D. C. : World Bank, 2017.

75. Okun A M. Equality and Efficiency: The Big Tradeoff[M]. Oxford: Brookings Institution Press, 1975.

76. OMB U. Guidelines and Discount Rates for Benefit-cost Analysis of Federal Programs [R]. Washington D. C. : US Office of Management and Budget, 1992.

77. Pearce D, Atkinson G, Mourato S. Cost-Benefit Analysis and The Environment: Recent Developments[R]. OECD, 2006.

78. Peter B, Rainer F, Arnaud B, et al. Proposal for harmonised guidelines[M]//HEATCO. Developing Harmonised European Approaches for Transport Costing and Project Assessment, deliverable 5, EC-project HEATCO, 2006.

79. Pigou A C. The Economics of Welfare[M]. 4th ed. London: Macmillan, 1920.

80. Pouliquen L. Risk Analysis in Project Appraisal[M]. Baltimore: Johns Hopkins Press, 1970.

81. Quinet E, Baumstark L. Cost Benefit Assessment of Public Investments: Summary and Recommendations[M]. Paris: Policy Planning Commission, 2013.

82. Ramsey F P, Frank P R. A Mathematical theory of saving[J]. Economic Journal, 1928, 38(152): 543-559.

83. Ramsey F P. A contribution to the theory of taxation[J]. The Economic Journal, 1927, 37(145): 47-61.

84. Rawls J. A Theory of Justice[M]. Cambridge: Harvard University Press, 1971.

85. Robinson L, Hammitt J, O'Keefe L, et al. Benefit-Cost Analysis in Global Health and Development: Current Practices and Opportunities for Improvement Scoping Report[R]. Review draft, Gates Foundation Grant OPP1160057, 2017.

86. Rosen S. Hedonic prices and implicit markets: Product differentiation in pure competition[J]. Journal of Political Economy, 1974, 82(1): 34-55.

87. Saez E, Slemrod J, Giertz S H. The Elasticity of taxable income with respect to marginal tax rates: A critical review[J]. Journal of Economic Literature, 2012, 50, (1): 3-50.

88. Samuelson P A. The pure theory of public expenditure[J]. Review of Economics and Statistics, 1954(36): 387-389.

89. Sandmo A. Economics Evolving: A History of Economic Thought[M]. Princeton: Princeton University Press, 2011.

90. Shaw D. On-site sample regression: Problems of non-negative integers, truncation, and endogenous stratification[J]. Journal of Econometrics, 1988(16): 211-223.

91. Shelby G, Menno D H, William S. The marginal value of job safety: A contingent valuation study[J]. Journal of Risk and Uncertainty, 1988, 1(2): 185-199.

92. Slemrod J, Yitzhaki S. The Costs of taxation and the marginal efficiency cost of funds [D]. Staff Papers(International Monetary Fund), 1996, 43(1): 172-198.

93. Smith V K, Kaoru Y. What have we learned since hotellings letter? [J]. A Meta-Analysis Economic Letters, 1990, 32(3): 267-272.

94. Squire L, Van der Tak H G. Economic Analysis of Projects[R]. World Bank Publications, 1975.

95. Stiglitz J E, Dasgupta P. Differential taxation, public goods, and economic efficiency [J]. The Review of Economic Studies, 1971, 38(2): 151-174.

96. Sunstein C R. The real world of cost-benefit analysis: Thirty-six questions (and almost as many answers)[J]. Columbia Law Review, 2014, 114(1), 167-211.

97. Thompson D, Taylor D, Montoya E L, et al. Cost-effectiveness of switching to exemestane after 2 to 3 years of therapy with tamoxifen in postmenopausal women with early-stage breast cancer[J]. Value in Health, 2007.

98. Tiebout C. A pure theory of local expenditure [J]. Journal of Political Economy, 1956, 64(4): 414-424.

99. UK Treasury. The Green Book: Appraisal and Evaluation in Central Government[R]. London: HMSO, 2018.

100. US Department of Health & Human Services. Guidelines for Regulatory Impact Analysis[R]. 2016.

101. US Environmental Protection Agency. Guidelines for Preparing Economic Analyses [R]. Washington: USEPA, 2014.

102. US Off. Manag. Budg. Circular A-4. Washington D. C. : OMB, 2003.

103. Vickrey W. Testimony, FCC Docket No. 16258[R]. Networks Exhibit, 1968.

104. Victorian Department of Treasury and Finance. Economic Evaluation for Business Cases: Technical Guidelines[R]. Melbourne: Victorian Department of Treasury and Finance, 2013.

105. Von Wartburg, Marcus and William Waters. Congestion externalities and the value of travel time savings[M]//Zhang A E, Boardman D G, Waters W G. Towards Estimating the So-

cial and Environmental Costs of Transport in Canada:A Report for Transport Canada. Chapter 2,Centre for Transportation Studies,University of British Columbia,Vancouver,2004.

106. Walker J, Jie P L, Sumita I, et al. Travel demand models in the developing world: correcting for measurement errors[J]. The International Journal of Transportation Research, 2010,2:231-243.

107. Ward W A. Cost-benefit analysis theory versus practice at the World Bank 1960 to 2015[J]. Journal of Benefit-Cost Analysis,2019,10(1):124-144.

108. Wesley M,Kip V W. Informational Approaches to Regulation [M]. Cambridge:MIT Press,1992.

109. Whittington D,Cook J. Valuing changes in time use in low-and middle-income countries[J]. Journal of Benefit-Cost Analysis,2019,10(S1),51-72.

110. Willig R D. Consumer's surplus without apology[J]. The American Economic Review,1976,66(4):589-597.

111. World Bank Independent Evaluation Group. Cost-Benefit Analysis in World Bank Projects[R]. Washington D. C. :World Bank,2010.

112. World Bank. Operational Manual OP 10. 04 Economic Evaluation of Investment[R]. Washington D. C. :Operations World Bank,1994.

113. Zerbe Jr R O,Davis T B,Garland N,et al. Toward Principles and Standards in the Use of Benefit-Cost Analysis[R]. Benefit-Cost Analysis Center University of Washington,2010.

114. Zimmerman S D. The returns to college admission for academically marginal students [J]. Journal of Labor Economics,2014,32,(4),711-754.

115. Zoutman F,Jacobs B,Jongen E. Redistributive Politics and the Tyranny of the Middle Class[R]. Tinbergen Institute,2016.

116. 蒋新军,江华,李明子,等.糖尿病患者教育成本效果分析[J].中国糖尿病杂志,2018, 26(11):964—968.

117. 李文鸿,党建,林娟.人的生命价值评估的数学模型研究[J].江汉大学学报(自然科学版),2012,40(1):29—32.

118. 李新建,胡善联,程旻娜,等.社区高血压非药物综合干预成本效果分析[J].中国卫生经济,2011,30(2):48—50.

119. 李银珠.政府公共支出行为的成本—效益研究[M].北京:经济管理出版社,2007.

120. 林曦敏,丁玎,张普洪,等.干扰素治疗慢性乙型肝炎患者的成本效果分析[J].中华肝脏病杂志,1999,(2):84—87.

121. 刘帅,贾志勇,宋国君.人力资本法在空气污染生命健康损失评估中的应用[J].环境保护科学,2016,42(3):48—52.

122. 梅强,陆玉梅.基于条件价值法的生命价值评估[J].管理世界,2008,23(6):174—175.

123. 彭小辉,王常伟,史清华.城市农民工生命统计价值研究:基于改进的特征工资模型——来自上海的证据[J].经济理论与经济管理,2014(1):52—61.

124. 秦雪征,刘阳阳,李力行.生命的价值及其地区差异:基于全国人口抽样调查的估计[J].中国工业经济,2010(10):33—43.

125. 任涛,李立明,吴明,等.高血压社区综合防治的成本效果分析[J].中国慢性病预防与控制,2001(4):173—175.

126. 宋弘,陆毅.如何有效增加理工科领域人才供给?——来自拔尖学生培养计划的实证研究[J].经济研究,2020,55(2):52—67.

127. 王玉怀,李祥仪.煤矿事故中生命价值经济评价探讨[J].中国安全科学学报,2004(8):31—33.

128. 叶星,杜乐佳.略论统计生命价值方法[J].宁波大学学报(人文科学版),2017,30(5):117—122.

129. 曾贤刚,蒋妍.空气污染健康损失中统计生命价值评估研究[J].中国环境科学,2010,30(2):284—288.

130. 周双,王迪,高爱钰,等.北京东城区儿童肥胖综合干预的成本效果[J].中国学校卫生,2022,43(11):1618—1621.

教辅申请说明

　　北京大学出版社本着"教材优先、学术为本"的出版宗旨，竭诚为广大高等院校师生服务。为更有针对性地提供服务，请您按照以下步骤通过**微信**提交教辅申请，我们会在 1~2 个工作日内将配套教辅资料发送到您的邮箱。

◎ 扫描下方二维码，或直接微信搜索公众号"北京大学经管书苑"，进行关注；

◎ 点击菜单栏"在线申请"—"教辅申请"，出现如右下界面：

◎ 将表格上的信息填写准确、完整后，点击提交；

◎ 信息核对无误后，教辅资源会及时发送给您；如果填写有问题，工作人员会同您联系。

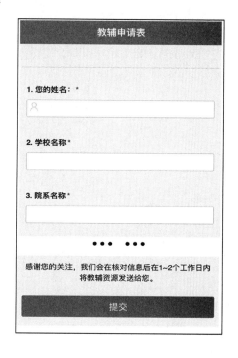

温馨提示：如果您不使用微信，则可以通过以下联系方式（任选其一），将您的姓名、院校、邮箱及教材使用信息反馈给我们，工作人员会同您进一步联系。

联系方式：

北京大学出版社经济与管理图书事业部
通信地址：北京市海淀区成府路 205 号，100871
电子邮箱：em@pup.cn
电　　话：010-62767312 /62757146
微　　信：北京大学经管书苑（pupembook）
网　　址：www.pup.cn